四川省哲学社会科学重点研究基地儒学研究中心 2017 资助项目
四川省社会科学重点研究基地扬雄研究中心 2018 重点资助项目
四川省社会科学重点研究基地地方文化资源保护与开发研究中心 2020 出版资助项目

《法言》今注今译（附导读）

哲学研究论丛

王万洪　赵瑶杰 ◎ 译注

新华出版社

图书在版编目（CIP）数据

《法言》今注今译：附导读/王万洪，赵瑶杰译注．
—— 北京：新华出版社，2020.11
ISBN 978-7-5166-5470-5

Ⅰ．①法… Ⅱ．①王… ②赵… Ⅲ．①古典哲学—中国—西汉时代②《法言》—注释③《法言》—译文 Ⅳ．① B234.992

中国版本图书馆 CIP 数据核字（2020）第 212207 号

《法言》今注今译（附导读）

译 注：王万洪　赵瑶杰

责任编辑：徐文贤
封面设计：人文在线

出版发行：新华出版社	
地　　址：北京石景山京原路 8 号	邮　编：100040
网　　址：http://www.xinhuapub.com	
经　　销：新华书店	
购书热线：010-63077122	中国新闻书店购书热线：010-63072012
照　　排：北京人文在线文化艺术有限公司	
印　　刷：天津雅泽印刷有限公司	
成品尺寸：170mm×240mm　1/16	
印　　张：24	字　数：355 千字
版　　次：2021 年 1 月第一版	印　次：2021 年 1 月天津第一次印刷
书　　号：ISBN 978-7-5166-5470-5	
定　　价：88.00 元	

版权专有，侵权必究。如有质量问题，请与出版社联系调换：010-63077101

目 录

001　序　言

001　学行卷第一
025　吾子卷第二
060　修身卷第三
084　问道卷第四
109　问神卷第五
135　问明卷第六
158　寡见卷第七
183　五百卷第八
206　先知卷第九
233　重黎卷第十
277　渊骞卷第十一
311　君子卷十二
333　孝至卷第十三

366　参考文献
372　后　记

序 言

欣闻王万洪、赵瑶杰新著《〈法言〉今注今译（附导读）》完稿，即将在新华出版社出版，我很高兴！受王万洪之托，写了几段话，放在下边，作为序言。

首先是祝贺。本书是四川省哲学社会科学重点研究基地儒学研究中心2017资助项目、四川省社会科学重点研究基地扬雄研究中心2018重点资助项目、四川省社会科学重点研究基地地方文化资源保护与开发研究中心2020出版资助项目。川大儒学中心在舒大刚教授领导下，如今已经成为四川大学和国内研究儒学的重镇！扬雄研究中心则于2017年年底成立于四川师范大学文学院，第二年即面向全国进行课题招标，王万洪以本书选题申报重点资助项目并获得立项。地方文化资源保护与开发研究中心将本项目列为出版资助课题，这是本书得以问世的关键一步，没有三个中心的立项支持和慷慨资助，年轻的文献研究者将很难把成果变成铅字，因为现在出版暴涨，经费剧增。所以，我要向王万洪表示祝贺，机会难得，要好好把握！同时向参与研究的赵瑶杰博士表示祝贺，小赵是川大古籍所郭齐教授的高足，精于历史文献学研究，她的努力使本书的推进速度、成果质量都很好！

其次是介绍。2002年，王万洪以《王维诗歌意境谈》为选题，作为自己本科自考毕业论文的选题，并选择研究唐代文学的我作为指导教师，这是我们师生相识18年来的缘起。当年，他以毛笔小楷书写论文，寄来川师满满一信封，我很是生气，要求他认真修改、认真打印。在后来的答辩过程中，熊良智教授又当面批评了他因为在川大考研而论文修改不精的表现，告诫他做事要沉住气，要认真。后来，我给了他94分，在当年所指导的43名自考生中排名第一，并鼓励他继续努力，认真考研。其后，王万洪从简阳中学考到川师读写作学的研究生，期间多次和我相遇，始终对我致以敬意，态度尊重。2009年，他又考上川师的博士，毕业后到川大古籍所做了两年统招博士后，2014年分配到西华大学任教至今。这18年的漫长历程，王万洪从一个怀揣梦想的中师生、中学教师成长为大学教师、硕士研究生导师，我为他的成长感到高兴。一直以来，他见到我之后言必称"王老师好"，有时开玩笑称"王大姐好"，我指导的自考生数以百计，考上研究生的也不在少数，他是其中尊师重教、表现很好的一位。在川大古籍所的两年科研锻炼中，王万洪在郭齐教授指导下，逐渐适应了对文学、哲学、美学、儒学、地方文献进行综合阅读与研究的方式，将研究视野从写作学、文学批评拓展开来，掌握了文献整理与研究的基本方法，这是他进行博士后训练的主要目的和收获。在西华大学任教后，借助教育部推进"新工科建设"的有利条件，他继续研究儒学和诸子哲学，同时贯通进行文学、写作、书法、文献学的研究，取得了一些成果。我之所以要介绍他的成长经历，主要是想说明一件事：中国自古以来的读书人，多数是各科汇通而能在某一方面突出创新的通才，而当代的学者一般不具备古人的综合素养，学科割裂、学科界限太过细碎，对年轻人的成长并没有好处，过早地专精一科，不如慢慢研读，并进行多学科的融汇和交叉。本书就是这种学科融汇与交叉研究的产物，内容涉及政治、文学、美学、儒学、诸子、历史、职官、天文、地理、神话等诸多方面，研究方法上以文献整理为依托、以比较研究为特色，以导读降低难度，既体现了"今注今译"的当代理解，也具有纵观历史的视野和创新研究的思路。研究的结果证明：博通中国历史文化的扬雄是文学与儒学的宗师，而儒学是中国文化之根，是中国文学之根，也是中国文艺理论之根。这条路要继续走下去，越走越宽才对。

最后是批评。因为主要的研究兴趣在文艺美学和书法艺术上，王万洪以及我带的其他研究生在读书与研究方面都有一个不足之处：虽然很认真，很努力，但面铺得很宽，活儿做得不细。一个人的精力是有限的，时间是有限的，读书研究的高峰期也是有限的，王万洪在文学、历史、儒学、诸子、书法、文献学特别是民间碑刻文献上投入了很多精力，我建议要分清主次，至少要分阶段地分清主次。综合贯通是一件好事，但现代读书人没有像扬雄、苏轼等古人那样的综合教育基础，并不是从小就全面地学习阅读。王万洪尽管有写作、书法与美学的兴趣爱好和实践操作技能，但综合上述各学科并分别展开研究，只是到川大古籍所学习之后的事情。从2013年起，他在七年内井喷式地拿到三十多个课题，包括国家社科基金重大招标项目子课题、教育部项目、省社科重大项目等，学科跨度大，研究难度更大，要做完并做好，精力肯定不够，基础也并不牢固。据说他经常熬夜写作，经常穷山绝壁探寻古迹，经常下到基层去搜录民歌与童谣，刚刚四十岁，两鬓就已经有了白发，我认为这种方式不具有可持续性，长期这样做，身体健康必然会受到损害。因此，要么组建自己的研究团队，要么分阶段地突出主次。做研究不宜贪多，什么都抓，要慢工出细活，注意专精，我希望他能慢下来。

两年前，王万洪的儿子上了大学，我为他获得更多的研究时间而高兴；去年秋，他获得了公派赴美访问学习一年的机会，我又为他成长机遇的到来而欣喜。鉴于我对他的了解，我建议他迎头向上，但是一定要专注于学业和研究，不要分心。

校注工作真的很辛苦，板凳需坐十年冷，这是我的硕士导师常思春先生告诫我的，我至今记忆犹新，不敢忘记，和万洪、瑶杰共勉！

是为序。

王红霞[①]

2020年6月25日

于川师文学院

---

① 王红霞教授，女，四川师范大学文学院中国古代文学硕士点领衔导师，四川省扬雄研究学会副会长，长于唐代文学与古典文献学研究。

学行卷第一

天降生民,倥侗①颛蒙②,恣于情性,聪明不开,训诸理③。撰《学行》第一。

【注释】

①倥侗:读为 kōng tóng,蒙昧无知。

②颛蒙:读为 zhuān méng,愚昧。

③训诸理:即"训之于理",用道理来教导他们。训,教诲,教导;诸,复音词,相当于"之于"。

【译文】

上天降生了众多的百姓,但他们普遍愚昧而无知,放纵自己的情性,聪明的智慧没有得到开化,于是圣人就用道理来教化他们。根据以上事实,我撰写了《学行》这一卷文字,作为《法言》这本书的第一卷。

【题解】

根据《汉书》扬雄本传的记载,《法言》是模仿《论语》所作的一本语录体学术专著,通过每一章设定的一个专门问题来进行师生之间的问答,具有传道、授业、解惑、明理的教育作用和论辩性质。因《论语》第一篇为《学而》,故《法言》第一卷也从"学"入手,讨论有关读书求学、思辨写作各个方面的问题。

《学行》是《法言》的第一卷,取开篇前两个字为题,共二十五章。所谓"学行",意思是"学习需要付诸实际行动",即讨论学习与实践的相互关系。因为《法言》模仿《论语》而作,主要是语录体,内容以扬雄与学生的教学问答为主(也不排除扬雄自问自答的可能),所以具有一定的场景性和画面感。《学行》卷内容丰富,涉及与学习有关的多个方面。整体上看,在本卷之中,扬雄站在坚定的儒家思想立场上,维护儒家、宣传儒家、弘扬儒家,并通过比较,批判其他诸子,否定其学说与著作,并宣传自己的学习观、行为观、选择观、价值论,体现了学术立场的独立性和思想认识的独特性,值得我们认真阅读,仔细研究,并从中吸收必要的养分,为当代人的学习、实践所用。

第一章

学,行①之,上也;言②之,次也;教人,又其次也。咸③无焉,为众人④。

【注释】

①行:行动,实践。

②言:说。

③咸:都。

④众人:普通人。

【译文】

学习这件事情,付诸行动是最好的;只说不做,就比付诸行动差一点;教育别人,就比只说不做更差一点。以上这些行为都没有的话,就只是个普通人了。

第二章

或①曰:"人羡久生②,将以③学也,可谓好学已乎?"

曰:"未之好也。学不羡。"

【注释】

①或:有的人。

②久生:长命,活得久。

③以:用来。

【译文】

有的人问:"人们羡慕那些活得久的人,未来想去学习怎样才能长生,这种行为可以叫作好学了吗?"

我回答说:"这可不能算作是好学。真正好学的人不会去羡慕活得久的人。"

第三章

天之道①,不在仲尼乎?仲尼驾说者也②,不在兹儒乎③?如将复驾其说④,则莫若⑤使诸儒金口而木舌⑥。

【注释】

①道:指规律。

②仲尼驾说者也:指孔子已经去世了。驾说,即说驾,本指下车休息,用来避"去世"之讳,这里指去世;说,通"挩","脱"的古字,解脱。

③不在兹儒乎:孔子思想与文章的传播,不就在于今天的儒生吗?兹,这个,这些。

④复驾其说:重新恢复孔子的学说,犹如孔子复生。

⑤莫若:假如,不如。

⑥金口而木舌:本指木铎,一种大铃铛,形如铙、钲而有舌,古代宣布政教法令用,亦为古代乐器,盛行于中国春秋至汉代。这里比喻儒生传播孔子的学说,犹如摇动木铎警示众人一样,好像孔子常在的状态。

【译文】

对天道阐述得最好的文章，难道不是孔子吗？现在，孔子已经去世了，传播孔子思想与文章的重任，不就落在今天的儒生肩上了吗？假如诸位儒生能够重新将孔子的学说传播开来，犹如摇动木铎警示众人一样，那么，孔子将常在人间。

【导读】

本章孔子"木铎"之说出自《论语》：

> 仪封人请见，曰："君子之至于斯也，吾未尝不得见也。"从者见之。出曰："二三子何患于丧乎？天下之无道也久矣，天将以夫子为木铎。"

意思是：仪这个地方的长官请求见孔子，他说："凡是君子到这里来，我从没有见不到的。"孔子的随从学生引他去见了孔子。他出来后（对孔子的学生们）说："你们几位何必为没有官位而发愁呢？天下无道已经很久了，上天将以孔夫子为圣人来号令天下。"

孔安国注"木铎"云："言天将命孔子制作法度，以号令于天下。"孔子在他所处的那个时代，已经是十分有影响力的人了，尤其是在礼制方面，信服孔子的人很多，仪封人便是其中之一。他在见孔子之后，就认为上天将以孔夫子为圣人号令天下，可见对孔子是佩服至极了。本章引用这个典故，意在说明孔子学说的重要性，使诸位儒生像孔子那样金口而木舌者，宣扬圣人的文章和思想，就好像是摇动木铎以警示众人一样，证明孔子学说在汉代仍然有着重要的地位。

第四章

或曰："学无益也，如质何①？"

曰："未之思矣。夫有刀者砺②诸，有玉者错诸③，不砺不错④，焉攸用⑤？砺而错诸，质在其中矣。否则辍⑥。"

【注释】

①如质何：又怎么能理解到内在的思想呢？如……何，把……怎么样？

②礱：同"砻"（lóng），用石头磨。

③诸："之于"的合音词

④错：磨，这里指打磨玉石。

⑤焉攸用：怎么会有用呢？焉，表反问，怎么，哪里；攸，语气词，无实义。

⑥辍：停止。

【译文】

有学生说："学习没有好处，又怎么能理解到内在的思想呢？"

我回答说："那是你没有去思考啊！有刀和玉的人都会想办法去打磨它们，不磨的话，刀和玉石怎么会有用呢？学习就好像打磨刀和玉石一样，对内在思想的领会，就在于这个打磨的过程之中。如果你在学习的过程中做不到这一点，那就停止不学了吧！"

第五章

螟蛉①之子，殖而逢②，蜾蠃祝之曰③："类我，类我④。"久则肖⑤之矣！速哉，七十子⑥之肖仲尼也。

【注释】

①螟蛉：读为 míng líng，一种绿色的小虫，经常被后文的蜾蠃（一种寄生蜂）抓去存放在窝里，产卵在它们身体里，卵孵化后就拿螟蛉作食物。古人误认为蜾蠃不产子，喂养螟蛉为子，因此用"螟蛉"比喻义子。

②殖而逢：繁殖数量巨大。

③蜾蠃祝之曰：蜾蠃对着螟蛉祷告说。蜾蠃，读为 guǒ luǒ，寄生蜂的一种，亦名蒲卢，腰细，体青黑色，长约半寸，以泥土筑巢于树枝或壁上，捕捉螟蛉等害虫为其幼虫的食物；祝，祷告。

④类我：像我。

⑤肖：像。

⑥七十子：代指孔门著名弟子。据说孔子有弟子三千，贤者七十有二。《仲尼弟子列传》记载孔子原话说：弟子群体中身通六艺经传者七十有七人。

【译文】

螟蛉的幼崽繁殖数量巨大，蜾蠃对着他们祷告说："像我，像我。"时间久了就真的像了！（这样看来，学习孔子学说的教化作用真大呀，）就像孔门七十弟子很快就像孔子一样！

第六章

学以治①之，思以精之，朋友以磨②之，名誉以崇③之，不倦以终之，可谓好学也已矣。

【注释】

①治：研究。

②磨：切磋琢磨。

③崇：尊重，推重。

【译文】

在学习过程中深入研究，精心进行思考，朋友之间相互琢磨，不断增长自己美好的名誉，结束时不感到疲倦，做到以上这几点，就可以叫作好学了啊！

第七章

孔子习周公者也，颜渊习孔子者也。羿①、逄蒙②分其弓，良③舍其策，般④投其斧而习诸，孰曰非也？

或曰："此名也，彼名也，处一焉而已矣。"

曰："川有渎⑤，山有岳，高而且大者，众人所能逾⑥也。"

【校勘】

"众人所能逾也"一句,根据上下文推断,应作"众人所不能逾也",脱落了"不"字。高大的山岳,不是群山能比的;浩大的四渎,不是百川能比的。周公孔子就是高山大河,一般人比不了。

【注释】

①羿:即后羿,传说是夏代有穷国的君主,善于射箭。

②逄蒙:后羿的徒弟,善于射箭。逄,读为 páng。

③良:指王良,春秋时晋国人,善御马。按:王良亦称王梁、子良,大夫,食邑于邮,一说即邮无恤。鲁哀公二年,晋郑铁之战,为赵鞅之御。战斗激烈,两靷(yǐn)将绝,仍能以将断之靷控制骖(cān)马。

④般:即鲁班,春秋时期鲁国人,姬姓,公输氏,名班,人称公输盘、公输般、班输,尊称公输子,又称鲁盘或鲁般,惯称鲁班。他是古代著名的能工巧匠,已经成为劳动人民智慧的象征。

⑤渎:读为 dú,大的河川,这里指江、河、淮、济四渎(古代对长江、黄河、淮河、济水的合称)。

⑥逾:越过,这里指比得上。

【译文】

孔子学习周公,颜渊学习孔子。假如让后羿和逄蒙分开弓和弦,让王良放开驾车的马捶,让公输般扔掉他的斧子,他们都来学习圣人之道,谁能说这样做是不对的呢?

有学生说:"这些人在专业技能上具有很好的名声,和周公孔子在圣人之道上获得的名声不一样,他们选择这两种名声中的一种就可以了。"

我告诉他:"百川之中有四条大的江河,群山之中有很高的山岳,周公和孔子他们就像岳渎一样又高又大,不是后羿他们这些山川能够相比的。"

第八章

或问:"世言铸金①,金可铸与?"

曰:"吾闻觌②君子者,问铸人,不问铸金。"

或曰:"人可铸与?"

曰:"孔子铸颜渊矣。"

或人踧尔③曰:"旨④哉!问铸金,得铸人。"

【校勘】

"金可铸与"一句中的"与"字,读为yú,助词,表示疑问、感叹、反诘等语气,世德堂本《法言》中凡此读音者皆作"欤"。特作说明,本书其他地方不再赘述。

【注释】

①铸金:指古代方术之家炼五石为金。《抱朴子·登涉》云:"五石者,雄黄、丹砂、雌黄、矾石、曾青也。"

②觌:读为dí,相见,看。

③踧尔:恭敬而不安的样子。踧,读为cù。

④旨:意义,目的。

【译文】

有学生问:"世人都说方术之家可以用五石炼金,请问金子可以铸造吗?"

我回答说:"我听说去面见君子的人,只问怎样才能铸造人,不问铸造金子。"

学生又问:"那么,人是可以铸造的吗?"

我回答说:"当然可以,孔子就铸造了颜渊啊!"

这个人既恭敬又惊讶地说:"我来见您的目的达到了啊!因为我本来是向您询问铸造金子的事情,不想却得到了铸造人的答案。"

第九章

学者,所以修性①也。视、听、言、貌、思,性所有也。学则正,否则邪。

【注释】

①修性:修养人的本性,这里指长善去恶。

【译文】

学习这件事,是用来修炼人的本性的。一个人的视觉、听觉、语言、形貌、思想,是他本性就具有的。通过学习,就会让本性变得雅正善良;如果不学习,就会让本性变得邪恶。

第十章

师哉!师哉!桐子之命也①。务②学不如务求师。师者,人之模范③也。模不模,范不范④,为不少矣⑤。

【注释】

①桐子之命也:是童子立身全性的关键。桐子,儿童,桐,通"童";命,立身全性,刘向《说苑·建本》云:"人之幼稚童蒙之时,非求师正本无以立身全性。"

②务:追求。

③模范:这里指规则,法度。

④模不模,范不范:老师不能作为学生成长过程中的法则。第二个模和第二个范,都是意动用法。按:《法言》书中有很多这种句型,以下各卷中再次遇到时,将予以区别说明。

⑤为不少矣:指求学过程中想有所得却不能如愿的人很多。

【译文】

一个好的老师是多么重要啊!一个好的老师是多么重要啊!好的老师是

童子立身全性的关键。一个人求学问道，比不上遇到一个好的老师。在我看来，老师是学生立身全性的根本法则。如果老师不能作为学生成长过程中的法则，那么，想有所得却不能如愿的学生就会有很多。

第十一章

一哄之市，不胜①异意焉：一卷之书，不胜异说②焉。一哄之市，必立之平③。一卷之书，必立之师。

【校勘】

① "一哄之市"，当作"一巷之市"。古者街市皆别为区域，不与人家杂处，街市有垣，有门，有楼，其中有巷。"一巷之市"与下文"一卷之书"相比为义，一卷之书，书之至少者也；一巷之市，市之至小者也。

② "不胜异意"，一作"不胜异价"，指不同的物价。

【注释】

① 不胜：受不住，不尽。胜，承受，经得起。

② 异说：这里指不同于儒家圣人之道的言论。

③ 必立之平：必须是官方规定的公平物价。汉朝时物价皆由官定，谓之平，过平为赃。物价每个月更改一次，谓之月平。

【译文】

只有一条小巷的街市，不能出现两种不同的物价；只有一卷的书本，不能出现儒家圣人之道以外的言论。一条小巷的街市，必须遵守官方规定的公平物价；一卷书中的言论，必须出自儒家先师。

第十二章

习乎习①，以习非之胜是也，况习是之胜非乎？於戏②，学者审③其是而已矣！或曰："焉知是而习之？"

曰:"视日月而知众星之蔑④也,仰圣人而知众说之小也。"

【注释】

①习乎习:学习啊,学习啊。按:《法言》书中有很多这种句型,以下各卷中再次遇到时,将予以区别说明。

②於戏:通"呜呼",表感叹。按:《法言》中多次出现这个词语,有时写作"于戏"等不同字形,再次出现时将予以区别说明。

③审:仔细思考,反复分析、推究。

④蔑:小。

【译文】

学习啊,学习啊,一个人所学内容中错误的一面经常超过正确的一面(但是自己不能自知),更何况现在需要使所学内容中正确的一面超过错误的一面才行呢?呜呼,一个学者,必须仔细思考哪些是正确的学说才行!

有人问道:"怎么才能判断出哪些是正确的学说,从而学习呢?"

我回答他:"看了太阳和月亮就可以知道众多星星的微小,仰慕圣人之道就能明白其他学说的渺小了。"

第十三章

学之为王者事①,其已久矣。尧、舜、禹、汤、文、武汲汲②,仲尼皇皇③,其已久矣。

【注释】

①学之为王者事:学习的目的是为了成为君主,所以学习治国平天下之事。

②尧、舜、禹、汤、文、武汲汲:指帝尧、帝舜、大禹、商汤、周文王、周武王为国操劳,忧惶不安。汲汲,这里指忧惶不安的样子。

③皇皇:这里指惶恐不安的样子。皇,通"惶"。

【译文】

学习的目的是为了成为君主,所以学习治国平天下之事,这种情况在历史上已经存在很久了。帝尧、帝舜、大禹、商汤、周文王、周武王和孔子对成为君主这件事情都感到惶恐不安,也已经很久了。

第十四章

或问"进"。

曰:"水。"

或曰:"为其不舍昼夜与?"

曰:"有是哉!满而后渐者,其水乎?"

或问"鸿渐①"。

曰:"非其往不往②,非其居不居,渐犹水乎!"

"请问木渐③。"

曰:"止于下而渐于上者,其木也哉!亦犹水而已矣!"

【注释】

①鸿渐:指鸿鹄飞翔从低到高,循序渐进,比喻君子不断地进步,学而优则仕。语出《易·渐》:"初六,鸿渐于干","六二,鸿渐于磐","九三,鸿渐于陆","六四,鸿渐于木","九五,鸿渐于陵"。

②非其往不往:不是该去的地方就不去。第一个往是名词。

③木渐:指树木向上生长,比喻君子以道义为根基,德业日新。语出《易·渐》:"象曰:山上有木,渐。君子以居贤德,善俗。"

【译文】

有学生问:"怎样才能通过学习获得进步?"

我对他说:"要像水那样才行。"

有学生问:"是因为水具有不舍昼夜不断流淌的特点吗?"

我对他说:"你说得很对!我们学习,只有内在学习饱满之后才会表现出来，这不就是水的特点吗？"

又有学生问："《易经》上说鸿鹄飞翔从低到高，循序渐进，指的是什么？"

我对他说："鸿鹄的特点是不该飞去的地方，它一定不会去；不该它停留的地方，它一定不会停。它能够居处有常，停留有序，这一点和水不是很像吗？"

又有学生问："《易经》上说树木不断地向上生长，这一点意味着什么呢？"

我告诉他："将根本置于土地下面，从而能够不断地向上生长，这是树木顺应地势自然生长的基本特点！这个特点也不过是与水的特点相似罢了！"

第十五章

吾未见斧藻其德若斧藻其棁①者也。

【注释】

①斧藻其德：斧藻，本指梁楹上刻画的文饰图案，这里指修饰，文饰；斧藻其棁：棁，读为 jié，斗拱，支承大梁的方木。

【译文】

我没有见过文饰自己的品德像文饰房屋的斗拱一样的人。

第十六章

鸟兽触其情①者也，众人则异乎！贤人则异众人矣，圣人则异贤人矣。礼义之作②，有以矣夫。人而不学，虽无忧，如禽何？

【注释】

①鸟兽触其情：鸟兽会因为受到刺激而引起感情变化。触：因某种刺激而引起感情变化。《说苑·修文》："触情纵欲，谓之禽兽。"

②作：制作，制定。

【译文】

鸟兽会因为受到刺激而引起感情变化，常人就不应该这样！贤人与常人不一样，圣人又与贤人不一样。前人制作礼义，就是要达成这个目的。常人如果不学习，即使没有忧虑，但是和鸟兽有什么区别呢？

第十七章

学者①，所以求为君子也。求而不得者有矣，夫未有不求而得之者也。

【注释】

①学者：学习这件事。

【译文】

学习这件事，其目的是为了追求成为品德高尚的君子。在学习的过程中，会出现努力追求这一目的而未能实现的人，但不会出现那种不经过求索却能实现这一目的的人。

第十八章

睎骥之马①，亦骥之乘②也。睎颜③之人，亦颜之徒也。

或曰："颜徒易乎？"

曰："睎之则是。"

曰："昔颜尝睎夫子矣，正考甫④尝睎尹吉甫⑤矣，公子奚斯⑥尝睎尹吉甫矣。不欲睎则已矣，如欲睎，孰御焉⑦？"

【校勘】

"公子奚斯尝睎尹吉甫"，"尹吉甫"，其他版本写作"正考甫"。根据历史时间推算，尹吉甫、正考甫、公子奚斯三人是由从前到后的顺序排列的，因此，正考甫仰慕先于他的尹吉甫，并成为后于他的公子奚斯仰慕的榜样。

【注释】

①晞骥之马：仰慕千里马的骏马。晞，同"希"，仰慕；骥，好马、千里马。

②乘：读为 shèng，本指四匹马拉的车，这里指拉车的马。

③颜：指颜回。

④正考甫：宋襄公大臣。《史记》记载说："襄公之时，修行仁义，欲为盟主，其大夫正考父美之，故追道契、汤、高宗、殷所以兴，作《商颂》。"

⑤尹吉甫：周宣王的太师，著名贤相，辅助周宣王中兴周朝，据说是我国第一部诗歌总集《诗经》的总编纂者，被尊称为中华诗祖。尹吉甫被封在尹国之后，曾作《颂》两篇。

⑥公子奚斯：姬奚斯，字子鱼，亦称公子子鱼，春秋时期鲁僖公执政期间任大夫，是上古《诗经》中少数具有真实姓名的作者之一，仰慕正考甫，作《鲁颂》。

⑦孰御焉：谁能禁止他们呢？御，本指驾驶马车，这里指控制、禁止。

【译文】

仰慕千里马的骏马，就会成为千里马；仰慕颜回的学者，就会成为颜回那样的人。

有人问我："成为颜回这样的人容易吗？"

我回答说："只要有仰慕之心就容易。"

我又补充说："当年颜回仰慕孔子，于是成了孔子都称赞的人；正考甫仰慕尹吉甫所作的《周颂》，于是写出了《商颂》；公子奚斯仰慕正考甫，于是写出了《鲁颂》。一个学者，不仰慕先贤就算了，只要真心仰慕先贤，那么，谁能禁止得了呢？"

第十九章

或曰："书与经同①，而世不尚②，治③之可乎？"

曰："可。"

或人哑尔笑曰："须以发策决抖④。"

曰："大人之学也为道，小人之学也为利。子为道乎？为利乎？"

【注释】

①书与经同：《论语》与五经相同，都是记载圣人之道的作品。书，这里指《论语》；经，指儒家五经。

②世不尚：世人不去学习，指《论语》没有立为学官。

③治：从事研究。

④须以发策决抖：必须要把《论语》作为射策考试的内容才行，代指可以借此出仕做官。

【译文】

有人问我："《论语》与五经相同，都是记载圣人之道的作品，但是世上的人不去学习，我们可以去研究学习吗？"

我回答说："可以。"

那人哑然失笑，说："那就必须把《论语》作为射策考试的内容才行。"

我回答说："大人学习《论语》是为了学到圣人之道，小人学《论语》是为了个人利益。你是为了圣人之道呢？还是为了个人利益呢？"

【导读】

本书《法言》是扬雄模仿《论语》所写的作品，而在当时，《论语》尚未列入经典之中，还不是经学博士学官研读的对象，其地位不高。所以，对于扬雄极力推崇的《论语》，学生有所疑惑是正常的。据《汉书·武帝本纪》记载："建元五年，置五经博士。同经之书，谓若论语、孝经之属，汉时谓之传记。"《孟子题辞》云："孝文皇帝欲广游学之路，论语、孝经、孟子、尔雅皆置博士，后罢传记博士，独立五经而已。"由此可知，《论语》当时属于"传记"，地位低于五经。研读五经，可以进入仕途做官，读《论语》对此没有直接的帮助。

就本章而言，关键的问题是读书的有用性，也就是能否带来直接的好处。

正因为读《论语》在仕途上没有什么帮助，射策考试中不会考到，学生才会质疑扬雄，提出"须以发策决抖"的现实问题。《史记·儒林传·序》司马贞索隐云："汉仪，弟子射策，甲科百人，补郎中；乙科二百人，补太子舍人，皆秩比二百石。次郡国文学，秩百石。"简单地说，射策，就是做官的选拔考试，通过比较来选人。《汉书·萧望之》传云："以射策甲科为郎。"颜师古注云："射策者，谓为难问疑义，书之于策，量其大小，署为甲乙之科，列而置之，不使彰显。有欲射者，随其所取，得而释之，以知优劣。"

由此可知，扬雄读书治学有一个显著的特点：不跟风气，不追热点，读自己喜欢的书，写自己想写的书，这是一个学者独立性的标志。对他来说也是有利有弊：有利的一面在于，他不跟风，终于写成了模仿《论语》的《法言》一书，记载自己的思想言行，流传后世，被称为汉代子书中的代表作，成就了扬雄的身后之名；不利的一面在于，他和学生自觉地疏离了当时入仕做官的经学选拔考试，不能身居高位，在当时的个人生活境况和仕途发展空间就会很小，学术影响力也很小。历史正是如此，扬雄生前不善钻营，当个黄门侍郎，在三代皇帝那里都没有获得升迁，但在遥远的身后，扬雄被誉为"西道孔子"，被尊称为扬子，被视为魏晋玄学的开山祖师，这些学术和思想贡献，如果他屈从生前境遇，是不可能获得的。

我们当代人读书、生活，既要为谋生与发展考虑，也要注意保持学术思想和学术品质的独立性，扬雄为我们做了一个示范。

第二十章

或曰："耕不获，猎不飨①，耕猎乎？"

曰："耕道而得道，猎德而得德，是获、飨已。吾不睹参辰②之相比也，是以君子贵迁善③。迁善者，圣人之徒与？"

百川学海而至于海，丘陵学山不至于山，是故恶夫画也④。

【注释】

①飨:通"享",享用。

②参辰:参星和辰星,分别在西方和东方,出没各不相见,用以比喻彼此隔绝。

③君子贵迁善:君子以去恶向善为贵。《易·益》云:"风雷益,君子以见善则迁,有过则改。"贵,以……为贵,意动用法。

④恶夫画也:讨厌自己停止不前的人。画,这里指停止,语出《论语》:"力不足者中道而废,今女画。""女画",通"汝画",你们自己停止下来了。

【译文】

有人问我:"耕作了却没有收获,打猎却无法享用猎物,还需要继续耕作和打猎吗?"

我回答说:"深耕圣人之道就能领悟道义,深悟圣人美德就能修养德行,这就是我们可以收获和享用的结果。我没见过参星和辰星同时出现在天上的情况。因此,君子需要以去恶向善为贵。能够去恶向善的人,未来会成为圣人一类的人了吧?"

百川动而不息,所以能汇成大海,小山停止了上长,所以不能成为高山,因此,(一个学者应该保持学而不厌的心态,)讨厌自己的停止不前。

第二十一章

频频之党①,甚于鸒斯②,亦贼夫粮食而已矣。朋③而不心,面朋也。友④而不心,面友也。

【注释】

①频频之党:成群结队在一起的人。频频,成群结队的样子;党,这里指意见相合的人或由私人利害关系结成的团体

②鸒斯:指乌鸦,语出《诗·小雅》:"弁彼鸒斯。归飞提提。"鸒,读为 yù,指寒鸦;斯,语气词,无实义。

③朋：彼此友好的人。

④友：彼此有交情的人。

【译文】

那些成群结队在一起游戏的人，比乌鸦还要过分，他们只不过是白白偷吃粮食的人罢了。如果要做真心朋友，就应当诚心相交，相互切磋，知无不言，否则，就只能是表面上的朋友。

第二十二章

或谓："子之治产①，不如丹圭②之富。"

曰："吾闻先生相与言，则以仁与义；市井相与言，则以财与利。如其富③，如其富。"

或曰："先生生无以养也，死无以葬也，如之何？"

曰："以其所以养，养之至④也。以其所以葬，葬之至也。"

【注释】

①治产：经营产业。

②丹圭：指白圭，名丹，梁（魏）惠王时在魏国为相，后因政治腐败，弃政从商。《汉书》中说他是经营贸易、发展生产的理论鼻祖，同时是一位著名的经济谋略家和理财家。

③如其富：能把白圭的富裕怎么样呢？本句是"如何其以富也"的简写，表示反问语气。按：《法言》书中共出现三次"如其……，如其……"句式反复的情况，再次出现时，只作注释。

④至：极，最。

【译文】

有学生问："先生，你经营产业的状况很差，远不如白圭那么富裕。"

我回答说："我听说儒生之间说话，谈论的是仁义；市井商人之间说话，谈论的是财富和利益。我是一个儒生，怎么能比得上白圭的富裕呢？"

学生又问："先生，您活着的时候没有养生之资，死了之后可能也没有葬身之地，这该如何是好呢？"

我安慰他："我读圣人之书，用这种方式来养生，是所有生活状态中最好的一种。我去世后，把我安葬在可以安葬的地方，对我来说，这就是最好的葬礼了。"

【导读】

读完本章，作为一个与扬雄相隔两千多年的当代学者，笔者不禁掩卷沉思：学者贫穷，读书人贫苦，圣人如孔子者，沉静如扬雄者，正直如刘禹锡者，自古亦然！《汉书》本传分上下两卷记载了扬雄的生平、经历和著述与遭遇，是整个《汉书》篇幅最长的个人传记，整篇内容归结起来就是两点：思想深刻的学者，贫苦无依的文人。现简述于下：

《汉书》本传开篇就说："扬雄，……清静亡为，少耆欲，不汲汲于富贵，不戚戚于贫贱，不修廉隅以徼名当世。家产不过十金，乏无儋石之储，晏如也。自有大度，非圣哲之书不好也；非其意，虽富贵不事也。"表明扬雄出身贫寒之家，而是本人对富贵一事并不热心。所以，他生来就穷，成年后也穷。

《汉书》引用扬雄自序（叙）说："初，雄年四十余，自蜀来至游京师，……除为郎，给事黄门，与王莽、刘歆并。哀帝之初，又与董贤同官。当成、哀、平间，莽、贤皆为三公，权倾人主，所荐莫不拔擢，而雄三世不徙官。及莽篡位，谈说之士用符命称功德获封爵者甚众，雄复不侯，以耆老久次转为大夫，恬于势利乃如是。"大约在四十岁时，因为辞赋写得好，扬雄被召入京师，做了黄门侍郎，同事中有王莽、刘歆等人，因为不善钻营，或者说他也没有心思来谋取仕途上的进步，始终没有得到升迁，官小，收入就少，养家就难，京城开支大，所以比在成都时更穷。至于后来王莽当了皇帝，他只要愿意吹捧几句，王莽要封赏他，完全没问题；至少好朋友刘歆当了国师，而且刘歆的儿子在扬雄门下学习，要寻求照顾一下，也不存在难度。但他都没有这样做，继续过自己的苦日子。

《汉书》本传结尾又说:"家素贫,耆酒,人希至其门。时有好事者载酒肴从游学,而巨鹿侯芭常从雄居,受其《太玄》《法言》焉。刘歆亦尝观之,谓雄曰:'空自苦!今学者有禄利,然向不能明《易》,又如《玄》何?吾恐后人用覆酱瓿也。'雄笑而不应。年七十一,天凤五年卒,侯芭为起坟,丧之三年。"由此推断,本章中问答的师生,很可能就是扬雄和侯芭,他是扬雄丧事的经办人。据说扬雄家里很穷,死后没有钱,是侯芭将扬雄运回成都老家安葬的,坟墓遗址在今郫都区友爱镇,当地百姓时有保护,现在情况好转了。

所以说,扬雄虽然一生都穷,但他是一个人格极为独立、思想极为深刻的纯粹学者。他认为自己穷,是应该的,没关系,读圣人之书,传圣人之道,在他看来,比什么都重要。这种淡泊名利、安贫乐道的精神,深刻感染着后来的读书人,刘禹锡《陋室铭》说:"南阳诸葛庐,西蜀子云亭,孔子云:何陋之有?"将清高自守的扬雄放到与孔子、诸葛亮相提并论的地位,这是历史的公论,是对扬雄伟大人格的真实写照!

第二十三章

或曰:"猗顿①之富以为孝,不亦至乎?颜其馁矣②。"

曰:"彼以其粗,颜以其精;彼以其回③,颜以其贞④。颜其劣乎?颜其劣乎?"

【注释】

①猗顿:读为 yī dùn,春秋时鲁国人,他曾向陶朱公(范蠡)学习致富之术,积累了很多财物,后来以猗顿作为富人的代称。

②颜其馁矣:颜回在挨饿啊。《论语·雍也》说"一箪食,一瓢饮,在陋巷,人不堪其忧,回也不改其乐"。

③回:邪。

④贞:正。

【译文】

有学生问:"人们把猗顿的富裕当作是对父母的孝顺,这样看不也很好吗?因为和他对比,颜回自己都在挨饿啊,哪里谈得上孝顺呢?"

我反驳他:"猗顿的富裕,奉养的是父母的身体,是很粗糙的,颜回彰显的是父母的精神,这才是精华;这样看来,猗顿尽孝走的是邪路,颜回走的才是正路。颜回的尽孝方式差了吗?颜回的尽孝方式差了吗?"

第二十四章

或曰:"使我纡朱怀金①,其乐不可量也!"

曰:"纡朱怀金者之乐,不如颜氏子之乐。颜氏子之乐也内,纡朱怀金者之乐也外。"

或曰:"请问屡空②之内。"

曰:"颜不孔,虽得天下,不足以为乐。"

"然亦有苦乎?"

曰:"颜苦孔之卓之至也。"

或人瞿然③曰:"兹苦也,祇④其所以为乐也与?"

【注释】

①纡朱怀金:怀里揣着系有红色丝带的金印,比喻做了大官。纡:读为yū,系结;朱:朱绂(fú),红色丝带;怀金,怀藏金印。

②屡空:指颜回"箪瓢屡空"的生活状态。

③瞿然:惊讶而开悟的样子。瞿,读为jù,惊视,惊恐四顾。

④祇:读为zhǐ,是"只"的异体字。

【译文】

有学生说:"假如我能够做大官的话,那么我的快乐将不可限量啊!"

我对他说:"大官员的快乐,不如颜回安贫乐道的快乐。颜回的快乐是发自内心的,大官员的快乐是来自于身外的。"

学生追问:"颜回的生活状态很差,属于'箪瓢屡空'的类型,他内心能快乐吗?"

我解释道:"颜回不是孔子,即使让他得到天下,他也不会感到快乐。"

学生又问:"既然这样,那么颜回有苦恼的地方吗?"

我回答说:"当然有,颜回的苦恼在于:他的老师孔子太优秀太完美了,他始终追赶不上!"

这个学生听了之后,大吃一惊,恍然大悟:"颜回的这种苦恼,不正是他内心之所以快乐的原因吗?"

第二十五章

曰:"有教立道①,无止仲尼;有学术业②,无止颜渊。"

或曰:"立道,仲尼不可为思矣。术业,颜渊不可为力矣。"

曰:"未之思也,孰御③焉?"

【校勘】

①根据上下文推断,在本章开始之"曰"句前面,应该还有一句,估计是学生的提问,"曰"句是扬雄的回答。《法言》主要以问答形式写成,学生先问,扬雄后答,这种扬雄直接先"曰"的情况,全书仅此一例,与整个体例不合。

②有学术业。"术"当作"述",作记述、陈述之义。述业与立道相对,语出《礼记·乐记》:"故知礼乐之情者能作,识礼乐之文者能述。作者之谓圣,述者之谓明,明圣者述作之谓也。"意思能制礼作乐的人是聪明睿智者;能阐述成说的人是明白事理者。后常用以尊称能创作和能承传的学者。作,制作,指制礼作乐;圣,聪明睿智;述,记述,陈述;明,洞悉事理。

【注释】

①有教立道:不管什么样的人都可以受到教育,以此来确立自己的教化之道。有教,指不同的人都可以受到教育,语出《论语·卫灵公》:"有教无类。"

立道，确立正当的事理或行事主张，语出《论语·学而》第二章："本立而道生。孝弟也者，其为人之本与？"

②有学术业：不管什么样的人，只要有学问，都可以传述圣人的伟业。

③御：这里指控制，禁止。

【译文】

我（回答）说："不管什么样的人都可以受到教育，并以此来确立自己的教化之道，这不只是孔子可以做的事情；不管什么样的人，只要有学问，都可以传述圣人的伟业，这不只是颜回可以做的事情。"

学生问我："如果我们自己要确立教化之道，那么，是不是就不再考虑孔子了呢？如果我们自己来传述圣人的伟业，同样的，是不是就可以抛开颜回所做出的努力了呢？"

我告诉他："如果连孔子都不考虑在其中，那么，你所确立的教化之道，该由谁来控制正误呢？"

吾子卷第二

降周迄孔①,成于王道,终后诞章乖离②,诸子图徽,撰《吾子》。

【校勘】

①终后,根据上下文语义推断,当作"然后",应当是文字传抄之误。

②图徽,根据上下文语义推断,当作"图微",《法言》用隶书写成,应当是隶书字形相近之误。按:诸子图其微者,与圣人图其大者相对,周公孔子等圣人成就的是王道,其他诸子只能是小道,这是《法言》全书的基本立场。

【注释】

①降周迄孔:从周公到孔子。周,周公旦;孔,孔子。

②诞章乖离:圣人的王道被违背了。诞章,指国家大法;诞,大也;章,法也;乖离,指违背,背离。

【译文】

从周公到孔子,运用圣人治国的正确方法,就可以成就王道。然而,孔子之后的各家诸子违背了圣人之道,他们各自树立起自己的思想主张,扰乱了圣人之道的传播,为了纠正这种情况,我写作了《吾子》,作为本书的第二卷。

【题解】

扬雄在序中讲明了写作本篇的目的：孔子之后，诸子风起云涌，他们各立旗号，自为异说，背离了儒家王道，为了批驳诸子的邪说，就写了《吾子》。

《吾子》是《法言》的第二卷，取开篇前两个字为题，共二十一章。所谓"吾子"，意思是"我们尊敬的老师"，是扬雄的学生对他的尊称。因为《法言》各章主要采用问答的方式，与辞赋"主客问答"的结构方式有一定的相似性，所以本篇从讨论辞赋开始，贬赋、称经而尊孔，进而阐明宗经、征圣、原道的古文经学立场，并以此为评价文章写作、诸子思想、今文经学、学习方法的基本出发点。面对诸子学说与今文经学"塞路"的现实，扬雄自比为孟子，要坚定地捍卫孔子儒学及其正统地位。

本篇还包含了丰富的文学思想，以辞赋与儒家经典为载体，讨论了文学创作、功能、审美、语言等诸多问题，是体现扬雄文学美学思想的主要篇章之一，对当代学者和读者而言，具有较高的理论价值和文学价值。

第一章

或问："吾子[①]少而好赋。"

曰："然。童子雕虫篆刻[②]。"

俄而曰："壮夫[③]不为也。"

或曰："赋可以讽[④]乎？"

曰："讽乎！讽则已，不已，吾恐不免于劝[⑤]也。"

或曰："雾縠之组丽[⑥]。"

曰："女工之蠹[⑦]矣。"

《剑客论》[⑧]曰："剑可以爱身。"

曰："狴犴[⑨]使人多礼乎？"

【注释】

①吾子：我们尊敬的先生。子，古代对老师或有道德、有学问的人的尊称。

②童子雕虫篆刻：这里指小孩子学习写篆书。扬雄所在的西汉，官方规定使用的文字是篆书，童蒙学写字必须写篆书。篆书是象形字，又称为鸟虫篆，所以扬雄称之为"雕虫篆刻"。学习篆书是童蒙课程，不能表现儒家大道，扬雄在这里表达了看不起辞赋创作的心态。

③壮夫：成年男子，这里指有抱负的人。

④讽：讽谏。指下对上，不直言其事，而用委婉曲折的言语规劝，使其改正错误。这里指创作辞赋可以作为臣子向帝王委婉进谏的一种方式，具有政治功能。

⑤劝：这里指勉励。

⑥雾縠之组丽：指辞赋的文采像薄雾般的轻纱那样华美。雾縠，读为 wù hú，薄雾般的轻纱，或者像轻纱一样的烟云薄雾；组丽，华美的丝织品或诗文。

⑦女工之蠹：指虫子将女工纺出的丝织品蛀坏了。蠹，读为 dù，蛀蚀器物的虫子。

⑧《剑客论》：古代记载兵器技巧的书籍，作者不详。

⑨狴犴：读为 bì àn，古代神话传说中的神兽，龙之第七子，又名宪章。狴犴既是牢狱的象征，又是黎民百姓的守护神。

【译文】

有学生问我："先生，您年少的时候就喜欢辞赋吗？"

我回答说："是的。（但是现在看来，创作辞赋不过是）小孩子们学习写篆书一类的活动而已。"

过了一会儿，我接着对他说："有抱负的人不应该花时间去写作辞赋。"

学生又问："那么，辞赋能起到讽谏的作用吗？"

我回答他："能！有讽谏作用的话，读者就会停止错误的行为；如果读者不停止，我担心起到的反而是鼓励的作用啊。"

学生又说："（虽然这样，但是辞赋的文采）像薄雾般的轻纱一样华美。"

我告诉他："辞赋华美的文采，好像虫子将女工纺出的丝织品蛀蚀坏了一样。"

他继续说:"《剑客论》记载说:'使用宝剑可以保护自身。'(那么,辞赋华美的文采,不是正好可以增加它的讽谏功能吗?)"

我举例回答他:"(不是这样的。你见过牢狱里的犯人吗?)难道坐监狱能够使人懂得更多的礼仪吗?"

【导读】

本章阐明了扬雄对辞赋功能的认识,指出了自身辞赋创作心态的变化,表明了对辞赋"组丽"特点的否定。这与扬雄兼具文学家、经学家与宫廷官吏的多重身份有关,也与本篇《吾子》维护儒家、批判诸子,维护经典、批判其他文体的立论宗旨有关。

扬雄早期以辞赋闻名,晚年对辞赋却全无好感,这是他对辞赋功能认识的直接反映。扬雄认为:辞赋本来具有讽谏的功能,但因为华丽的语言和铺张扬厉的写法掩盖了这一功能,所以辞赋是"讽谏不成,不免于劝",在政治功能、思想教化方面没有多大的作用,作赋乃是"童子雕虫篆刻""壮夫不为"的事。我们知道,扬雄是文学史上公认的"汉赋四大家"之一,辞赋创作是他文学创作中最具亮点的内容,那么,他为什么会这样说,为什么会否定给自己带来极高声誉的辞赋呢?

首先,与扬雄的人生经历和政治失意有关。根据《汉书·扬雄传》的记载,扬雄"尝好辞赋",受成都先贤司马相如的影响很大,"先是时,蜀有司马相如,作赋甚弘丽温雅,雄心壮之,每作赋,常拟之以为式。"扬雄四十岁以前生活在成都,三十七八岁时写出了《蜀都赋》等篇幅宏大、描写细腻、文采斐然、措辞精美的大赋,这些创作带给他很多好处:驰名蜀都,远播天下,被诏入京。入京之后,扬雄受到当朝权臣与皇帝的格外重视,写出了《长杨赋》《羽猎赋》等佳作,使他在辞赋创作上名动天下,在政治仕途上一帆风顺,担任黄门侍郎,大有春风得意之势。这一路的轨迹,与早年司马相如在汉武帝时代以辞赋扬名、备受重视、身居要职极为相似。所以,扬雄早年作赋,既有纯文学动机与极高的才华展示,也有建功立业的政治动机与有所作为的目的意识。但扬雄最终不能和司马相如相比,司马相如不仅以辞赋创作驰名天下，成为汉赋宗师，还因为婚姻关系，由卓王孙给予了许多钱财，入京生活不必仰人鼻息，故能孤傲独立；身逢武帝盛世，故能开疆拓土，以文人身份成为西汉著名的外交活动家。扬雄则家境贫寒，家族人丁单薄，天生口吃，不善言辞，加上研究学术，不慕荣利，所以，尽管扬雄凭借自身的才华和辞赋创作走上了入京做官的路子，但他的综合实力远在司马相如之下，所处的时代早已经不是汉武帝开明、宏大的壮丽背景，所以他任职黄门侍郎时间很久，历经汉成帝、哀帝、平帝三朝都没有得到升迁，在早年的同事王莽、董贤等人早已飞黄腾达、位列三公、权倾朝野之时，才华过人的扬雄还只是一个为生计、为温饱担心的近侍之臣，直到王莽篡位之后，扬雄才因为年老等原因，"转为大夫"，靠的还是王莽的怜悯。晚年，扬雄幼子早死，俸禄有限，困守京城，前途无望，他曾写下《逐贫赋》以自嘲贫寒，深深感到为文无用，作赋无用，文字游戏只是君王、贵族的点缀品而已，真正的作用并不大。也就是说，作为文学家的扬雄，最终败给了时代，败给了政治仕途的失意。

其次，与扬雄的学术研究有关。扬雄精通儒、道，善于思考问题，有深厚的学术修养。在他晚年，已经将写作重心从辞赋、文章转移到了哲学、文字学等学术研究领域，在他看来，孔子的儒学才是最好的学术，研究、传播孔子儒学才是当务之急，才是最应该做的大事。作为经学家的扬雄认为，与儒学大道相比，辞赋等文学创作只能是小道，故而发出"壮夫不为"的感慨。

因此，从政治功能、为文驰名的角度看，扬雄早已心灰意冷；从学术研究、弘扬儒学的角度看，辞赋远不如经学意义重大，创作辞赋只是"童子雕虫篆刻"般的儿戏。这里面既有深深的个人哀伤，也有重心转移之后的高低之别——尽管辞赋组丽可爱，也是不值一提的小道。

在表明"辞赋无用论"之后，对辞赋作家作品及壮丽文采的批判，就成为下一章的核心内容。

第二章

或问:"景差①、唐勒②、宋玉③、枚乘④之赋也,益乎?"

曰:"必也淫⑤。"

"淫则奈何?"

曰:"诗人之赋丽以则⑥,辞人之赋丽以淫⑦。如孔氏⑧之门用赋也,则贾谊⑨升堂,相如⑩入室矣。如其不用何⑪?"

【注释】

①景差:读为 jǐng cuō,楚国辞赋家,作品有《大招》等。

②唐勒:楚国辞赋家,文采过人,与宋玉、景差齐名。

③宋玉:楚国辞赋家,作品有《登徒子好色赋》《神女赋》等,"下里巴人""阳春白雪""曲高和寡"等典故皆因他而来。

④枚乘:西汉辞赋家,其作品《七发》奠定了汉代大赋的基本格局。

⑤淫:过多,过甚,这里指辞赋的文采过于华丽。

⑥诗人之赋丽以则:诗人,《诗经》的作者;丽以则,文辞美丽典雅。

⑦辞人之赋丽以淫:辞人,指辞赋作家;丽以淫,文辞华丽过度。

⑧孔氏:指孔子,是扬雄最尊敬的儒家学者。

⑨贾谊:西汉初期著名政论家、文学家,他是汉赋发展的先声。

⑩相如:指司马相如,他是汉赋最重要的代表作家。

⑪如其不用何:指辞赋在孔子儒学体系中起不到作用,没有地位。如……何,把……怎么样。

【译文】

有学生问我:"先生,我们现在读景差、唐勒、宋玉、枚乘的赋,会有好处吗?"

我回答说:"(当然有好处,但他们的辞赋有一个共同问题,就是)文采过度了"。

学生又问:"面对这些文采过度的辞赋,我们该怎么办呢?"

我回答道:"《诗经》中那些作者写的赋,文辞华丽又有法则;后来辞赋家写的赋,却文辞华丽过了头。假如当年孔子也用写作辞赋作为教学内容,那么,著名的辞赋家作家中,贾谊堪称登堂弟子,司马相如可以算是入室弟子。然而孔子不开这门课,赋写得再好也没有用。"

【导读】

本章批判辞赋的文采问题,否定辞赋在儒学体系中的作用,从而树立儒家经典具有雅丽之美的观念。

扬雄不仅自己进行了深度反思,认为写作辞赋是"童子雕虫篆刻"般的小儿科行为,深深感到作赋无用,"壮夫不为",还将批评的作家作品扩大到整个辞赋发展史,对楚辞大家景差、唐勒、宋玉与汉赋大家枚乘的作品全面否定,一竿子扫光,因为他们的作品"无益",没用。这里的没用,与扬雄人生遭遇和政治失意无关,而是站在研究孔子儒学的角度来谈问题,扬雄指出:汉赋最著名的作家贾谊、司马相如等人,如果是在孔子门下创作辞赋的话,算得上是登堂入室的杰出弟子,但是孔门四科(德行、政事、言语、文学)中根本就没有"辞赋创作"这门学科,所以,即使著名如贾谊、司马相如,放到儒学研究的体系中来,也没有他们发挥作用的空间。

文学家扬雄在晚年成了一个纯粹的经学家,他虽然将辞赋的价值从文章写作层面上升到了经学研究层面,然而经学研究领域没有写作辞赋这一块内容,对不起,再好的辞赋作家与作品,在他这本模仿《论语》写作的《法言》中,在《法言》批判诸子、卫道儒学的《吾子》篇中,都不可能获得一席之地,不可能得到肯定评价。

从经学家身份出发,扬雄不仅否定辞赋的作用,还否定辞赋最有特色的文采。乡贤司马相如作赋"弘丽温雅",扬雄对此喝彩不已,不仅自己模仿司马相如,后来还独创了《蜀都赋》等壮丽华美的大赋,开启了汉赋京都题材的先河。所以,作为大赋著名作者的扬雄,对大赋文采巨丽的特点是有直接推动作用的。但本章从经学角度出发看问题,提出了"诗人之赋丽以则,辞人之赋丽以淫"的看法,把《诗经》作者以"赋"的手法创作出来作品的文采和楚辞、汉赋的文采进行优劣对比。扬雄认为：《诗经》是儒家经典，其文采华丽而典雅，具有雅丽之美；辞赋文采过度，失去了雅丽之美。于是以经典雅丽之美为准则，来批判辞赋的"淫丽"之美。

扬雄早年的文学偶像是司马相如，据《史记》记载：司马相如写作了一篇《大人赋》，此赋先写"大人"驾云乘龙遨游仙界，然后分东南西北四方写遨游盛况，文末归于超脱有无，暗含对汉武帝好神仙之道的讽谏，同时流露了作者对于自己仕途进退的矛盾之情，全赋想象丰富，文字糜丽，蕴含着丰富的道家思想与卓绝的创造力，司马相如认为"列仙之传居山泽间，形容甚臞，此非帝王之仙意也"，本来是想借仙人之事讽谏汉武帝，结果"天子大说，飘飘有凌云之气，似游天地之间意。"讽谏的写作目的根本就没有达到，这就是扬雄批评辞赋"讽而不止，不免于劝"所直接针对的对象，《大人赋》是一篇失败的作品。扬雄在《法言·君子》篇中批评司马相如为"文丽用寡，长卿也。"司马相如辞赋华而不实，成为定论。深受扬雄辞赋批评影响的《文心雕龙》在《才略》篇中指出："相如好书，师范屈、宋，洞入夸艳，致名辞宗。然核取精意，理不胜辞，故扬子以为'文丽用寡者长卿'，诚哉是言也！"刘勰认为：司马相如虽然是汉赋的宗师，但他的作品以文辞取胜，精义不足，结果是理不胜辞，文丽用寡。

由此可见，辞赋华丽的特点具有两面性：从文学审美角度看，以司马相如《大人赋》为代表的汉大赋，有文学史上其他体裁所不具备的卓绝文采和艺术想象力；但从儒家经学角度出发，思想内容被华丽文辞所掩盖的《大人赋》，则必须受到否定与批评。

扬雄关于辞赋审美特点的评论，对赋的发展和后世对赋的评价有深远影响。六朝文论大家刘勰、唐代韩愈等人的文论，都有扬雄"丽淫丽则"思想的深刻痕迹。刘勰在其文论巨著《文心雕龙》中全面主张雅丽文学思想，主张以《诗经》之典雅美为基础，吸收楚辞与汉赋之"惊采绝艳"，折中诗骚，形成雅丽结合的全新文学思想，这是对扬雄辞赋审美论的最佳继承和高度升华。

第三章

或问"苍蝇红紫①"。

曰:"明视。"

问"郑卫②之似"。

曰:"聪听。"

或曰:"朱③、旷④不世,如之何?"

曰:"亦精之而已矣。"

【注释】

①苍蝇红紫:苍蝇的颜色在黑、白、红、紫之间,红紫混淆了黑白两色,不认真看就无法分清楚。

②郑卫:指郑卫之音,简称为郑声。有广义与狭义两种解释:广义的郑卫之音是指与西周正统雅乐相对应的民间俗乐;狭义的郑卫之音指春秋时期在郑国、卫国(今河南省新郑、滑县一带)流行的民间音乐。

③朱:指《朱离》,《诗经》中西方少数民族的音乐。语出《毛诗·小雅·鼓钟》:"东夷之乐曰《昧》,南夷之乐曰《南》,西夷之乐曰《朱离》,北夷之乐曰《禁》。"

④旷:指师旷,春秋时期晋国著名政治家、教育家、音乐家。他自称盲臣,博学多才,尤精音乐,善弹琴,辨音力极强,以"师旷之聪"闻名于世。

【译文】

有学生问我"苍蝇红紫"的含义。

我回答说:"(对于这个问题,要)仔细看,以辨明是非。"

又有人问:"这与郑、卫之音相似吗?"

我回答道:"(对于郑卫之音,要)认真听,以分辨真假。"

又有学生问我:"西方的音乐《朱离》和师旷这样的音乐家在历史上很少见,(我们想学习音乐的话,应该)怎么办呢?"

对此,我回答道:"精视则明,精听则聪,用心去学习就行了。"

【导读】

本章表明了扬雄尊崇儒家正统礼乐的观念,体现在以下两个方面:

首先是正色观念。古人以青、赤、白、黑、黄为正色,红、紫则是正色以外的间色。扬雄与学生对"苍蝇红紫"这一现象的问答,实际上在借机阐明一个道理:事物真相复杂,间色可能混淆正色,需要认真观察,仔细分辨。

其次是雅乐观念。历代以来,孔子是尊奉雅乐礼制、贬斥郑卫之音最为严厉的思想家,主张"郑声淫,放郑声",扬雄效法孔子,也有类似的看法。其实,郑卫之音并不是靡靡之音,周朝立国之后,郑、卫之地成为商朝遗民聚居区,郑卫之音实际上就是保留了商民族音乐传统的前朝遗声,由于它表达的感情奔放、热烈和大胆,也内含着某种团聚意识,因而使独尊雅乐的周王室及其维护者常常加以排斥和否定。本章中的师旷具有非凡的音乐才华,同时认为可以通过音乐来传播德行,因而比较保守。有一个例子:晋平公喜欢新声,曾听师涓演奏新曲,师旷当场攻击说是靡靡之音、亡国之音。由此可知,师旷是西周雅乐的坚定支持者,他反对新声,反对俗乐,实际上就是反对郑卫之音,反对民间音乐。扬雄以师旷为代表,说出了自己的音乐观念:推崇雅乐,贬斥俗乐。

至于应该怎样分辨雅乐与郑声的问题,则在下一章有方法论上的交代。

第四章

或问:"交五声①、十二律②也,或雅或郑③,何也?"

曰:"中正则雅,多哇④则郑。"

"请问本。"

曰:"黄钟⑤以生之,中正以平之,确乎郑、卫不能入也!"

【注释】

①五声:又叫五音,古代指宫、商、角、徵(音 zhǐ)、羽五个音。

②十二律:从黄钟律标准音起,按照三分损益法,将一个八度分为十二

个不完全相等的半音的一种律制。其中阳律有六：黄钟、太簇、姑冼、蕤宾、夷则、无射，阴律有六：大吕、夹钟、中吕、林钟、南吕、应钟，共十二律。

③或雅或郑：有的是雅乐，有的却是郑声。雅，指雅乐，曲调平和缓慢。郑，指上一章的"郑卫之音"。

④多哇：读为 duō wā，意为靡靡之音。多，同哆，与第十二章"邪哆"用法相同。

⑤黄钟：有多种含义，这里指十二律中的第一律。

【译文】

有学生问我："先生，我们听到的音乐都符合五声与十二律，但有的是雅乐，有的则是郑声，这是为什么呢？"

我回答道："乐音中正的就是雅乐，乐音邪辟的就是郑声。"

学生又问："先生，请问什么是音乐之本？"

我回答他："黄钟滋生五声十二律，用中正的情感使乐音平和下来，（雅乐的根本就会坚固，）郑卫之声就不能侵入！"

【导读】

本章讲述分辨雅乐与郑声的方法，表明了扬雄强烈的尚雅贬俗的态度。

雅者，正也。雅乐，即典雅纯正的音乐，是西周传统宫廷音乐，为帝王朝贺、祭祀天地等重大的国家典礼所用。雅乐的体系在西周初年制定，与法律和礼仪共同构成了贵族统治的内外支柱。在上一章批判郑卫之音的基础上，扬雄进一步将郑声与雅乐对举，崇尚雅乐的中正之美，贬斥郑声的邪辟之陋。关于郑声"多哇"的特点，可以理解为郑声有较多的语气助词和情感表达，不符合雅乐纯正规范的情感与平和的语气表达方式。《吾子》第十二章中还有"邪哆"一词，二者同义。王念孙《读书杂志·法言》说："多，读为哆。哆，邪也。下文云：'述正道而稍邪哆者有矣，未有述邪哆而稍正也。''哆'与'多'古字通……多、哇，皆邪也。中，亦正也。正则雅，邪则郑。多哇与中正，正相反也。"这样，郑卫之音就不只是民间俗乐，而是带有邪恶思想的反动音乐，这是对郑声从审美属性（不雅而俗）到思想属性（不正而邪）

的全盘否定，其背后的深层原因，是对西周礼乐制度合法性在汉代的继承与发展，带有强烈的政治色彩。西汉王朝以儒家思想立国，需要一大批学者从各个角度为儒家思想的合法性进行论证，儒家先贤成圣人，儒家著作成经典，研究儒学成博士，礼乐规范成制度，尽管这只是模仿式的复古，但在学术研究中无疑具有鲜明的导向作用，所以扬雄积极主张正色观念和雅乐观念，强烈否定、批判间色与俗乐，就一点都不奇怪了，因为这是时代的产物。

从音乐节奏与情感角度来说，雅乐平正，俗乐奔放，扬雄的观点是正确的，但节奏缓急并无高下之分，就像作家的思维快慢并不影响文章质量一样，从音乐的艺术性来说，扬雄的看法限制了艺术发展的多样性，也否定了音乐审美、音乐风格的多样性，这是不对的。但对待音乐尚雅贬俗的态度源自孔子，扬雄不过是孔子雅乐思想在汉代的代言人而已，这并不是他的独创。

第五章

或曰："女有色①，书亦有色②乎？"

曰："有。女恶③华丹之乱窈窕也，书恶淫辞④之淈法度⑤也。"

【注释】

①女有色：女性美丽的容貌。

②书亦有色：文章的美丽外观，这里指华丽的辞藻。

③恶：厌恶，讨厌。

④淫辞：修饰过度的文辞。

⑤淈法度：扰乱文章的写作法则。淈，读为 gǔ，扰乱，搞乱。

【译文】

有学生问："先生，女子有美丽的容颜，那么书也有好看的外观吗？"

我回答道："有的。一个女子，讨厌浓妆艳抹来扰乱心灵和仪表之美；一本好书，不能用过度的修饰之辞去扰乱写作法则。"

第六章

或问:"屈原智乎?"

曰:"如玉如莹①,爰②变丹青。如其智!如其智!"

【注释】

①莹:本指珠宝的光彩,引申为光洁似玉的宝石。

②爰,读为 yuán,在这里有两种解释:(1)于是;(2)改变;二者均可。

【译文】

有学生问:"(先生,请您评价一下屈原,)屈原是智慧的人吗?"

我回答道:"屈原像璀璨的美玉,最后变成了丹青。(他将永远名垂青史,)很有智慧!很有智慧!"

【导读】

首先,本章结束对各类文体写作与政教礼乐审美标准的讨论。楚辞、汉赋具有源与流的关系,屈原是辞赋创作的第一大家,表明《吾子》篇的写作从作品论转移到了作家论,因此,本章虽短,却是《吾子》篇内容上的一大转折。

其次,高度赞美屈原"如玉如莹"的品质将名垂青史。屈原是对扬雄成长起过重要作用的作家,在《汉书·扬雄传》中有多方面的记载:"(扬雄)怪屈原文过相如,至不容,作《离骚》,自投江而死,悲其文,读之未尝不流涕也。以为君子得时则大行,不得时则龙蛇,遇不遇命也,何必湛身哉!乃作书,往往摭《离骚》文而反之,自岷山投诸江流以吊屈原,名曰《反离骚》;又旁《离骚》作重一篇,名曰《广骚》;又旁《惜诵》以下至《怀沙》一卷,名曰《畔牢愁》。"这些记载与本章中扬雄评价屈原"智"的意见很不相同,这表明扬雄对屈原的评价不是坚持不变的,而是分阶段的,有变化的。

第七章

或问:"君子尚辞①乎?"

曰:"君子事②之为尚。事胜辞则伉③,辞胜事则赋④,事辞称则经⑤。足言足容⑥,德之藻⑦矣!"

【注释】

①尚辞:重视言辞,这里指重视写文章的语言措辞。

②事:事实,这里指文章的内容。

③伉:正直、高尚,这里指文章的内容充实。

④赋:华丽的辞赋。

⑤经:儒家的经典。

⑥足言足容:在言辞和面容方面修饰过多。足,使……满足。

⑦藻:修饰,藻饰。

【译文】

有学生问:"先生,君子写文章应该重视文辞吗?"

我回答说:"君子更应该重视文章的思想内容。内容胜过文辞,就是比较好的文章;文辞胜过内容的文章,会像辞赋一样华而不实;内容和文辞相称的文章,就像儒家经典那样文质彬彬。一个人在言辞和面容方面修饰过多,就像将自己的品德进行了藻饰一样,会显得不真实。"

【导读】

本章从文体"赋""书"的写作语言措辞,转移到"君子"的语言表达问题。从作家论角度出发,是继上一章讨论著名大作家屈原之后,将作家群体化,讨论"君子";从修辞论角度出发,是对前几章批评"淫辞"、反对"丽淫"、主张"丽则"的延续——写作措辞需要规范,君子语言也需要规范;从文体论角度出发,则继续批评"辞",开始赞美"经"。

扬雄的批评观点来自孔子,语出《论语·雍也》:"质胜文则野,文胜质则史,文质彬彬,然后君子。"一个人的文采和实质相协调,就能做君子,借以形容人举止文雅有礼貌。所以，不管是写作措辞还是口语表达，从"君子"角度出发，都需要做到"文质彬彬"才行。文，是外在的形式；质，是内在的内容；外在与内在完美结合在一起，才是君子之文、君子之言。由此可知，本章中的"君子"，特指孔子，扩大范围之后，主要指儒家诸子，包括扬雄本人。

语言问题是文章写作的重要环节，文采优美、言之有物的语言，呈现孔子所说的"文质彬彬"的理想状态，具有最好的雅丽之美，这是扬雄评价文章的基本准则。这一要求在今天也有着鲜明的现实意义，写文章、创作文学作品，既要有充实的思想内容，也要在措辞表达上注重语言修饰，以鲜明、生动、富含文采的语言，将正确、充实、积极的思想内容传达出来，成为美文、范文、名文，成为文学经典。

第八章

或问："公孙龙①诡辞②数万以为法③，法与？"

曰："断木为棋，挽革为鞠④，亦皆有法焉。不合乎先王之法⑤者，君子不法也。"

【注释】

①公孙龙：战国时期赵国人，名家学派的代表人物。

②诡辞：指公孙龙擅长的诡辩术。

③法：建立法则，指以公孙龙为代表的名家学派及辩论术的形成。

④挽革为鞠：刮磨皮革制成皮球。挽，音wán，刮磨或打击。鞠，音jū，这里是名词，指皮球。

⑤先王之法：周公、孔子建立起来的儒家思想法则。

【译文】

有学生问："先生，公孙龙诡辩虚辞数万言，用来制定名家的纲领法则，他的话能算得上是法则吗？"

我回答道:"砍断木料制成棋子,刮磨皮革制成皮球,做这些事都是有法则的。但是,公孙龙的诡辩术与周公、孔子建立起来的儒家思想法则不一致,我不认为是法则。"

【导读】

为了建立尊崇儒家的思想体系,扬雄在前面六章中从文体(经)、语言(辞)、作家(君子)三个层面作了厚实的铺垫,现在,面对先秦诸子争鸣而儒家仅为其中事功不显之一家的历史事实,扬雄采用各家对比的方法彰显儒家思想的光辉,来证成己说,于是从本章开始,将批评的对象直指诸子各家,火力倍增,效果显著。

本章以名家著名代表人物公孙龙为批评对象,指出其思想与儒家思想不符,因而不值得学习、效法。以此为基础,扬雄意在向学生传达这样一个观念:诸子学说虽然各有特色,但都比不上儒家,应当以儒家为尊。

其实,名家的辩论术,对我们今天进行学术思维训练、学术著作写作大有好处。《法言》虽然模仿《论语》而作,但在内容层次、问答幅度方面超过《论语》甚多,扬雄与学生的教学问答(或是他自问自答),论题集中,层层设问,从中可以看出"名实""异同"论辩术的痕迹,只不过不像公孙龙那样诡辩罢了。

第九章

观书者譬诸①观山及水,升东岳而知众山之逦迤②也,况介丘③乎?浮沧海而知江河之恶沱④也,况枯泽乎?舍舟航而济乎渎⑤者,末矣;舍五经而济乎道⑥者,末矣。弃常珍而嗜乎异馔⑦者,恶睹⑧其识味也?委大圣⑨而好乎诸子者,恶睹其识道也?

【注释】

①譬诸:好像,比如。譬,音 pì。
②逦迤:读为 lǐ yǐ,曲折连绵的样子。

③介丘：小山丘。介，同芥，细小。

④恶沱：读为 è tuó，这里指大江大河细小的支流。按：历代以来，均将"恶沱"解释为"浊水不流貌"，根据上下文及"沱"字"从水从蛇"的造字本义推断，解释为细小的支流为宜。

⑤济乎渎：渡过江河。渎，音 dú，这里指河川。

⑥济乎道：领悟儒家大道。

⑦嗜乎异馔：喜欢吃怪异的食物。嗜，音 shì，喜欢；馔，音 zhuàn，指食物。

⑧恶睹：怎么能看出。恶，音 wū，表疑问，怎么，怎能。

⑨委大圣：抛弃儒家圣人的思想学说。委：抛弃，舍弃。

【译文】

读书就像观览山水，登上高高的泰山才看得见其他山峰连绵曲折，何况是小山丘呢？泛舟于无际的沧海才知道江河支流细微渺小，何况是干涸的湖泊呢？舍弃舟船却想渡过大河，那是本末倒置；舍弃儒家五经却想参悟大道，也是本末倒置。舍弃日常的美味却喜欢怪异的饮食，怎么能辨识其中的滋味呢？舍弃儒家圣人的思想却喜好诸子的学说，怎么能领悟真正的大道呢？

【导读】

在本章中，扬雄建立了《法言》全书尊崇儒家的基本思想体系：宗经、征圣、原道，这是儒学理论体系化历史上的重大贡献。

宗经，是指以儒家五经为学习宗法的对象。汉武帝在诸子中独尊儒家，先秦儒家文献《诗三百》《尚书》《仪礼》《周易》《春秋》上升为官方钦定经典，其名改称《诗经》《尚书经》《礼经》《易经》《春秋经》，各立一位博士。在先秦，五经原为六经，五经之外还有一部《乐经》，据说在秦始皇焚书运动中被毁灭了，《乐经》从此不传。儒家的六经文献，《春秋》为孔子创作，其余五经均为孔子删改、修订而成，所以，宗经必然带来尊崇经典作家的结果，于是征圣思想顺应宗经建立起来。

征圣，是指以儒家圣人从事著作的态度为证验，向这种态度学习。最迟到汉代《礼记》成书时止，儒家学者将三皇、五帝、大禹、文王、周公、孔子等最杰出的原始社会部落首领、历代著名帝王、政治家、思想家均纳入儒家圣人之列，其中思想成就最高的是孔子。所以，征圣在广义上是尊崇儒家历代圣人，狭义上是指尊崇孔子。

原道，是指以儒家思想为衡量、评价的根本准则。扬雄在《法言》中反复强调，要以孔子思想为本来看待问题。

宗经、征圣、原道三者之间层层递进，环环相扣，扬雄在西汉儒家地位显著上升与儒家著作称经的历史大背景下，明确提出这一思想理论主张，既是他作为儒家学者的必然使命，也是他尊崇孔子、模仿《论语》写成《法言》的一大收获。

这一思想体系的建立，与孔子有直接关系。在《论语》《史记》等文献中，孔子对上古圣人（如尧帝）及其文献（如《易》）有着深厚的感情，晚年删、编、补写了《诗》《书》《礼》《易》《乐》，独立创作了《春秋》，因此，儒家宗经、征圣的源头，是在孔子这里。后来，经过孟子的雄辩卫道和荀子的新变改造，将宗经、征圣的思想拓展为宗经、征圣、原道的思想，但还没有像杨雄这样直接提出并运用。

扬雄作为汉代儒家学者的代表人物，借助时代赋予的社会条件，大力弘扬宗经、征圣、原道这一儒家思想原理，不仅成为儒家历史上第一个明确提出并全面运用这一思想原理的大学者，还使之对中国古代两千多年的经学、文学、艺术学、美学及其理论发展产生了深远的影响。仅以历史上最杰出的文学理论著作《文心雕龙》为例，其文学原道、征圣宗经、儒家主导的思想主张和一系列文学理论，都是在宗经、征圣、原道思想体系影响之下，以孔子文艺美学思想为核心建立起来的。

第十章

山跻之蹊①，不可胜由②矣；向墙之户③，不可胜入矣。

曰："恶由入？"

曰："孔氏。孔氏者，户也。"

曰："子户乎？"

曰："户哉！户哉！吾独有不户者矣？"

【注释】

①山硗之蹊：山间狭窄的小路。硗音 jìng，山路；蹊，音 xī，小路。

②不可胜由：不能全部通过。胜，全部；由，通过，经过。

③向墙之户：面对墙壁的一扇门。户，单扇门，一扇门。

【译文】

山坡上狭窄的小路，我们是不能全部走完的；面墙而立的门户，我们不能通过它进入室内。

有学生问："先生，我们应该通过什么方式进入室内呢？"

我回答说："通过学习孔子的学说。孔子的学说是领悟大道的门户。"

学生又问："先生，您算得上是门户吗？"

我回答道："是门户，是门户，不能只有我不是门户吧？"

【导读】

这一部分讲述学习孔子学说的方法：坚定方向，不断探索，自我肯定。

山硗之蹊，指山间狭窄的小路，语出《孟子·尽心下》："孟子谓高子曰：'山径之蹊间，介然用之而成路；为间不用，则茅塞之矣。'"孟子对高子说："山坡间的狭窄小径，经常有人行走便踏成了一条路；过一段时间没有人去走它，又会被茅草堵塞了。"这句话包含了多层含义。首先讲到了前进道路的狭窄难行，学习儒学必须有坚定的探索精神，类似于鲁迅先生在《故乡》中说出的名句："希望本无所谓有，无所谓无的；就像世上本没有路，走的人多了，也便成了路。"其次是谈到学习的"茅塞"状态，该怎么办呢？《论语》中有"温故而知新""学而时习之"等方法论提示，孔子告诉我们：反复的探索、尝试，将成为我们茅塞顿开的诱因，有助于我们突破疑难，到达更高的境界。扬雄引用孟子的这段话，意在说明一个道理：小路既难走，岔道也多，只有坚持走下去，才能走出一条自己选择的、熟悉的道路。学习儒家经典，相当于在诸子百家中选择的一条小路，别无捷径可走，只有坚持学习、思考，一直走下去，这条路才会成为成功之路。这是"宗经、征圣、原道"思想体系中的"原道"思想在起作用。

如果在学习中无法进入较高境界，不能领悟大道，那该怎么办呢？应该征圣。征圣的对象是谁呢？是孔子。孔子的儒学，是引领学者进入儒家思想的正宗门户，进了孔子儒学的大门，就相当于进了儒家学术思想的大门。

扬雄以孔子为师，处处模仿、学习孔子言行与著作方式，成为孔子思想在西汉晚期的代言人。所以，当学生问他是否也算得上学习儒学的门户之时，扬雄毫不谦虚地说：我当然算得上啦！学习我的学说，就是学习儒家正宗的思想，相当于向孔子学习一样，就是进入儒学大道的门户。扬雄被桓谭等后世学者称为"西道孔子""汉代孔子"，其理论根源，就在他的这句话中。这不是他的骄傲，而是他的担当。

第十一章

或欲学《仓颉》①《史篇》②。

曰："史③乎！史乎！愈于妄阙④也。"

【注释】

①《仓颉》：指《仓颉篇》，我国现存最早的童蒙识字教材。编纂者是秦国丞相李斯，全书共七篇，主要从《史籀篇》中选取文字。

②《史篇》：即《史籀篇》，传说是周宣王太史编纂的先秦文字学著作。籀，指籀文，先秦铸造在钟鼎器皿上的文字，也称金文，字体是大篆。

③史：指真实可信的历史。

④妄阙：胡言乱语，知识欠缺。妄，这里指说出荒诞而不合理的话；阙，音 quē，同缺，这里指欠缺知识。

【译文】

有学生告诉我，想学习《仓颉篇》《史籀篇》一类的文字学著作。

我回答道:"这两本书记载的都是真实可信的历史啊!是真实的啊!学习它们,比胡言乱语和守缺无知要好得多。"

【导读】

本章表现了扬雄在文字学方面的深厚修养。扬雄曾在前人基础上编纂了《训纂》一书,独立创作了《方言》一书,是西汉文字学的集大成者。扬雄认为,《仓颉篇》《史籀篇》等文字学著作,记载了真实的历史,不仅是识字教材,还是做学问求真务实的载体。真实,就不会虚妄胡说;学习,就不会抱残守缺。他鼓励学生学习文字学,希望他们成为学风求真、学识求丰的学者。

在下一章,我们还可以看到:学习古文字是研究古文经学的入门条件,而扬雄属于严谨的古文经学学者,他必然要求、鼓励自己的学生学好《仓颉篇》与《史籀篇》。

第十二章

或曰:"有人焉,曰云姓孔而字仲尼,入其门,升其堂,伏其几,袭其裳,则可谓仲尼乎?"

曰:"其文①是也,其质②非也。"

"敢问质。"

曰:"羊质而虎皮③,见草而说④,见豺而战⑤,忘其皮之虎矣。"

【注释】

①文:指外在的形式。

②质:指内在的本质。

③羊质而虎皮:披着老虎外皮的羊,讽刺当时那些虚伪的儒家学者。《吾子》第十章将圣人(孔子)比喻为老虎,文采华丽炳蔚,是褒义。

④说:同悦,愉悦,高兴。

⑤战:战栗。

【译文】

有学生问:"先生,有这样一个人:自称姓孔,字仲尼,入孔子之门,登孔子之堂,伏孔子之案几,穿孔子的衣裳,那么,能说他就是孔子了吗?"

我回答道:"他的外表是,他的本质不是。"

学生又问:"先生,您说的本质是指什么呢?"

我回答他:"(举个例子来说吧:这个人)披着老虎的外皮,本质还是一只羊,看见草就高兴不已,遇见豺狼就哆嗦战栗,早就忘记自己披着老虎的外皮了。"

【导读】

本章严厉批评西汉占据主流位置的官方正统经学,扬雄认为他们是羊质而虎皮、欲仇(售)伪而假真、学也为利的虚伪荒诞的"伪儒",披着孔子儒学的外衣,打着孔子儒学的旗号,结果却并不是真正的孔子儒学研究者和传播者,甚至不是真正的学者。

儒学发展到西汉晚期,有了明确的"今文经学"与"古文经学"之争。这里有必要简单介绍一下二者的概念和争论背景:

今文经学,亦称"经今文学""今文学",指经学中研究今文经籍的学派。今文经,指汉代学者所传述的儒家经典,以当时通行文字隶书记录,多无先秦古文旧本,而由战国以来学者师徒或父子传授,至汉代乃一一写成定本。如《尚书》出于伏生,《仪礼》出于高堂生,《春秋公羊传》出于公羊氏和胡母生。汉武帝采纳董仲舒、公孙弘的建议,表彰儒家经籍,建立五经博士,所用皆为今文经籍。又因当时政治之需,学者借阐发孔子"微言大义"之机表达自己的历史、哲学和政治态度,因此董仲舒研究的《公羊春秋》学尤其繁盛。著名史学家司马迁就是董仲舒的弟子,他在《史记》中表现的《春秋》历史观,有着很深的董氏儒学痕迹。

古文经学,指经学中研究古文经籍的学术流派,与"今文经学"相对。古文经,指用秦始皇统一中国以前的儒家经书。秦始皇焚书期间,民间儒生将一些古文经书埋藏起来,汉代前期相继发现,如景帝时,河间献王以重金在民间征集所得古文经书,以及武帝时鲁恭王从孔子故宅壁间所发现的古文经籍。诸王等先后献给朝廷,藏于秘府。至哀帝时,扬雄的朋友、同事刘歆在内府校对古籍,发现古文经不但文字与当时立于学官的博士本有异,而且有的博士本错误地定为今文经。刘歆指责今文经为秦代焚书之余,残缺不全,认为《春秋左氏传》比《公羊传》更可信。基于此,刘歆请立古文经《毛诗》《左传》、逸《礼》于学官。因遭到占据儒学统治地位的今文经学博士群起反对,刘歆离开京都。西汉末,王莽欲篡权,提出"王田"的主张,要将土地收归国有,利用《周礼》关于井田制的说法,以之为立论依据。《周礼》属古文经,古文经学地位因此得以提高。平帝时,立了五个古文博士,以与今文经学对抗。古文经学斥责今文经学附会谶纬的妖妄,强调文字训诂对于治经的重要性。为了准确解释儒家经书,古文经学者对文字、音韵、训诂作了精深的研究,提出了一些有价值的学术观点,撰为著述,如扬雄著《方言》、编《训纂》,皆有相当程度的科学性,至今仍为研究古代文化典籍的钥匙,受到学者的重视。

"今文经学"与"古文经学"一直互动发展到清末民初,虽然前者使用隶书,后者使用先秦篆书,但二者相争的实质并不在文字方面,而在儒学话语权方面,借助学术研究,于考辨真伪、阐述经典之外,更多的是与政治挂钩的地位之争、权势之争、影响力之争,学术研究逐渐庸俗化为政治斗争。在扬雄时代,前者是官方确立、官方支持、立有学官博士的正统经学,后者是刚刚兴起的复古经学,但后者得到了当朝权臣王莽与汉平帝立学官博士的直接支持,扬雄认为前者有伪造、篡改儒学经典的行为,对政权统治者与自然现象有若干神化及神秘解释,许多学者在解读经书时烦冗芜杂,琐碎不已,不一定是完全从学术角度得出的意见。

我们需要辩证地看待这个问题:首先,从纯粹的学术研究动机出发,扬雄站在古文经学的立场上,批评占据统治地位的官方今文经学,是有相当的合理性的,这是经学家扬雄求真务实的一面;其次,从为古文经学站队的动机出发,当时刘歆上书《移太常博士》,触动了朝堂各级今文经学官员的利益,被迫离开京城,作为好朋友兼同事的扬雄,极为愤怒,但他口吃不能畅言,于是借机在本篇中大肆批评今文经学学者是披着儒学外衣的假学者，是"伪儒"；最后，从政治方向来看，王莽当时权倾朝野，他要以《周礼》古文经来阐述自己推行政治改革的合法性，终极的目的是逐渐篡权，扬雄与王莽曾是同事，实际上确实参与了王莽的许多政治活动，因为扬雄入京后主要活动于汉平帝与王莽时代，而汉平帝是被王莽控制的一个傀儡，他立古文经学博士的举动，完全由王莽在背后推动，扬雄在古文经学逐渐占据上风的政治背景下，大力批判今文经学，将今文经学学者贬得一文不值，很难说没有着附和政治权势的动机。有一个案例可资借鉴：王莽称帝之后，扬雄一方面表示不愿意参与新朝政治，只愿意研究学术，一方面又接受了王莽赐予的改黄门侍郎为大夫的官职，并且写下了文学史上著名的封禅文《剧秦美新文》，为王莽新朝与封禅举动唱赞歌。他被挟裹也好，自愿也好，进退两难也罢，这成了扬雄被后人批评为有政治污点的一件事。

作为二十一世纪的当代读者，我们在阅读《法言》的时候，如果搞不清楚扬雄言论产生的学术背景、时代背景，不清楚扬雄本人的生平经历与"君子得时则大行，不得时则龙蛇"的处世哲学与矛盾性格，而仅仅是直接从《法言》某一章所论述的内容来理解分析，就会理解错误，乃至不知所云。

周予同在《经今古文学》中说："经今古文名称的对立……不仅在于所书写的字，而且字句有不同，篇章有不同，书籍有不同，书籍中的意义有大不同；因之，学统不同，宗派不同，对于古代制度以及人物批评各不同；而且对于经书的中心人物孔子，各具完全不同的观念。"这是从纯粹学术研究的角度做出的中肯评价。也就是说，今文经学与古文经学，都是研究儒家经典的学术，抛开政治因素与权力地位，实际上并没有高低贵贱之分。本章中扬雄的意见，有合理的实际批判，也难免有偏激的情绪，我们要理性对待。

第十三章

圣人虎别[①]，其文炳[②]也。
君子豹别，其文蔚[③]也。

辩人狸别④，其文萃⑤也。

狸变则豹，豹变则虎。

【注释】

①圣人虎别：圣人如同老虎。别，类别。

②炳：文采鲜明华美。

③蔚：文采华丽。炳、蔚均语出《周易·革》："大人虎变，其文炳也……君子豹变，其文蔚也。"

④辩人狸别：能言善辩的人如同狸猫。辩人，能言善辩的人；狸，读为lí，指狸猫，哺乳动物，形状与猫相似，身体各个部位有多种不同颜色的花纹，亦称狸子、山猫、豹猫、钱猫等。

⑤萃：本义指草木茂盛，这里是语言华丽。

【译文】

圣人好像老虎的斑纹，他的文章彪炳光明。

君子好像豹子的斑纹，他的文章斐然清朗。

辩人如同狸猫的斑纹，他的文章繁褥华丽。

狸猫可以变成豹子，豹子可以变成老虎。

【导读】

扬雄将学者分为三种类型：圣人、君子与辩人，把他们比喻为老虎、豹子和狸猫。他们各自的文章都很有文采，但三种文采的层次是不一样的：圣人最优，君子可嘉，狸猫需变。从生物学角度看，老虎、豹子、狸猫都是猫科动物，但体格差异很大：老虎最大，豹子其次，狸猫最小。对应起来看，圣人的代表是孔子，君子指儒家学者（包括扬雄自己），狸猫能言善辩，言语华丽，指诸子，尤其是诸子中善于辩论的学派。在《吾子》篇第七章中，扬雄曾回答学生关于"君子尚辞"的提问，他认为：君子应当"尚辞"，但必须使言谈的内容与措辞表达相一致才行，片面的"尚辞"则是不对的，有可能成为"淫辞"，本章之所以将"辩人"比作狸猫，是因为狸猫身上花纹美丽而颜色各异，针对"淫辞"善辩的诸子而言，是在批评他们。

同时，扬雄不仅表达了儒家高于诸子的观念，也难得地表现了主张新变的观念，他认为：狸猫可以变成豹子，豹子可以变成老虎。诸子学说进一步发展，可以成为符合儒家思想的学说；儒家学者的学说进一步发展，可以上升到孔子学说的高度。扬雄虽然非难诸子，但并不全盘否定诸子学说，表现了他的学术宽容；他认为孔子的学说最好，经过努力进步，也是可以望其项背的，表现了他的学术自信。

扬雄主张循序渐进，这是一个由量变到质变的学术发展过程。其中的"豹变"出自《周易·革》："上六，君子豹变，小人革面。"刚出生的小豹子很丑陋，但会逐渐变得雄健而美丽。这是一个漫长的过程，不知不觉中，平凡已化为卓越。后人用"豹变"比喻润饰事业、文字或迁善去恶。这不只是君子才有的行为，小人悟道之后，也可以洗心革面，变成君子。"狸变"的含义与之近似。"狸变则豹，豹变则虎"，表明辨人勉而行之，可以为君子，君子进德不息，可以为圣人。

这一论断符合辩证法的规律，是《吾子》篇中少见的不偏激而且激励人的话。不仅在扬雄时代适用，对今天的学习者、研究者来说仍然很有意义：一个普通的学生，通过不断地积累和努力，可以成为一个学有所成的有用之人；继续发展进步，学习创新，可以成为某一领域有影响力的专家、学者。一个人不要怕起点低，学问浅，环境差，只要有心进步，取法乎上，坚持一二十年，哪里有不成功的呢？

第十四章

好书而不要诸①仲尼，书肆②也。好说而不要诸仲尼，说铃③也。君子言也无择④，听也无淫⑤，择则乱，淫则辟。述正道而稍邪哆⑥者有矣，未有述邪哆而稍正也。

【注释】

①要诸：以孔子的著作（或言论）为要领。要，以……为要领，形容词的意动用法；诸，复音词，用于动词之后，在陈述句中相当于"之于"。

②书肆：书店，书市。
③说铃：读为 shuō líng，指琐屑的言论。
④言也无择：不说败坏儒家法度的话。择，同"殬"，音 dù，败坏，不合法度。
⑤听也无淫：听音乐不要过度。淫，过度，这里指不听雅乐之外的郑声俗乐。
⑥邪哆：读为 xié duō，指放纵不正的行为，也写作"邪侈"。

【译文】

喜好读书却不以孔子著作为要领，就像书肆一样群书杂陈。喜好立说却不以孔子学说为要领，就像铃铛一样杂乱琐屑。君子不说（儒家言论之外的）败乱之言，不多听（儒家雅乐之外的）音乐。说败乱之言就会坏事，过度地听雅乐之外的俗乐就会误入歧途。学习儒家正道却稍微行为不正的情况有时会发生，学习诸子邪说而能稍微归于正道的情况却从来没有过。

【导读】

本章继续猛烈地批判诸子及其学说，扬雄从读书、立说、言论、欣赏音乐四个方面出发，立体整合《吾子》篇前面几章对文章、诸子、音乐的综合评价，全盘否定他们，从而全面肯定儒家正道。扬雄认为：读书必须读孔子，立说必须尊孔子，言论必须符合儒家思想，欣赏音乐只能是雅乐，他坚定地坚守儒家正道，严格要求学生遵守孔子儒学，说话听歌等休闲娱乐活动也必须谨遵要求，同时怒斥诸子学说为"邪哆"，是他严格儒学立场的反映。

扬雄将自己刻画成一个独尊儒家、贬斥诸子、不近人情的学者形象和教师形象，这与他在上一章中树立起来的支持新变的形象截然不同。

第十五章

孔子之道，其较且易也①。

或曰："童而习之，白纷如也②，何其较且易？"

曰:"谓其不奸奸③,不诈诈④也。如奸奸而诈诈,虽有耳目,焉得而正诸⑤?"

【注释】

①较且易也:道理明显而且容易学习。较,这里是形容词,明显。

②白纷如也:白发纷乱的样子,指皓首穷经的人,形容到老也无所成就。白,白发;纷,纷乱。

③奸奸:以奸邪手段对付奸邪的人。

④诈诈:以欺诈手段对付欺诈的人。

⑤焉得而正诸:怎么能够使奸诈之人改正过来呢?焉,怎么;得,音děi,能够;正,使……改正;诸,复音词,用于动词之后,在疑问句中相当于"之乎"。

【译文】

(在我看来,)孔子的儒学,既明晰又易学!

有学生问:"先生,有人从孩童就开始学习孔子的儒学,到头发白了还是乱纷纷的,您为什么说孔子儒学明晰易学呢?"

我回答说:"我是在说孔子儒学不以奸治奸,不以诈治诈。如果以奸治奸,以诈治诈,奸诈之人即使有耳目,又怎么能使他们改过归正呢?"

【导读】

这一部分针对诸子非难儒学、特别是孔子儒学的言论进行反驳,指出孔子儒学思想鲜明、内容易懂,诸子学说则奸邪狡诈,不值一提。

在《史记·孔子世家》中有一件事:孔子到齐国去找工作,齐景公很看好他,结果晏子出来批评孔子主张的礼制是"累世不能殚其学,当年不能究其礼",不适合齐国,导致齐景公不再重视孔子。在《太史公自叙》中,司马迁的父亲司马谈有一段评价先秦阴阳、儒、墨、名、法、道德六家的话,其中评论儒家说:"儒者以六艺为法。六艺经传以千万数,累世不能通其学,当年不能究其礼,故曰博而寡要,劳而少功。"所谓六艺,这里指儒家六经,"经传以千万数,累世不能通其学",即使皓首白头,也不能读完经典,更谈不上运用经典。在历史上,儒家孔子、孟子等著名人物,确实如司马谈所言,是"博而寡要,劳而少功"的典型代表。实际上,在司马谈所论述的六家之中,儒家在先秦的影响力是不大的,在政治上的作为是不多的。但发展到汉代,天下一统之后,形势不一样了,汉代需要的是"列君臣父子之礼,序夫妇长幼之别"的礼乐、等级、伦理制度来治国,来安邦,谁最合适?是儒家。在这样的时代大背景下,必须讴歌儒家,赞美儒家,即使儒家确实在先秦地位不高、作为不多,也必须从各个角度出发为儒家思想、特别是创始人孔子的思想寻找合法性、合理性、简易性的依据,这不只是学术思想问题,还是政治立场问题,扬雄《法言》一书,所做的基本工作,就是这一件事。

在本章"孔子之道较且易"的论述之外,《吾子》第十三章还提出了"君子之道有四易"的说法,二者可以对照参看。

第十六章

多闻则守之以约①,多见则守之以卓。寡闻则无约也,寡见则无卓也。

【注释】

①约:读为 yào,总要,纲要。

【译文】

博学多闻才能把握要领,博学多见才有远见卓识。浅学少闻则不得要领,浅学少见则无远见卓识。

【导读】

这一部分阐述学习儒家经典的基本方法:主张博闻多识,反对寡闻少见。博闻多识是学习孔子儒学的前提条件,进一步则需要"博而能一",从博见中选取精华部分认真研读,成为术业有专攻的儒家学者。扬雄所论,带有很强的普适性,不仅适用于经学研究,也适用于其他学术研究;不仅古人可学可用,当代学者面对信息化、网络化、大数据的轰炸,怎样打好牢固的研究基础,怎样选定自己的研究对象,怎样做到专精并能创新?扬雄的话给了我们启示。我们读《法言》,就应该进行这样的思辨与回味,才能使自己有所悟,有所得。

第十七章

绿衣①三百,色如之何矣!纻絮②三千,寒如之何矣!

【注释】

①绿衣:绿色的衣服,泛指非正色的下等服色。古人以黄为正色,绿为间色,间色为衣,黄色为里,比喻尊卑倒置,贵贱失所。

②纻絮:苎麻的丝絮。纻,音 zhù,同"苎",指苎麻。

【译文】

绿色的外衣有三百件,数量虽多,却非正色,不能用于宗庙,有什么用呢?苎麻的丝絮有三千条,数量虽多,却非成衣,不能抵御风寒,有什么用呢?

【导读】

上一部分讲博闻多识的好处,批评寡闻少见的坏处,这一部分则强调对博闻多识的要求:博学虽然重要,但不要学习诸子学说或伪儒学说。先秦诸子数量很多,班固《汉书·艺文志》记载了诸子十家,著书立说者一百八十九家,博见是学习的基本方法,但不能去学儒家之外的其他学说,没用。根据《吾子》全篇对占据正统地位的今文经学的批判来看,扬雄也反对学生学习今文经学的研究成果。诸子学说与今文经学是间色,是丝絮,不是正色,不是成衣,总之不好,别学。

扬雄意图保持儒学的纯粹性,从他个人的立场看是对的,从真实的学术发展、学术研究角度看是不对的。如扬雄最尊敬的孔子,跟从老子问礼,深受老子明哲保身思想的影响,又跟从师襄、苌弘问乐,他就是"转益多师"并能自成一家的代表。扬雄自比为孟子,严格恪守坚定的儒学立场,坚决捍卫孔子的儒学正道,但反对转益多师,在学习态度上、教学方法上都不如孔子;战国晚期的荀子,主张儒学新变,将道家、法家、名家等学派的有益之处吸收到自己的思想体系之中，是先秦儒家新变的代表人物，扬雄在《法言》中也猛烈批评、指责他。总体上看，扬雄的学习方法论是比较保守的。

实际上，扬雄是一个博学多识的人：他精通易学，写成了《太玄》；精通历史，写过《蜀王本纪》；精通小学（文字学），写过《方言》，编过《训纂》；精通辞赋，是汉赋四大家之一；精通各体文章，具有强烈的创新精神；至于儒学，包括本书《法言》，虽然是模仿《论语》所作，但其思想的实质，是儒道结合——但他否认自己所学之博中有其他学派的东西，反对学生真正地博闻多识——这并不是实事求是的精神，而是他站在古文经学的立场上，坚定地捍卫孔子正统儒学时表现出来的严谨态度。

第十八章

君子之道①有四易：简而易用也，要而易守也，炳②而易见也，法而易言也。

【注释】

①君子之道：指儒家学说。
②炳：有多个含义，这里指明显突出。

【译文】

君子的学说易于学习，体现在四个方面：简明而易于运用，扼要而易于把握，明显而易于看见，有法而易于言说。

第十九章

震风陵雨①，然后知夏屋②之为帲幪③也；虐政虐世，然后知圣人之为郛郭④也。

【注释】

①震风陵雨：指疾风暴雨，形容风雨来势很猛。震，震动；陵，大。
②夏屋：高大宽阔的房屋。夏，同厦，大厦。
③帲幪：读为 píng méng，本指帐篷，这里比喻覆盖。

④郭郭：读为 fú guō，指外城，比喻保障。古代城市有内城、外城之分，外城叫郭，也叫郭。

【译文】

只有在经历了疾风暴雨之后，才知道高屋大厦的遮挡作用；只有在经历了暴政乱世之后，才知道圣人的学说可以保护百姓。

【导读】

这一部分通过比喻批评的方式，将圣人学说比喻为高屋大厦和城市外墙，它们具有保护百姓免受天灾人祸的作用。有学者认为：本章中的"震风陵雨"与"虐政虐世"有所实指，指的是秦始皇残暴的统治与焚书坑儒的文化禁毁运动。焚书坑儒是一个误解，是后人加在秦始皇头上的"暴政"之一，实际上并非针对儒生，准确的说法是"焚书坑士"，焚毁各家书籍，坑杀方术之士，他们是专行坑蒙拐骗的势利之徒，绝大部分儒生并未被坑杀。依照扬雄所述，如果秦始皇真要杀儒生，仅靠圣人的学说如何能够抵挡得住？所以，"震风陵雨"与"虐政虐世"应为虚指，指的是历史上不尊重儒学的行为和风气、动荡不安的时代和社会。扬雄入京后所处的时代，正是西汉皇权没落、政治浑浊而王莽篡权逐渐实施的时候，他以孔子儒学为自己沉默坚守的精神食粮，表现了作为有良知的知识分子洁身自好、捍卫儒学的一面。

第二十章

古者杨、墨塞路①，孟子辞而辟之②，廓如③也。后之塞路者有矣，窃④自比于孟子。

【注释】

①杨、墨塞路：指杨朱、墨子的学说堵塞了儒家思想传播的道路。杨，指杨朱，属于道家；墨，指墨翟（音 dí），即墨子，墨家学派创始人。杨朱、墨子与孟子同时，他们经常与孟子展开辩论，相互之间甚至恶语相向，所以扬雄很讨厌他们。

②辞而辟之：指孟子为维护孔子儒学，与杨朱、墨翟展开的激烈论战。辞，言辞，指论战，也可以理解为著书立说；辟，开辟被堵塞的思想道路，指坚定地维护孔子儒学。

③廓如：空旷的样子。廓，音 kuò，空阔，广阔。按：前代对"廓如"的注解多为"澄清貌"，指浊水变清或澄清事实，不适合用于思想道路的开拓畅达。

④窃：第一人称代词，表自谦，这里指扬雄本人。

【译文】

古时候杨朱、墨翟的邪说堵塞了学习的道路，孟子著书立说，开辟了被阻塞的学习之路，使得儒家思想传播之路空旷畅达。在杨朱、墨子之后，仍然还有阻塞学习道路的人，我私下自比为孟子，要像他那样为大家疏通学习儒学的道路。

【导读】

扬雄批判杨朱、墨子与"后之塞路者"，为的是能够恢复孔子的正统儒学。在扬雄看来，孔子是最大的圣人，孔子编辑、创作的著作是最主要的经典。但是，自孔子死后，儒学的发展与传播却由于"塞路者"的干扰而受到了阻碍，在古时有杨朱、墨子等人塞路，当时孟子批判了他们；现在的"塞路者"也有，为了维护孔子儒学，扬雄"自比为孟子"，要做汉代儒学的护卫者。

扬雄所说的"后之塞路者"有二：一是指汉代诸子及其学说，如道家、名家等，在汉代很有影响，特别是道家，在西汉前期近100年时间内，主要是以道家黄老思想来治国，汉武帝虽然确立了儒家思想的主导地位，但武帝、宣帝实际上执行的是王霸之道，儒家只是其中的一部分，所以扬雄要争辩；二是指汉代的欲仇（售）伪而假真、羊质而虎皮、学也为利的虚伪、烦琐的官方正统今文经学，扬雄站在古文经学的立场上，认为他们有许多不足，只是披着孔子学说外衣的虚伪学者，扬雄对他们的具体批评在《吾子》篇第十章。因此，扬雄要像孟子那样扫除他们，为孔子儒学在汉代的健康发展开辟道路。

第二十一章

或曰:"人各是其所是而非其所非,将谁使正之?"

曰:"万物纷错则悬诸天,众言淆乱则折诸圣①。"

或曰:"恶②睹乎圣而折诸?"

曰:"在则人,亡则书③,其统一也。"

【注释】

①折诸圣:折中于圣人。折中,指适中、取正,用来判断事物的准则。

②恶:读为wū,古义同"乌",表疑问。

③在则人,亡则书:指圣人活着就效法圣人的言行,圣人去世后就效法圣人所写的著作。则,动词,效法。

【译文】

有学生问:"先生,人们各自把自认为对的当作对的,把自认为错的当作错的,那将让谁来纠正他们呢?"

我回答说:"万物纷然错杂,就用天文天象来纠正它;众言杂错混乱,就折中取正于圣人。"

学生又问:"先生,怎样才能见到圣人,并且由圣人来折中取正呢?"

我回答他:"圣人活着就效法他自身的言行,圣人去世后就效法他所写的著作,二者的道理是一样的。"

【导读】

这一部分在批判"后之塞路者"的基础上,提出了学术征圣的思想取法及"在则人,亡则书"的操作方法论。

学生们面对诸子思想言论纷纭复杂的局面,向扬雄求教怎样才能正确取法、正确学习。扬雄坚定地告诉他们:在言说纷纷、真假莫辨的学术环境中,最好的办法就是征圣返本,回归到儒家圣人那里去。根据上文论述可知,这里的圣人,指的是孔子,孔子的学说是最值得学习的,可以有效地帮助学生解除疑难问题。在讲完这些大道理之后,扬雄为学生、也为后代学习者传授了一个有效的操作方法：圣人活着就效法他们的言行，圣人去世后就效法他们的著作。孔子等圣人早已远逝，但记载孔子思想、言行、事迹的儒家经典（书）还在流传，学习经典，就是学习圣人最好的办法。

"在则人，亡则书"这一现实针对性很强的操作方法论，是扬雄宗经、征圣思想的产物，对今天的学习者来说仍然具有重要的价值。仅以研究学习为例，跟着导师学习，接受老师的教导，得到思想、观点、论著、创新方面的收获，这就是"在则人"。有的学者去世了，但留下了有价值的著作，不管是思想方面的、理论方面的、实证方面的，阅读、学习、借鉴这些书籍，乃至反思、校勘、批判这些书籍，对于阅读者、研究者自身的成长，对于学术向前推进发展，都是很有好处的。我们作为当代的读者，在时隔2000多年后阅读、思考、研究扬雄的名著《法言》，也是"亡则书"的具体案例。

修身卷第三

事有本真,陈施于亿①,动不克咸②,本诸身③。撰《修身》第三。

【注释】

①陈施于亿:可以推行于很多的其他事。陈施,实施;亿,概数,很多。
②动不克咸:行动不能有所感,不能皆善。克,能;咸,通"感"。
③本诸身:从自身来探求根本原因。身,自身。

【译文】

凡事都有本有真,掌握了这个特点,就可以推行于很多的其他事;如果一个人的行动不能是他人使自己有所感,不能皆善,那么,就应该反过来从自身出发,探求根本原因。鉴于此,我写了《修身》,作为本书的第三卷。

【题解】

《修身》卷凡二十七章,是《法言》的第三卷,放在《学行》《吾子》之后,实则处于承上启下的重要地位,盖因儒家极为重视"修身养性"之功,从而以此为君子人格建构的出发点,向上演化出"修身齐家治国平天下"的政治理想,向下树立起"礼、义、仁、智、信"的理想人格标准。一个学者,需要成为一个儒家理想化的君子,所以只能学习儒家圣人的学说,弘扬圣人的思想,按照圣人的言论去成长,去发展,而对其他诸子的学说与著作,一定要泾渭分明地区分、批判、疏远之,所以本卷大道理极多,对比议论极多,有时候不免过于绝对化。

当代学者研读本卷，应当采取"取其精华，弃其糟粕"的态度，从研读中体会修身的重要意义和具体操作方法，养成规范、高尚的人格，学习行之有效的修养方法，为我所用，并学会与他人分享，为成为有用之才而进取，为建设社会主义和谐社会出力。

第一章

修身以为弓，矫思①以为矢②，立义③以为的④，奠⑤而后发，发必中矣。

【注释】

①矫思：纠正思想。

②矢：箭。

③立义：确立观点。

④的：读为dì，箭靶的中心，意为目标。

⑤奠：通"定"，等待。

【译文】

把修养身心当作弓，纠正思想当作箭，确立观点当作靶子，瞄准目标，等待时机，射出的箭一定会命中靶心。

【导读】

本章以射箭为比喻，强调君子修身的重要性：修身是一个人要想有所作为、实现人生目标的首要前提。这一思想源自《易·系辞》：

《易》曰："公用射隼于高墉之上，获之，无不利。"

子曰："隼者，禽也；弓矢者，器也；射之者，人也。君子藏器于身，待时而动，何不利之有？动而不括，是以出而有获，语成器而动者也。"

翻译过来就是，《易经》上记载说："朝廷任用能在高城上射猎鹰隼的人，能得到这样的勇士，没有不利之处。"孔子说："鹰隼是飞禽，弓箭是器物，射老鹰的是人，君子将器物藏在身上，等待有利时机而行动，哪里会有什么不利呢？行动时不受约束，所以箭射出就有收获，这是在说要先制成可用的器物再付诸行动。"

因此，在孔子看来，君子修身的重要意义还不仅仅是自己有所作为，更在于增强能力，寻找时机，对社会、国家和民族做出更大的贡献。这一思想值得当代人认真学习，没有医疗技术精湛的广大医护人员，没有平日练兵严格战时舍生忘死的人民解放军，武汉市新型冠状病毒的战役就很难取胜。当代青年平时要努力学习，练好技能，不仅为自己成长和家庭建设服务，更在必要时为国家和民族出力。

第二章

人之性也善恶混①。修其善则为善人，修其恶则为恶人。气②也者，所以适善恶之马也与？

【注释】

①人之性也善恶混：人的本性有善有恶，二者是混杂在一起的。性，本性；混，混杂。按：在儒家人性论中，孟子认为人性善，荀子认为人性恶，周人世硕则认为人性有善有恶，而扬雄认为人性善恶相杂。

②气：血气，气质。

【译文】

人的本性有善有恶，二者是混杂在一起的。经过后天的熏染和学习，发展善的因素则成为善人，发展恶的因素则成为恶人。一个人的先天气质，不就像一匹载着人性通往或善或恶之路的马吗？

第三章

或曰："孔子之事①多矣，不用，则亦勤且忧②乎？"

曰："圣人乐天知命③，乐天则不勤，知命则不忧。"

【注释】

①事：这里指才能，才干。

②勤且忧：感到忧愁。勤，这里指担忧，忧虑。

③乐天知命：乐于听从天道的安排，安守命运的约束。

【译文】

有学生问我："孔子具有多种才干，如果没有用上这些才能，那么孔子也会感到担忧吗？"

我告诉他说："孔子作为圣人，乐于听从天道的安排，安守命运的约束，他不会感到忧虑。"

第四章

或问"铭①"。

曰："铭哉！铭哉！有意于慎②也。"

【注释】

①铭：铸、刻或写在器物上记述生平、事迹或警诫自己的文字。

②慎：这里指规劝，警示。出自周公"慎言于金人"这一典故。

【译文】

有学生问："铭文指的是什么？"

我回答说："铭文啊！铭文啊！是用来规劝警示自己的文字！"

第五章

圣人之辞，可为也；使人信之，所不可为也。是以君子彊①学而力行。

【校勘】

本章第一句语义不通，可能有脱落。天复本作"圣人之辞，可为也，使人信之；所不可为也，使人敬之。"这就通顺了。

【注释】

①彊：通"强"，坚强有毅力。

【译文】

圣人所说的言辞，有些是我们可以做到的，这就使人信服；有些是我们做不到的，会使我们对圣人更加尊敬。因此，对于圣人的言辞，君子应该努力学习并身体力行。

第六章

珍其货而后市①，修其身而后交②，善其谋而后动③成道④也。

【注释】

①珍其货而后市：使自己的货物更有价值，再拿出去交易。珍，使……有价值；市，动词，交易，买卖。

②交：交友。

③动：寻求。

④成道：成功之道。《太玄·玄错》云："成者，功就不可易也。"

【译文】

一个商人，使自己的货物更有价值之后再拿出去交易；一个君子，必须要先修养身心，再去交朋友；必须探索更为完善的策略，再去寻求成功之道。

第七章

君子之所慎：言、礼、书。

【译文】

君子应该小心谨慎的事情有三件：发表言论，遵守礼仪，著书写作。

第八章

上交不谄①,下交不骄,则可以有为②矣。

或曰:"君子自守③,奚④其交?"

曰:"天地交,万物生;人道交,功勋成,奚⑤其守?"

【注释】

①谄:读为 chǎn,奉承,巴结。

②有为:交友。有,同"友"。

③自守:坚守自己的操行。

④奚:读为 xī,疑问代词,相当于胡、何,这里指怎么。

【译文】

一个人和地位比自己高的人交往时不巴结奉承,和地位比自己低的人交往时不骄傲自满,我们可以和这样的人成为朋友。

有学生问:"君子坚守自己的操行,又怎么去和他人交往呢?"

我回答说:"天地交合,于是万物生长;君子与四方贤人交往,有成功的可能,怎么能说君子只能坚守自己的操行呢?"

【导读】

本章论述了君子自守的修养与社会交往的原则,很有现实意义。

扬雄认为:交友要谨慎,要观察对方的平时言行,如果他"上交不谄,下交不骄",才可以交往。这一思想出自《易·系辞》:"君子上交不谄,下交不渎,其知几乎?"又见于《论语·学而》:"子贡曰:'贫而无谄,富而无骄,何如?'子曰:'可也。未若贫而乐,富而好礼者也。'"可见,扬雄所论,言必有据,都是儒家名著中的话,体现了上一章"慎言""慎书"的观点。

同时,扬雄认为:与他人交往,一定要保持"君子自守"的独立性,这不是骄傲,而是成熟的交友经验之谈。《汉书》本传云:"哀帝时,丁、傅、董贤用事,诸附离之者,起家至二千石。时雄方草创太玄,有以自守,泊如也。"如果扬雄不能做到自守,而是随波逐流,奉承巴结董贤、王莽等旧日同事，他可能会做大官，留下身前荣耀，但很可能留不下身后美名。他是有自己的原则的。

所以，扬雄主张在自守的基础上与君子交往，与四方贤人交往，这样就会有助于自己的成功。反之，如果小人多，时局不利，那即使不交往友人，沉默自守，也是可以的。这对当代人求学、工作、生活、社交，都有警示的意义。

第九章

好大①而不为，大不大②矣；好高③而不为，高不高④矣。

【注释】

①好大：喜好谈论大事业。

②大：成就大事业。

③好高：喜好谈论高远的理想。

④高：实现高远的理想。

【译文】

爱好谈论大事业而不去做，大事业就成就不了；爱好谈论高远的理想而没有实际行动，高远的理想也实现不了。

第十章

仰天庭①而知天下之居卑②也哉！

【注释】

①天庭：也写作"天廷"，这里指天空，比喻圣人之道。

②居卑：处在地下的位置，这里指代儒家之外的诸子各家。

【译文】

看见了圣道才知道天下诸子的微小。

【导读】

尽管学识渊博，但扬雄是一个思想倾向比较单一的儒家学者，对于儒家大道与历代圣人，不吝赞美之情，对于其他诸子及其著作，往往给予比较严厉的批评，他这种二元对立的思想观念不仅体现在这里，还体现在《法言》一书的其他章节中，如：《学行》卷云："视日月而知众星之蔑也，仰圣人而知众说之小也。"《君子》卷云："圣人之书、言、行，天也。"由此可知，圣人之道如天，远远高于诸子学说。

第十一章

公仪子①、董仲舒②之才邵③也，使见善不明，用心不刚，俦克尔④？

【注释】

①公仪子：指公仪休，春秋时期鲁国人，官至鲁国宰相。因为清正廉洁而不收礼物、遵纪守法而流传后世，此外，他教导的学生都很有名。

②董仲舒：西汉著名思想家、政治家、教育家，唯心主义哲学家和今文经学大师，汉武帝"独尊儒术，罢黜百家"政策的倡导者。

③邵：高，美。

④俦克尔：谁能做到这样的程度呢？俦，读为 chóu，代词，谁；克，能。

【译文】

公仪子、董仲舒这两个人才德高美，如果本身不具备大智慧和大刚勇，谁能让他们高美如此呢？

【导读】

本章以先秦鲁国宰相公仪休和汉代著名经学大师董仲舒为例，证明君子自守、并能修身养德的重要意义。

《史记·循吏传》云："公仪休者，鲁博士也。以高第为鲁相，奉法循理，无所变更，百官自正，食禄者不得与下民争利，受大者不得取小。客有遗相鱼者，相不受。客曰：'闻君嗜鱼，遗君鱼，何故不受也？'相曰：'以嗜鱼，故不受也。今为相，能自给鱼。受鱼而免，谁复给我鱼者？吾故不受也。'食茹而美，拔其园葵而弃之。见其家织布好，而疾出其妇，燔其机。云：'欲令农士工女安所售其货乎？'"公仪休身居高位，从不与民争利，坚持艰苦朴素，注重言行修养，以克己让人的高姿态，为后世树立了一个清正廉洁的好榜样。这是他的大智慧，是他修身养德的好结果。

《史记·儒林传》云："董仲舒，广川人也。以治春秋，孝景时为博士。下帷讲诵，弟子传以久次相受业，或莫见其面。盖三年董仲舒不观于舍园，其精如此。进退容止，非礼不行，学士皆师尊之。"董仲舒是历史上使儒学得以兴盛发展并上升庙堂的首功之臣，但他是一个严于律己、为学精进的学者，专心读书思考而无暇他顾，这是一种大智慧、大刚强、大勇敢，孔子孟子都做不到的事，让他一介书生做到了，儒学地位上升，著作称经，成为两千多年以来中国政治统治的主要思想，董仲舒要做的不是其他小事，而是倾其所有，顺应历史发展，做成了这件大事。

这就告诉当代人：即使地位高了，条件好了，也要以事业为重，以德行为重，以修身为重，这才是大智慧，大功名，大理想。

第十二章

或问"仁、义、礼、智、信之用。"

曰，"仁，宅也；义，路也；礼，服也；智，烛也；信，符①也。处宅，由路②，正服，明烛，执符，君子不动，动斯得③矣。"

【注释】

①符：符契，是古代朝廷调动军队或发布命令的信物。

②由路：必由之路。由，动词，经历，遵循。语出《孟子·告子上》："仁，人心也；义，人路也。"朱熹注："义者行事之宜，谓认路，则可以见其为出

入往来必由之路，而不可须臾舍矣。"

③得：通"德"，美德。见本书《君子》卷："君子言则成文，动则成德。"

【译文】

有学生问："仁、义、礼、智、信的作用是什么？"

我告诉他："仁，如同房子，可以安身；义，如同道路，可以安行；礼，如同衣服，可以表仪；智，如同灯烛，可以照明；信，如同符契，可以致诚。我们住在房子里，走在大路上，端正衣服，拨亮灯烛，秉执符契，以此修身，所以君子不动则已，一动就能有盛德。"

第十三章

有意哉①！孟子曰："夫有意而不至者②有矣，未有无意而至者也。"

【注释】

①有意哉：孟子的言论真是很有意味啊！语出《史记·张释之冯唐传》云："太史公曰：'张季之言长者，守法不阿意；冯公之论将率，有味哉！有味哉！'"有意，即司马迁有味之论。

②有意而不至者：有的人立志高远却半途而废。有意，立定志向；不至，没有达到，意为半途而废。

【译文】

孟子的言论真是很有意味啊！孟子说："有那种立志高远却半途而废的人，却没有胸无大志而能成功的人。"

【导读】

扬雄《法言》一书对孟子观点和言论的引用很多，散见于各卷之中；对孟子坚决捍卫孔子与儒家仁义大道的行为很赞同，多次以孟子为正面例子，来对比或批判其他诸子的言论。此外，孟子性格刚烈，敢说敢做，甚至与道家杨朱、墨家墨子等人撕破脸破口大骂，语言之霸气，居于历代儒家著作之首。

在本章中，扬雄从修身的中心思想出发，赞美孟子的话说得好，很有意味，值得深思。表明他在精读《孟子》的同时，也在对《孟子》之言进行咀嚼品味，高度赞美一个人认准目标、立定志向、坚决前进的重要意义。这对我们当代人同样具有深刻的启示意义。

出身社会底层的周星驰在电影台词中说：一个人没有志向，那和咸鱼有什么区别呢？万一实现了呢？尽管这是电影，是娱乐，但我们读书工作做事情，没有高远的、坚定的志向，是不可能成功的。即使要当一个普通人，也要为工作房子家庭奋斗，坚定意志，才能顺利度过一生，否则，万一遇到新型冠状病毒这种突发情况，要在家里隔离一个月，维持家庭的正常运转和谐相处，也做不到。

第十四章

或问"治己①"。

曰："治己以仲尼。"

或曰："治己以仲尼，仲尼奚寡也？"

曰："率马以骥②，不亦可乎。"

【注释】

①治己：自我管理。

②率马以骥：用千里马带领马群，比喻用贤者来为众人做表率。

【译文】

有学生问："该怎样来自我管理呢？"

我告诉他："可以向孔子学习自我管理的办法。"

学生又问："向孔子学习自我管理，但孔子只有一个，方法只有一种啊！"

我说："以孔子作为大家学习的表率，不就可以了吗？"

第十五章

或曰:"田圃田者,莠乔乔①;思远人者,心忉忉②。"

曰:"日有光,月有明。三年不目日,视必盲;三年不目月,精必蒙。荧魂旷枯③,糟莩旷沈④,擿埴索涂⑤,冥行⑥而已矣。"

【校勘】

糟莩旷沈。根据上下文推断,此说与"荧魂旷枯"对仗,则"荧魂"当与"糟莩"相对,故柳宗元、刘师培改"糟"为"精",成"精莩旷沈",其说甚佳。按:《淮南子·俶真训》云:"夫人之事其神而娆其精营,慧然而有求于外,此皆失其神明,而离其宅也。""精营"二字,正是本章"荧魂精莩"之并称。

【注释】

①莠乔乔:狗尾巴草长得高大茂盛。莠,读为 yǒu,一年生草本植物,穗有毛,很像谷子,亦称"狗尾巴草";乔乔,高大的样子。

②心忉忉:心里很忧愁。忉忉,读为 dāo dāo,忧思的样子。

③荧魂旷枯:眼睛里的神气久废而枯槁。荧魂:即营魂,语出《老子》:"载营魂。"本指人内在蓄养的元神,这里指通过眼睛表现出来的神气;荧,通"营",指神气蓄养于中。

④精莩旷沈:内在精神逐渐发散而消减。精莩,指内在精神之浮露于外者;莩,通"浮",这里指飘在表面上;沈,通"沉",这里指消减。

⑤擿埴索涂:盲人用拐杖点地,探求道路。比喻暗中摸索,事不易成。擿埴,读为 zhāi zhí,敲地;擿,探;埴,土;涂,同"途",路途,道路。

⑥冥行:在夜间行走。

【译文】

有学生说:"在田地和园圃里种地的农夫,看到长得高大又茂盛的狗尾巴草,如同思念着远方亲友的人一样,他们心里都很忧愁。"

我解释说:"太阳会放射光芒,月亮会反射光明。三年都见不到太阳,必然成为盲人；三年都见不到月亮，眼睛一定会蒙上阴影。如果一个人眼神久废而枯槁，内在精神逐渐发散而消减，那么，他就会像盲人用拐杖点地探求道路一样在暗中摸索，事不易成，即使在白天，也看不清路，无异于在夜间行走。"

【导读】

本章语义深奥，不容易懂。扬雄主要是在通过比喻和对比的修辞方法来告诫学生：孔子之道不容易学，但如果疏离孔子之道，就一定不会成功。

农夫耕地，盼望能有收获；思念远人，希望能够见到。然而，孔子之道如同收成，如同远人，是难以收获的，难以见到的，学到其精华不易。

本章"日有光，月有明"一说，是在比喻孔子思想的精华如同日月一样光明，指引着学者正确前进，原文出自《论语·子张》：叔孙武毁仲尼。子贡曰："无以为也！仲尼不可毁也。他人之贤者，丘陵也，犹可逾也；仲尼，日月也，无得而逾焉。人虽欲自绝，其何伤于日月乎？多见其不知量也。"

翻译过来的意思是：叔孙武叔诽谤仲尼。子贡说："（这样做）是没有用的！仲尼是毁谤不了的。别人的贤德好比丘陵，还可超越过去，仲尼的贤德好比太阳和月亮，是无法超越的。虽然有人要自绝于日月，对日月又有什么损害呢？只是表明他不自量力而已。"扬雄借用子贡的话来阐明一个道理：后世学者不观孔子之道，犹如不见日月。不见日月，久则目盲；不观孔子之道，久则心顽。所以，学者要以孔子思想为引路明灯，认真学习，否则，就像瞎子一样，即使有大路，也不知道自己走在哪里，也只能摸黑瞎逛。

第十六章

或问："何如斯谓之人？"

曰："取四重，去四轻，则可谓之人。"

曰："何谓四重？"

曰："重言，重行，重貌，重好。言重则有法，行重则有德，貌重则有威，好重则有观①。"

"敢问四轻。"

曰:"言轻则招忧,行轻则招辜②,貌轻则招辱,好轻则招淫③。"

【注释】

①观:观瞻,瞻望。

②辜:罪过。

③淫:放纵。

【译文】

有学生问我:"谁是您说的注重修身的人呢?"

我说:"采取四重,抛弃四轻,就可以称得上是那种人了。"

学生又问:"什么叫四重?"

我说:"四重是指言语稳重,行为稳重,容貌稳重,爱好稳重。言语稳重就有法度,行为稳重就有德行,容貌稳重就有威仪,爱好稳重就可以让百姓观瞻。"

学生又问:"那么四轻是什么呢?"

我说:"言语轻薄就会招致忧伤,行为轻薄就会招致罪过,容貌轻薄就会招致羞辱,爱好轻薄就会使自己放纵不羁。"

第十七章

《礼》多仪①。

或曰:"日昃②不食肉,肉必干;日昃不饮酒,酒必酸。宾主百拜而酒三行③,不已华④乎?"

曰:"实无华则野⑤,华无实则贾,华实副⑥则礼。"

【校勘】

华无实则贾。本句一般写作"华无实则史",语出《论语·雍也》:"质胜文则野,文胜质则史,文质彬彬,然后君子。"文,文采;质,实质;野,粗野；史，虚浮。写作"华无实则贾"也有一定的道理。贾，读为gǔ，本指买卖，这里指商人衒鬻过实（卖东西时炫耀过度），与"史"指虚浮含义近似。

【注释】

①《礼》多仪:《仪礼》中的士礼很有威仪感。《礼》，有《周礼》《仪礼》《礼记》三《礼》，这里指《仪礼》；仪，威仪。

②日昃（zè）：太阳偏西，下午两点左右。

③宾主百拜而酒三行：宾主之间根据酒礼，三次相互献酒，多次行礼。酒三行，是士人饮酒之礼，指三行献醋酬。在饮酒之礼中，主人为宾客斟酒，谓之献；宾回礼，为主人斟酒，谓之醋，主人自饮之后，再次劝酒，并为宾客斟酒，谓之酬；如此循环一次，叫作一献之礼成。

④华：华美的形式。

⑤野：粗俗，粗野。

⑥副：相配，相称。

【译文】

《仪礼》中的士礼很有威仪感。

有学生说："太阳偏西的时候不把肉吃了，肉一定会干；这个时候不把酒喝了，酒一定会变味。宾主之间根据酒礼，三次相互献酒，多次行礼，不是已经很华美了吗？"

我解释给他听："在行士礼的时候，如果只有实在的内容而没有华美的形式，就显得粗俗；只有华美的形式而没有实在的内容，就显得虚浮。一定要做到华美的形式和实在的内容相称，才是有威仪感的士礼。"

第十八章

山雌①之肥，其意得乎！

或曰："回之箪瓢，臞②如之何？"

曰："明明在上③，百官牛羊④，亦山雌也。闇闇⑤在上，箪瓢捽茹⑥，亦山雌也，何其臞？千钧之轻，乌获⑦力也；箪瓢之乐，颜氏德也。"

【注释】

①山雌：即雌雉（zhì），母野鸡，代指野鸡。语出《论语·乡党》："山梁雌雉，时哉时哉！"后以"山雌"借指野鸡。

②臞，读为 qú，瘦。

③明明在上：英明的天子在上。

④百官牛羊：尧帝安排百官进献牛羊给舜。语出《孟子·万章上》："帝使其子九男二女，百官牛羊，仓廪备，以事舜于畎亩之中。"

⑤闇闇：读为 àn àn，是"暗暗"的异体字，这里指国君昏庸。

⑥捽茹：读为 zuó rú，指饮食，吃喝。捽，通"啐"，尝，小饮；茹，吃。

⑦乌获：战国秦武王时期大力士，力能扛鼎。另一种说法称乌获是古代大力士的泛称。

【译文】

孔子看到聚集在山梁上的母野鸡，感慨地说：它们是自得其乐啊！

有学生问："颜回读书，箪瓢屡空，怎么能不瘦呢？"

我对他解释说："远古时候的尧帝是英明的天子，他安排百官进献牛羊给尚在田间劳作的帝舜，帝舜当时是自得其乐啊！颜回读书的时候，国君昏庸无能，所以他箪瓢屡空，吃得很差，但对意在饱读诗书的颜回来说，他也是乐在其中的，瘦一点有什么关系呢？力举千钧而能感觉很轻松，是因为乌获有很大的力气；衣食很差而能安贫乐道，是因为颜回有很高的德行。"

【导读】

本章以自在觅食的野鸡为喻，阐明君子修身中的一个重要因素：要在外部因素有所限制的情况下，自得其乐，才能大行其道。

"山雌"代指野鸡，它们在山梁上觅食的时候，是自由自在而自得其乐的，所以长得肥。语出《论语·乡党》："色斯举矣，翔而后集。曰：'山梁雌雉，时哉时哉！'"孔子在山谷中行走，看见一群野鸡在那儿飞，孔子神色动了一下，野鸡飞翔了一阵落在树上。孔子说："这些山梁上的母野鸡，得其时呀！

得其时呀！"子路向他们拱拱手，野鸡便叫了几声飞走了。这里表面上是在游山观景，其实孔子是有感而发。他感到山谷里的野鸡能够自由地飞翔，自由地落下，这是"得其时"，而自己却不得其时，东奔西走，却没有获得普遍响应。因此，他看到野鸡时，神色动了一下，随之发出了这样的感叹。

扬雄穷，好读书，沉默寡言，好学深思，他羡慕的是尚未称帝时躬耕"于畎亩之中"的舜和"箪瓢屡空"的颜回，他们都很穷，但都很有志向，很受人尊敬，一直在奋斗的过程中。尽管两人的外部条件不一样：舜受到尧帝的倾心照顾，有吃有穿有美名；颜回则身在陋巷，一箪食，一瓢饮，长期挨饿，又穷又瘦。但是，他们共同的特点都如同"山雌之肥"一样，是自由自在，自得其乐的，这是扬雄所赞许的最好的读书状态、修身状态。

这一观念对当代人很有借鉴价值在于：爱读书的人很多，能成才的很少，很多人是因为家庭条件的限制或读书时外部环境的约束而逐渐不能静心研读，不能乐在其中，心思散乱了，书就读不成，德也养不好。

第十九章

或问："犁牛之鞹①与玄骍②之鞹有以异乎？"

曰："同。"

"然则何以不犁也？"

曰："将致孝乎鬼神，不敢以其犁也，如刲羊刺豕③，罢宾犒师④，恶在其犁不犁也！"

【注释】

①犁牛之鞹：毛色相杂的牛。犁牛，本指白牛似虎文者，泛指毛色不纯的牛，根据古礼，祭祀用的牛需要颜色纯粹，颜色相杂的牛不能用；鞹，读为kuò，通"鞟"，皮革。

②玄骍：黑色和赤色的牛，这里指用于祭祀的牛。骍，读为xīng，赤色的马和牛，也泛指赤色。按：根据祭礼，玄、白、骍三种纯色的牛是首选的

祭品。

③刲羊刺豕：宰杀猪羊。刲，读为 kuī，刺，杀；豕，读为 shǐ，猪。按：猪羊是祭祀所用三牲中的两种，牛是另一种。

④罢宾犒师：犒劳宾客和军队。罢、犒都是慰恤、慰劳的意思。

【译文】

有学生问我："毛色不纯的牛和用于祭祀的黑牛和赤牛，它们的皮革有什么不同吗？"

我回答说："没有不同，都是一样的。"

学生又问："那为什么不用毛色不纯的牛来作为祭祀品呢？"

我说："黑牛和赤牛是用来祭祀鬼神的，毛色不能不纯。（祭祀完成之后，）它们如同宰杀的猪羊一样，都是用来慰劳宾客和将士们的，哪管它们毛色是相杂还是纯粹呢？"

第二十章

有德者好问圣人。

或曰："鲁人鲜德①，奚其好问仲尼也？"

曰："鲁未能好问仲尼故也。如好问仲尼，则鲁作东周矣。"

【注释】

①鲜德：缺德。

【译文】

德高望重的人喜欢问怎样才能成为圣人。

有学生问我："鲁国人没有什么品德，为什么他们反而喜好向孔子提问呢？"

我纠正说："鲁国人之所以缺德，就是因为没有多向孔子提问。如果他们多向孔子提问，那么鲁国就会成为东周了。"

【导读】

本章严厉地批评鲁国国君和上层贵族，不珍惜、不重视孔子，以至于孔子巡游天下，浪费了他的治国才华，使鲁国错过了成为强国的机会。其中有两个关键的语句，需要进行解读，否则一般读者不能明白含义。

（1）鲁未能好问仲尼。指鲁国君臣没有重用孔子，事见《春秋》《论语》和《史记》中的《孔子世家》《仲尼弟子列传》等文献。孔子年轻的时候，仲梁怀、季桓子等人曾向他问政；鲁定公曾在孔子五十岁那年开始重用他，前后六年，孔子最高的官职做到了代理宰相，但终于被齐国施展美人计离间了君臣关系，使孔子不得大用；孔子晚年（七十岁）返回鲁国之后，鲁哀公、季康子曾先后向孔子问政，但最终没有重用孔子。这样算来，孔子虽然是鲁国人，但他政治生涯的主要时间不在鲁国，孔子虽然有很高的治国才能，但并没有发挥出来。

（2）鲁作东周。这是一种假设，指的是鲁国如果重用孔子，本有成为大国、强国的机会。记载这件事情比较详细的文献是《孔子世家》：

> 定公九年，孔子年五十，公山不狃以费畔季氏，使人召孔子。孔子循道弥久，温温无所试，莫能己用，曰："盖周文、武起丰、镐而王，今费虽小，傥庶几乎！"欲往。子路不说，止孔子。孔子曰："夫召我者岂徒哉？如用我，其为东周乎！"然亦卒不行。其后定公以孔子为中都宰，一年，四方皆则之。由中都宰为司空，由司空为大司寇。

本段记载中，孔子自拟为周文王和周武王。"文、武起丰、镐而王"，丰、镐二京在今陕西省，而鲁国在今山东省，如果孔子能长期在鲁国担任要职，"如用我，其为东周乎！"有可能使鲁国成为东方之丰、镐。从孔子在短暂的任职期间能够做到"卯诛两观，摄相夹谷，收回失地"等重大贡献来说，这种可能性是存在的。

第二十一章

或问："人有倚孔子之墙，弦①郑、卫之声，诵韩、庄之书，则引诸门乎？"

曰："在夷貊②则引之，倚门墙则麾③之。惜乎衣未成而转为裳也。"

【注释】

①弦：动词，弹，奏。

②夷貊：读为 yí mò，即夷貊，古代对东方和北方民族的称呼，也泛指各少数民族。

③麾：同"挥"，指挥。

【译文】

有学生问我："如果有人倚靠着孔子的门墙，弹奏着郑卫之音，读着韩非子和庄子的文章，就能引导众多的弟子吗？"

我说："在边远的少数民族地方可以引导，倚靠着孔子门墙的话，就应该将他赶走，这样的人很可惜，上衣还没做成就转而做下裳了。"

【导读】

本章意在批评有的儒家学者读书不纯，过于驳杂，且好为人师，矛头所指，针对的是今文经学家。

扬雄是一个比较纯粹的儒家学者，尽管他精通多种学科，但对圣人之道是衷心拥护、传播的。但在当时，有的学者打着儒学的旗号，学习的则是诸子各家的学说，并且好为人师，教了很多学生。扬雄认为这样不对，如果是教化偏远地区未经开化的少数民族还行，真要搞儒学研究、要教授汉朝学子，那就不行，他们只是披着儒学的外衣，实际上是尚未入门的门外汉，不纯粹。在此，扬雄表明了自己"尊王攘夷"的不当的一面，也捍卫了儒家学说的纯粹性。

第二十二章

圣人耳不顺乎非，口不肆乎善。贤者耳择①口择②，众人无择③焉。

或问"众人"。

曰："富贵生。"

"贤者?"

曰:"义。"

"圣人?"

曰:"神④。"

观乎贤人,则见众人;观乎圣人,则见贤人;观乎天地,则见圣人。

【校勘】

口不肄乎善。本句中"肄"字当作"违",《法言》用隶书写成,字形相近之误。根据上下文,"违"与"顺"相反为义,不顺乎非,故不违乎善。

【注释】

①耳择:选择所听的话,指非礼勿听,不符合礼教的话不能听。

②口择:指非礼勿言,不符合礼教的话不能说。

③无择:指妄言妄听,无是非善恶之分。

④神:圣而不可知之谓神,这里指达到了神明一样的境界。

【译文】

圣人六十而耳顺,但不会听错误的言论,不会说违背仁心善良的话。不符合礼教的话贤者不会听,也不会说。而普通人则没有言论上的是非善恶之分。

有学生问我:"什么是众人?"

我说:"众人是追求富裕、高贵且怕死的人。"

学生又问:"什么是贤人呢?"

我说:"贤人是追求公正合宜的道理的人。"

学生追问:"那么什么是圣人呢?"

我说:"圣人是追求神明一样的境界的人。"

向贤者学习,那么就可以了解众人;向圣人学习,就可以了解贤者。向天地自然学习,就可以了解圣人了。

第二十三章

天下有三好：众人好己从，贤人好己正，圣人好己师①。

天下有三检②：众人用家检，贤人用国检，圣人用天下检。

天下有三门：由于情欲，入自禽门；由于礼义，入自人门；由于独智③，入自圣门。

【注释】

①己师："师己"的倒装，自我教化。

②检：标准。

③独智：独特的智慧，指到了神明一样的境界。

【译文】

天下有三种喜好：众人喜欢顺从自己，贤人喜欢规范自己，圣人喜欢自我教化。

天下有三种标准，众人以家庭是否幸福为标准，贤人以是否治理好国家为标准，圣人以天下是否太平为标准。

天下有三种门：因为感情和欲望的驱使，所以进入禽兽之门；因为懂得礼义之道，所以进入贤人之门；因为到了神明一样的境界，所以进入圣人之门。

第二十四章

或问："士何如斯可以禔身①？"

曰："其为中也弘深②，其为外也肃括③，则可以禔身矣！"

【注释】

①禔身：安身。禔，读为 zhī，安宁。

②中也弘深：指内在的心胸宽广而深沉。中，心志；弘深，宽广深沉。

③外也肃括：指外在的仪态恭敬而有法度。肃括，恭敬而有法度，指人

的威仪。

【译文】

有学生问我:"君子怎么样才可以做到安身呢?"

我告诉他说:"内在的心胸宽广而深沉,外在的仪态恭敬而有法度,就可以凭借这两点来安身了。"

第二十五章

君子微慎厥德①,悔吝②不至,何元憝③之有?

【注释】

①微慎厥德:谨小慎微,修养美德。厥,通"撅",发掘。
②悔吝:灾祸,在这里指小瑕疵,小毛病。
③元憝:大恶。憝,读为duì,通"憨",坏,恶。

【译文】

君子谨小慎微地修养美德,小毛病都没有,怎么会有大的恶行呢?

第二十六章

上士之耳训乎德①,下士②之耳顺乎己。

【注释】

①上士之耳训乎德:道德高尚的人,听到有美德的话就觉得顺耳。上士,指道德高尚的人;训,通"顺",顺耳。
②下士:道德不高尚的人。

【译文】

道德高尚的人,听到有美德的话就觉得顺耳;道德不高尚的人,听到符合自己心意的话才觉得顺耳。

第二十七章

言不惭①,行不耻②者,孔子惮③焉。

【注释】

①惭:感到惭愧。

②耻:感到羞耻。

③惮:读为 dàn,怕,畏惧。

【译文】

一个大言不惭,没有羞耻之心的人,孔子都害怕他。

【导读】

本章是《修身》卷的最后一章,强调言行的重要性,告诫我们要重视言行,谨言慎行。其中"言不惭,行不耻"均出自《论语》:

(1)言不惭。出自《论语·宪问》:"子曰:'其言之不怍,则为之也难。'"孔子说:"随便开口又不觉得惭愧,那么做起来也是困难的"。怍,是惭愧的意思。孔子教导我们不要随便开口说话,君子要注重自己的言行,说话要考虑清楚。同时不要相信那些喜欢大言不惭的人,他们往往做不到自己的许诺。

(2)行不耻。语出《论语·里仁》:"子曰:'古者言之不出,耻躬之不逮也。'"孔子说:"古代的君子从不轻易地发言表态,他们以说了而做不到为耻。"在孔子的眼中,做人应当谨言慎行,不要轻易地对他人做出许诺。若是做不到的话,很有可能会失信于人,影响到自己的威信,难以服众。俗语说:"君子一言,驷马难追",讲的就是要遵守诺言和说话要算数的道理。

问道卷第四

芒芒天道①,在昔圣考②,过则失中,不及则不至,不可奸罔③。撰《问道》第四。

【注释】

①芒芒天道:悠远久长的自然之道。芒芒,通"茫茫",悠远久长,模糊不清。天道,上天之道,即自然之道,见于本卷中有"问天""问道"二章。

②在昔圣考:在于上古时期的圣人。圣考,指古代的圣人,《法言》中最主要的上古圣人有伏羲、黄帝、尧、舜、禹、周文王、周公等。

③不可奸罔:不能欺诈。奸罔,欺诈。

【译文】

悠远久长的自然之道啊,模糊不清,只存在于上古时期的圣人那里。我们后来人学习天道,学习过度了就会失去中立的标准,学习程度不够则不能准确理解,但无论怎样,都不能对天道有所欺诈。鉴于天道难以理解,我写作了《问道》,作为全书的第四卷。

【题解】

《问道》是《法言》的第四卷,在首先重视《学行》,其次树立儒家为正宗,再次强调君子人格的《修身》之后,全书开始进入深度追问自然之道的哲学思辨阶段,凡二十七章,是《法言》全书难度较大,学习较为困难的一卷。

《问道》卷在写作结构上极为严谨：首先，扬雄并没有解释什么是天道，以及为什么要深究天道的核心问题，而是先提出"适尧、舜、文王者为正道，非尧、舜、文王者为它道，君子正而不它"的学术立场说，区分儒家正道与诸子它道，要求君子必须在圣人正道之内来深度探究天道这一终极问题。进一步，圣人之道也不是全部需要学习的，重点在"道、德、仁、义、礼"这些关键范畴之中。于是，其余内容以这两点为核心展开，凡是与此相同或相近的就是好的，予以赞许，可以深究；凡是与此违背的就是错的，进行严厉批评。

本卷广泛征引了诸子各家的学说、著作及代表人物，与《吾子》《重黎》《渊骞》等一起，构成了《法言》全书中以人物点评为主要内容的品藻体系。但也有自身与其他十二卷不同的鲜明特色：追问哲学规律，深入研讨思想问题。因此，扬雄以博学为基础，以儒道结合为方法论，总结了中国哲学史上的很多重要问题，开启了汉代哲学儒道合流的思路，为魏晋玄学带来了理论先声。

第一章

或问"道"。

曰："道也者，通也，无不通也。"

或曰："可以适它①与？"

曰："适尧、舜、文王者为正道，非尧、舜、文王者为它道②。君子正而不它。"

【注释】

①适它：通往其他地方。适，到达，通往。

②它道：指圣人之道之外的其他道路，引申为邪道。

【译文】

有人问我："道是什么？"

我回答说："道就是通达，世上万物，没有道不可以通达的地方。"

那人又问:"既然这样,会通往不该去的地方吗?"

我回答说:"通往尧、舜、周文王的道是正道,不通往尧、舜、周文王的道是邪道。君子要走正道,不走邪道。"

第二章

或问"道"。

曰:"道若涂若川①,车航混混②,不舍昼夜。"

或曰:"焉得直道而由诸③?"

曰:"涂虽曲而通诸夏④,则由诸;川虽曲而通诸海,则由诸。"

或曰:"事虽曲而通诸圣,则由诸乎!"

【注释】

①若涂若川:既像道路,又像河流。涂,通"途"。

②车航混混:车船来往。航,指船;混混,这里形容车船众多,往来不断。

③由诸:顺着走下去。由,从,顺从;诸,这里是"之乎"的合音,代直道。

④夏:指华夏,即中国,中原。

【译文】

有人问我:"道是什么?"

我回答说:"道既像道路,又像河流,众多车船来往,昼夜不停。"

有学生问:"道路和河流都是弯曲的,怎样才能找到直道,并顺着走下去呢?"

我回答说:"道路虽然曲折,只要通往华夏,就顺着它走;河流虽然弯曲,只要通往大海,就顺着它走。"

学生明白了,说:"事情虽然曲折,只要是通向圣人之道,就一直做下去!"

第三章

道、德、仁、义、礼，譬诸身乎！夫道以导之①，德以得之②，仁以人之③，义以宜之④，礼以体之⑤，天也。合则浑⑥，离则散，一人而兼统四体者，其身全乎！

【注释】

①道以导之：用正道来引导它。
②德以得之：用品德来成就它。得，达到，成就。
③仁以人之：用仁德来成为真正的人。
④义以宜之：用义来使言行举止公正合宜。宜，适宜，合适。
⑤礼以体之：用礼仪来体现它。体，体现。
⑥浑：齐全，整齐。

【译文】

道、德、仁、义、礼，就好像是人的身体！道用来引导人，德用来成就人，仁用来培育人，义用来规范人，礼用来体现人，这些都是人的天性。道、德、仁、义、礼五者都具备了，才是完整的，如果有所缺失，就不是完整的。这就如同一个人，要同时具备躯体和四肢，他的身体才是完整的呀！

第四章

或问"德表①"。

曰："莫知作②，上作下③。"

"请问礼莫知。"

曰："行礼于彼，而民得于此，奚其知？"

或曰："孰若④无礼而德？"

曰："礼，体⑤也。人而无礼，焉以为德？"

【校勘】

"请问礼莫知",根据上下文推断,当作"请问莫知"。按:这一句紧承上文发问,问的对象是"莫知",不应该有"礼"字。

【注释】

①德表:美德的体现标志。

②莫知作:不知道美德是怎样兴起来的。作,兴起。

③上作下:圣人在上兴起美德,用以教化下层百姓。上,上层统治者,指圣人;下,下层百姓。

④孰若:相当于"何如",怎么比得上,表示反诘语气。

⑤体:这里指美德的根本。

【译文】

有人问我:"美德的体现标志是什么?"

我回答说:"我不知道美德是怎样兴起来的,据我估计,应该是圣人在上兴起美德,用以教化下层百姓。"

学生追问:"请问为什么不知道呢?"

我回答说:"圣人讲究礼仪在上,老百姓在下,自然会受到影响和教化,怎么能知道美德是怎样兴起来的呢?"

学生又问:"这种情况怎么比得上不用讲究礼仪却有道德更好呢?"

我回答说:"礼仪是美德的根本。生而为人却不讲究礼仪,又怎么能体现出具有美德呢?"

第五章

或问"天"。

曰:"吾于天与,见无为之为①矣!"

或问:"雕刻众形者,匪②天与?"

曰:"以其不雕刻也。如物刻而雕之③,焉得力而给诸④?"

【注释】

①无为之为:天道无所作为,这是它最大的作为。

②匪:通"非"。

③物刻而雕之:上天创造万物,并使其各具形态。刻、雕,这里指创造。

④焉得力而给诸:哪里能有那么多力气做完这些事情呢?给,读为jǐ,充足。

【译文】

有人问我:"天的作用是什么?"

我回答说:"我对于天的作用是这样来理解的:上天无所作为,这恰好是它最大的作为。"

那人又问:"创造万事万物的,不就是天吗?怎么能说上天无所作为呢?"

我回答说:"上天的无所作为,是指上天并不刻意去创造万事万物。如果万事万物都要天来创造,那么,上天哪来那么多的力气做完这么多的事呢?"

【导读】

本章讨论源自道家的"无为"思想及其在儒家诸子中的传承情况。"无为"思想源自道家,创始人是老子,体现在政治、社会、生活、交际等诸多方面,在《道德经》中有多样化的不同论述,并在庄子等人的著作中有所创新。所谓"无为",绝不是毫无作为,而是强调根据事物发展的规律,适度作为,正确作为,在此基础上,再来有所作为,其根本用意是在限制君主的特权,不要乱施政。整体上看,"无为"思想既是哲学思想,也是转化运用于政治治理最成功的治国思想,史称"黄老之治",历史上著名的"文景之治""贞观盛世""康乾盛世"等,都是"黄老之治"的杰出成就。在本章中,有两个关键概念不容易懂,解读如下:

(1)天道无为。印象中,儒家满口仁义道德和君臣伦理不会说天道,这是误解。孔子曾直接受教于老子,得到老子很多的教导,对他人生观、思想观的形成有很大影响,事见《史记》之《孔子世家》与《老庄申韩列传》等篇,所以,加上孔子晚年精通《周易》,深明自然之道与天道之理,他之所以罕言天道，不是不谈，是难谈，学生中如果没有足够的智慧，就难以洞察天地人间的阴阳变化，没有洞达阴阳的根基，就不可能谈天性和天命。太史公感叹："孔子罕称命，盖难言之也。非通幽明，恶能识乎性命哉？"关于"天道无为"之论，见于《论语·为政》，鲁哀公问政于孔子：

公曰："敢问君子何贵乎天道也？"

孔子对曰："贵其'不已'。如日月东西相从而不已也，是天道也；不闭其久，是天道也；无为而物成，是天道也；已成而明，是天道也。"

在孔子看来，"不已"是天道的最主要特点，日月星辰的升降与自然事物的生灭，都是自然而然的事情，所以，天道并不可以创造什么，"无为而物成"，《荀子·天论》云："不为而成，不求而得，夫是之为天职。"所以，我们不要去打破自然界的平衡规律，刻意为之，去创造更多的事物，往往适得其反。本书《孝至》云："或曰：'君逸臣劳，何天之劳？'曰：'于事则逸，于道则劳。'"天地与万物如同君主与臣子，善于治理国家的君主，不会刻意使臣子过于劳累，这就是遵循了自然之道。这一思想在儒家著作《礼记》中也有所表述，《中庸》论述天道无为时说："博厚配地，高明配天，悠久无疆。如此者，不见而章，不动而变，无为而成。"

（2）雕刻众形。本章说"雕刻众形者匪天与"，按照字面意思来理解，是说万事万物都是由上天来创造的，所以学生对"天道无为"表示不理解。实际上，万事万物是根据上天"无为"的规律自然创造、生长、灭亡的，而不是刻意创造出来的。《庄子·大宗师》云："覆载天地，刻雕众形而不为巧。"意思是：天地承载万物，但不会去让万物生或灭。《天道》篇又说："覆载天地，刻雕众形而不为巧，此之谓天乐。"由此可知，扬雄本章文字的思想来源，是本于道家，征引儒家，是儒道结合的产物。而这一特点，是魏晋玄学的最主要特征。后来，扬雄被尊为玄学之祖，正是因为他开启的儒道结合的研究方法，在以《法言》《太玄》为代表的著作中，启发了玄学的萌芽。

第六章

《老子》之言道德①,吾有取焉耳;及捶提仁义②,绝灭礼学③,吾无取焉耳。

【注释】

①《老子》之言道德:道家的《老子》这本著作在谈论道德。按:《老子》,也称《道德经》,共八十一章,前三十八章为《道经》,其后为《德经》。

②捶提仁义:反对仁义。捶提,投掷,抛弃,引申反对。捶,读为 chuí,通"棰",敲打。语出《老子》:"绝仁弃义,民复孝慈。"

③绝灭礼学:废除礼仪,摒弃学问。语出《老子》:"绝学无忧。"

【译文】

《老子》一书中关于道和德的论述,我是赞同的;至于反对仁和义,废除礼仪、摒弃学问的言论,我是不赞同的。

【导读】

扬雄在本章中表明了对道家老子及其著作的态度:与儒家大道相同的就赞美,与儒家大道不同的就反对。这表明了扬雄本人博通诸子学说而能保持儒家立场的学术独立性与思想纯粹性。

《汉书·艺文志》云:"道家者流,盖出于史官,历记成败、存亡、祸福、古今之道,然后知秉要执本,清虚以自守,卑弱以自持,此君人南面之术也。合于尧之克攘,易之嗛嗛(qiǎn qiǎn),一谦而四益,此其所长也。及放者为之,则欲绝去礼学,兼弃仁义,曰独任清虚,可以为治。"所以,道家学者实际上都是历史政治的见证者,其思想著作则是关于历史、政治、军事等大事件的"成败、存亡、祸福、古今之道",养分很足,在其深刻性、渊博性上,不是儒家诸子及其著作能够比得上的。本卷第三章说:"道、德、仁、义、礼,譬诸身乎?"对比本章所论,则道、德两端与儒家相同,故有取也;仁义是道家反对的,礼是老子不谈的,学是老子要"灭绝"的,扬雄"不取"。

实际上,这是对《老子》的歪曲理解,也是对老子本人事迹、思想的歪曲理解。《老子》不是不谈礼、学、仁、义,而是深刻认识到这些东西的反面作用——作伪，以及对统治阶层独霸上述教育特权、实施特权的反对。仅就扬雄最看重的"礼"而言，老子怎么会不懂呢？孔子到老子那里去访学，所学的，不就是"礼"吗？《孔子世家》说：

> 鲁南宫敬叔言鲁君曰："请与孔子适周。"鲁君与之一乘车，两马，一竖子俱，适周问礼，盖见老子云。辞去，而老子送之曰："吾闻富贵者送人以财，仁人者送人以言。吾不能富贵，窃仁人之号，送子以言，曰：'聪明深察而近于死者，好议人者也。博辩广大危其身者，发人之恶者也。为人子者毋以有己，为人臣者毋以有己。'"孔子自周反于鲁，弟子稍益进焉。

老子对"礼"的正反作用的认知，远在孔子之上，儒家，特别是孔子，一味强调的，实际上是"礼"的正面作用，而不强调其负面作用。老子教导孔子，正是看到了他过于纯粹、深入一家的不当之处，故而希望他能够顺势而动，明哲保身，这就不是只知道积极进取的人所能很快领悟的。老子的辩证法将正反两面合观统照，是为折中，孔子、孟子、扬雄主要站在正的一面，这是他们的局限性。从规律性高度来看儒道二家，道家具有更高的理论高度，更深的思想深度，更宽的理论生发可能和扩展空间，这是儒家不能相比的。《老子》第六十七章说：

> 我有三宝，持而保之，一曰慈，二曰俭，三曰不敢为天下先。慈故能勇，俭故能广，不敢为天下先，故能成器长。

逐一对照，可以说：道家思想催生了后来的儒家（慈）、墨家（俭），其"以其用兵"的思想催生了后代的兵家，"以正治国"的思想催生了后代的各派政治家。《史记》等文献在讲到阴阳家、兵家、法家等诸子流派时，莫不溯源到道家老子这里，由此可知，深明老子思想的孔子，不会讲扬雄这些话。从孟子的独战诸子、舍身卫道到扬雄的儒道分明、泾渭分明，是学术思想的一种独立性的表现，也是一种独守门户的退步的表现。

第七章

吾焉开明哉！惟圣人为可以开明，他则苓①。大哉圣人，言之至也。开之廓然②见四海，闭之閛然不睹墙之里。

【校勘】

根据上下文推断，"闭之閛然"，当作"闭之闇然"为宜。本句紧承上文而言，开之谓开明，闭之谓闭明，故"閛"当为"闇"，闇然与廓然相反为义。閛，读为pēng，指开门或关门，閛然指开门或关门的声音，声音用耳朵听，与后文"不睹墙之里"不相协；"闇"是"暗"的异体字，《法言》用隶书写成，因字形相近或文字漫漶，故误"闇"为"閛"。

【注释】

①苓：读为líng，通"笭"，古代横在车子前面的竹帘，可以透过缝隙向外看，这里指看东西模糊不清，引申为蒙昧。

②廓然：空旷寂静的样子。

【译文】

我哪里是明智的人呀！只有圣人才是明智的，其他人则是蒙昧的。伟大的圣人啊，他们的言论是最好的。读了圣人的言论，就可以开阔视野，看到广阔的天下；不读圣人的言论，就连围墙里面的事物也会看不见。

第八章

圣人之言似于水火。

或问"水火"。

曰："水，测之而益深，穷①之而益远；火，用之而弥②明，宿③之而弥壮。"

【注释】

①穷：达到极点。

②弥：愈，更加。

③宿：本义为止，引申为留、积。

【译文】

圣人的言论就好像水和火那样重要。

有人问我："水火是什么样的？"

我回答说："水，越测量它就感到它越深，越追寻它的极点就感到它越远；火，越使用它，它就越明亮，越积蓄它，它就越旺盛。"

第九章

允①治天下，不待礼文与五教②，则吾以黄帝③、尧、舜为疣赘④。

【注释】

①允：诚，信。

②五教：指的是五种伦理道德，即父义、母慈、兄友、弟恭和子孝。

③黄帝：姓公孙，名轩辕，号有熊氏，五帝之首，中华民族人文始祖之一。

④疣赘：读为 yóu zhuì，皮肤上的小肉瘤子，比喻多余的、无用的东西。

【译文】

君主诚心地治理天下，如果不采用礼仪文饰，不实行父义、母慈、兄友、弟恭和子孝这五种教化，那么，我还会以为垂拱而治天下的黄帝、尧、舜是多余的。

第十章

或曰："太上无法而治①，法非所以为治也。"

曰："鸿荒之世②，圣人恶之③，是以法始乎伏牺④而成乎尧。匪伏匪尧⑤，礼义哨哨⑥，圣人不取也。"

【注释】

①太上无法而治：远古时代没有法制可以用来治理天下。太上，远古时代。

②鸿荒之世：远古时期，这里指没有法制约束的原始社会。鸿，大；荒，远。

③恶之：厌恶它。恶，读为wù，讨厌，厌恶。

④伏牺：即伏羲，还有"包羲""庖牺"等多种写法，华夏人文先祖，三皇之一，传说他仰观俯察，深究天地自然之变化，创制了八卦。

⑤匪伏匪尧：没有伏羲，没有帝尧。匪，通"非"，表否定。

⑥哨哨：琐碎纷杂的样子。

【译文】

有人说："远古时代没有法则法制可以用来治理天下，所以法制并不是用来治理天下的。"

我回答说："远古时代的没有法则，圣人是厌恶它的，因此法制创始于伏羲时代，在帝尧时代得以完善。如果没有伏羲到帝尧时代众多圣人对创建完善法制的共同努力，我们看到的儒家礼义就会非常琐碎纷杂，圣人是不会采取这些琐碎纷杂的礼义来治理国家的。"

第十一章

或问："八荒①之礼，礼也，乐也，孰是②？"

曰："殷③之以中国。"

或曰："孰为中国？"

曰："五政④之所加，七赋⑤之所养，中⑥于天地者，为中国。过此而往者，人也哉？"

【注释】

①八荒：八方极远之处，代指天下。按：古人常用八荒等词语代指天下，贾谊《过秦论》说："秦孝公……有席卷天下，包举宇内，囊括四海之意，并

吞八荒之心。"另有五湖、六合、九州等，泛指天下。

②孰是：哪一个是正确的？

③殷：这里指中，正。

④五政：五种道德规范，指父义、母慈、兄友、弟恭、子孝。

⑤七赋：五谷与桑麻，这里指的财政税收制度。

⑥中：北极正中，即天之中，这里指处于天地正中的位置。

【译文】

有人问我："天下的各种礼，以及礼乐制度，哪个是正确的？"

我回答说："中国的礼乐制度是正确的。"

那人又问："中国在哪里呢？"

我回答说："实行五种道德规范，收取七种赋税，位于北极正中的地方，就是中国。除此三条的其他地方，还能说有中国之人吗？"

【导读】

扬雄这里对中国地理位置的界定，采用的是古代盖天说的天文理论。盖天说是古代汉民族对宇宙的认知学说之一，这种学说认为：天是球穹状的，地也是球穹状的，两者间的间距是8万里，北极位于天穹的中央，日月星辰绕之旋转不息。据《晋书·天文志》记载："其言天似盖笠，地法覆盘，天地各中高外下。北极之下为天地之中，其地最高，而滂沱四颓，三光隐映，以为昼夜。天中高于外衡冬至日之所在六万里。北极下地高于外衡下地亦六万里，外衡高于北极下地二万里。天地隆高相从，日去地恒八万里。"扬雄关于"中于天地者，为中国"的说法与此相同。

另外，本章还表现了古代汉民族以中国为尊，以四夷为卑的现实。扬雄支持这种说法，他的根据是"礼"——中国之礼，是礼乐之礼，除此以外，其他民族的礼都不行。所以，我们今天在民族平等、国家平等的新的时代环境来读这些文字，需要辩证地、客观地考虑当时的历史情况。

第十二章

圣人之治天下也,硋诸以礼乐①。无则禽②,异则貊③。吾见诸子之小礼乐也,不见圣人之小礼乐也。孰有书不由笔,言不由舌?吾见天常④为帝王之笔舌也!

【注释】

①硋诸以礼乐:用是否实施礼乐制度为标准来区分天下各个民族。硋:限阻,这里指以……为标准。

②无则禽:没有礼乐制度的民族如同禽兽。

③异则貊:与圣人礼乐制度不同的民族是野蛮的。貊,读为 mò,指古代东北方的少数民族,这里泛指少数民族。

④天常:自然界的常规,这里代指礼乐制度。

【译文】

圣人治理天下,用是否实施礼乐制度为标准来区分天下各个民族。没有礼乐制度的民族等同于禽兽,和圣人创制的礼乐制度不一样的就是野蛮人。我见过诸子轻视礼乐制度,但没见过圣人轻视礼乐制度。哪里有写字不用笔,说话不用舌头的?我看礼乐制度就是帝王治理天下的笔和舌呀!

第十三章

智也者,知①也。夫智,用不用②,益不益③,则不赘亏④矣?

【注释】

①知:知识。

②用不用:把没有运用的知识运用起来。第一个"用"是意动用法。

③益不益:把以前不足的知识增加起来。第一个"益"是意动用法。

④不赘亏:既不多余,也不缺少。赘,多余;亏,缺少。

【译文】

所谓智慧，就是有知识。一个有智慧的人，把没有运用的知识运用起来，把以前不足的知识增加起来，这样，知识不是既不多余也不缺少了吗？

第十四章

深知器械、舟车、宫室之为①，则礼由已②。

【注释】

①为：作为，制作。

②由已：听从自己的安排，指礼乐制度无处不在，无处不行。由，动词，顺随，听从，归属。

【译文】

一个人若能深刻地懂得圣人制作各种器械、车船、宫室的用意，那么各种礼仪制度的实行就体现在自己的日常生活之中了。

第十五章

或问"大声"。

曰："非雷非霆①，隐隐②耾耾③，久而愈盈④，尸⑤诸圣。"

【注释】

①霆：霹雳，雷的余声。

②隐隐：形容声音洪大有力。隐，通"殷"，盛大，洪大。

③耾耾：大声，耾读作 hóng。

④盈：充满。

⑤尸：主。按：古代祭祀时，一个人坐在上面，作为受祭者的象征，就叫"尸"。祭祀的人就把精神寄托在他身上，所以这里引申为主持或寄托的意思。

【译文】

有人问我:"什么是大声?"

我回答说:"不是雷声也不是霹雳,而是一种洪大的声音,时间越久,就越是充满世界,这就是圣人发出言论的声音。"

第十六章

或问:"道有因^①无因乎?"

曰:"可则因,否则革^②。"

【注释】

①因:因循,沿袭。

②革:改革,变革。

【译文】

有人问:"道有没有沿袭下来的可能呢?"

我回答说:"可行的就会沿袭下来,不可行的就改革它们。"

第十七章

或问"无为"。

曰:"奚为哉!在昔虞、夏,袭尧之爵,行尧之道,法度彰,礼乐著,垂拱^①而视天下民之阜^②也,无为矣。绍桀之后^③,篡纣之余^④,法度废,礼乐亏^⑤,安坐而视天下民之死,无为乎?"

【注释】

①垂拱:垂衣拱手,表示不用亲自处理事务。

②阜:读为 fù,盛,多,大。

③绍桀之后:继承夏桀的行为。绍,连续,继承。桀,读为 jié,夏桀,夏朝最后一个君主,后代作为暴君的代称。

④篡纣之余：继承殷纣的余波。篡，读为 zuǎn，同"缵"，继承；余，之后；纣，指商纣王，商朝最后一个君主，据说残暴奢侈，后代作为暴君的代称。

⑤亏：缺损。

【译文】

有人问我："什么是无为？"

我回答说："为什么要有为呢？上古的舜和禹，继承了尧的地位，实行尧的治理方法，法制彰显，礼乐明确，不用亲自处理事务就可以看着天下的百姓安居乐业，这就叫作无为。如果一个国君继承夏桀的行为，延续商纣王的余波，法制被废弃，礼乐有缺损，安稳坐在王位上看着天下的百姓死去，这能叫作无为吗？"

第十八章

或问："太古涂民耳目①，惟其见也，闻也，见则难蔽，闻则难塞。"

曰："天之肇降生民②，使其目见耳闻，是以视之礼，听之乐。如视不礼③，听不乐④，虽有民，焉得而涂诸。"

【注释】

①太古涂民耳目：远古时期闭塞百姓的耳朵和眼睛。涂，同"杜"，使……闭塞。

②肇降生民：从降生万民开始。肇，读为 zhào，开始，初始；生民，百姓。

③视不礼：看的不是礼制允许的东西，即非礼勿视。

④听不乐：听得不是雅正的音乐，即非礼勿听。

【译文】

有的人说："远古时期万民的耳朵和眼睛是被闭塞住了的。只不过眼睛看得见，从而难以遮蔽；耳朵听得见，从而难以阻塞。"

我告诉他："上天从初始之时降生万民，就使他们的眼睛看得见，耳朵听得见，因为要使他们看见礼仪，听见雅乐。如果看的不是礼制允许的东西，听得不是雅正的音乐，即使统治着万民，又怎能把他们的耳朵眼睛都蔽塞起来呢？"

第十九章

或问"新敝①"。

曰："新则袭②之，敝则益损③之。"

【注释】

①新敝：新变和陈旧。
②袭：沿袭。
③益损：增减。

【译文】

有人问我："什么是更新，什么是陈旧？"

我回答说："如果能新变，就继续沿袭下去；如果已经陈旧了，就做出变革，进行新增或减损。"

第二十章

或问："太古德怀①不礼怀，婴儿慕，驹犊②从，焉以礼？"

曰："婴犊乎！婴犊母怀不父怀。母怀，爱也；父怀，敬也。独母而不父，未若父母之懿也。"

【注释】

①德怀：即怀德，怀念恩德。语出《论语·里仁》："君子怀德，小人怀土。"
②驹犊：小马驹和小牛犊。

【译文】

有人问我："远古时期的人怀念恩德而不怀念礼法。就像婴儿思恋母亲，小马驹和小牛犊跟随母牲口一样，哪里用得上礼法呢？"

我回答说："你说的是婴儿和小牛小马啊！婴儿和小牛小马只是怀念母亲而不怀念父亲。怀念母亲，是由于母爱；怀念父亲，是由于尊敬。只怀念母亲而不怀念父亲，不如对父母都怀念的美德好啊！"

第二十一章

狙诈之家①曰："狙诈之计，不战而屈人兵，尧舜也。"

曰："不战而屈人兵，尧、舜也；沾项渐襟②，尧、舜乎？衒玉而贾石③者，其狙诈乎！"

或问："狙诈与亡，孰愈？"

曰："亡愈。"

或曰："子将六师④，则谁使？"

曰："御⑤得其道，则天下狙诈咸作使；御失其道，则天下狙诈咸作敌。故有天下者，审⑥其御而已矣！"

或问："威震诸侯，须于征与？狙诈之力也。如其亡？"

曰："威震诸侯，须于狙诈，可也；未若威震诸侯，而不须狙诈也。"

或曰："无狙诈，将何以征乎？"

曰："纵不得不征，不有《司马法》⑦乎？何必狙诈乎！"

【注释】

①狙诈之家：狡猾奸诈，以权谋用兵的人，代指兵家和谋略家。狙诈，像猕猴那样狡猾奸诈；狙，读为jū，指猕猴，生性狡诈。

②沾项渐襟：鲜血染湿了脖子和衣襟，比喻杀人很多。渐，读为jiān，浸。

③衒玉而贾石：自夸卖的是玉，实际上卖的却是石头，即挂羊头卖狗肉。衒，读为xuàn，通"炫"，炫耀；贾，读为gǔ，贩卖。

④子将六师：让你统领全国的军队。将，率领；六师，六军，这里指全国的军队。

⑤御：驾驭，掌控。

⑥审：慎重。

⑦《司马法》：我国古代重要的兵书之一。大约成书于战国初期。据《史记·司马穰苴列传》记载："齐威王使大夫追论古者司马兵法而附穰苴于其中，因号曰《司马穰苴兵法》。"《司马法》流传至今已两千多年，亡佚很多，现仅残存五篇，记载着从殷周到春秋、战国时期的一些古代作战原则和方法。

【译文】

用计谋的兵家说："用奸猾狡诈的计谋，不发动战争就可以使敌军屈服的人，说的就是尧舜啊！"

我回答说："不发动战争就能使敌国军队屈服的人，确实是尧舜啊；但是战场上的鲜血染湿了脖子和衣襟，这还像是尧舜所作所为吗？嘴上自夸是美玉，事实上贩卖石头的人，说的不就是惯用阴谋诡计的兵家吗！"

又有人问："使用狡诈的计谋和不使用狡诈的计谋，哪一种情况更好？"

我回答说："不用狡诈的计谋更好。"

那人又问："如果让您来统领全国的军队，您将任用什么人呢？"

我回答说："如果管理方法得当，那么天下惯用计谋的人都会受其驱使；假如管理方法不恰当，那么天下惯用计谋的人都会成为他的敌人。所以治理天下的人，关键是要谨慎选择管理的方法。"

那人又问："如果要威震天下，还是需要征战吧？这就是计谋的作用。怎么能不要计谋呢？"

我回答说："如果要威震天下，用计谋是可以的；可是比不上威震天下却不用计谋的结果。"

那人又问："不用计谋，那用什么去打仗呢？"

我回答说："就算是不得已要打仗，不是还有《司马法》吗？何必用狡诈的计谋呢？"

第二十二章

申①、韩②之术,不仁之至矣。若何③牛羊之用人④也?若牛羊用人,则狐狸、蝼⑤、螾⑥不腽腊⑦也与?

或曰:"刀不利,笔不銛⑧,而独加诸砥⑨,不亦可乎?"

曰:"人砥⑩,则秦尚矣!"

【注释】

①申:指申不害,战国时期法家重要的创始人物之一,思想家、改革家。曾任韩昭侯宰相,史称"终申子之身,国治兵强,无侵韩者。"著有《申子》传世。

②韩:指韩非子,战国末年法家的代表人物之一,韩国公子,著名思想家,有《韩非子》一书传世。

③若何:如何?

④用人:对待人。

⑤蝼:读为 lóu,一种小昆虫。

⑥螾:读为 yǐn,通"蚓",蚯蚓。

⑦腽腊:读为 lú là,古时候的两种祭祀名称,这里借指屠戮如牲畜。按:腽腊的时间一般在一年岁末,时常并称,古时贫民,必待"腽腊"才能屠宰牲畜,饮酒吃肉。

⑧銛:读为 xiān,尖锐,锋利。

⑨砥:读为 dǐ,磨刀的石头。

⑩人砥:把人放到石头上磨,指虐待人、对人施暴。砥,动词,磨。

【译文】

法家代表人物申不害和韩非的思想言论,极其的不讲仁义。为什么对待人像对待牛羊牲口一样啊?假如对待百姓像对待牲口一样,那么狐狸、小虫子、蚯蚓不都可以抓来像祭祀用的牲畜那样杀掉了吗?

有人问我:"刀不锋利,笔尖锐,专门放在磨刀石上去磨,不也可以吗?"

我回答说:"如果能把人放在磨刀石上磨,随意对百姓施暴的话,那么残暴的秦朝就应该受到尊敬了!"

第二十三章

或曰:"刑名①非道邪?何自然也?"

曰:"何必刑名。围棋、击剑、反目②、眩形③,亦皆自然也。由④其大者作正道,由其小者作奸道。"

【校勘】

"反目"当作"反身"。根据上下文推断,"反目"与围棋、击剑、眩形并列,应当是一种技术性的文体活动之一,而"反目"指夫妻不和或人际关系不和,不能指技术性活动。"反身",实际上是一种杂技,张衡《西京赋》云:"尔乃建戏车,树修旃。侲僮程材,上下翩翻。突倒投而跟絓,譬陨绝而复联。百马同辔,骋足并驰。撞末之技,态不可弥。"这种后仰翻腾的表演,即此所谓反身,泛指各种杂技。按:"反目"与"反身",实则古书传抄过程中,因字形相近或有残损导致的笔误。

【注释】

①刑名:指战国时以管仲、李悝(kuī)、商鞅、申不害为代表的法家学派。主张循名责实,慎赏明罚,后人称为刑名之学,省称"刑名"。

②反目:见校勘,泛指杂技。

③眩形:幻术,变戏法。眩,读为 xuàn,通"幻"。

④由:从。

【译文】

有人问我:"法家的思想学说不合乎圣人之道吗?为什么又合乎自然呢?"

我回答说:"岂止是法家的思想学说合乎自然呢?即使是围棋、击剑、杂技、幻术这些技术门类,看来也都是合乎自然的。但是从根本上来看,圣人之道可以安固万世,这才是有大用的正道,法家学说和技术门类只能偷享一时之功，只能算是作用很小的奸邪之道。"

【导读】

本章对比法家学说和儒家正道，将其与围棋等娱乐活动相提并论，意在贬低法家，抬高儒家。其中有两处不太好理解，现解读于下：

（1）刑名自然。扬雄认为：法家的思想学说是合乎自然的，是自然之道的产物，这就将法家思想属于"道"的哲学性强调了出来。"自然"本是道家老子的哲学范畴，《老子》云："天法道，道法自然。"《庄子·天道》云："是故古之明大道者，先明天，而道德次之。道德已明，而仁义次之。仁义已明，而分守次之。分守已明，而形名次之。"这里的"形名"，即本章之"刑名"，指法家。按照老庄的层级衍生论，道家最早，儒家其次，法家在后，这是先秦诸子学说产生的时间先后问题，整体上看，时间顺序确实如此，所以，法家也是自然之道的产物。

（2）眩形之术。实际上就是人们常说的幻术，现在的代表是魔术表演。张衡《西京赋》云："奇幻儵（shū）忽，易貌分形，吞刀吐火，云雾杳冥。"此即眩形之义。《汉书·张骞传》云："大宛诸国发使随汉使来观汉广大，以大鸟卵及犛靬（qián）眩人献于汉。"颜师古注具体解释说："眩读与幻同，即今吞刀、吐火、植瓜、种树、屠人、截马之术皆是也。"《后汉书·西域传》，章怀太子注引《魏略》云："大秦国俗多奇幻，口中出火，自缚自解。"

第二十四章

或曰："申、韩之法非法①与？"

曰："法者，谓唐、虞、成周②之法也。如申、韩！如申、韩！"

【注释】

①非法：不是法制。

②成周：这里借指周公辅佐周成王的兴盛时代。

【译文】

有人问:"法家代表人物申不害、韩非主张的法制,难道不是法制吗?"

我回答说:"我们所说的法制,是指尧、舜、周公制订的法制。怎么会是申不害、韩非的法制呢!怎么会是申不害、韩非的法制呢!"

第二十五章

庄周①、申、韩,不乖寡圣人②而渐诸篇③,则颜氏④之子,闵氏⑤之孙其如台⑥?

【注释】

①庄周:即庄子,战国时期著名的思想家、哲学家、文学家,道家代表人物之一,继承老子学说并有新的发展,著有《庄子》传世。

②不乖寡圣人:不背离圣人的学说。乖寡,背离;乖;违背。

③渐诸篇:学习圣人的著作。渐:读为 jiān,浸泡,淹没,这里指学习;篇,文章,书籍。

④颜氏:指颜回。

⑤闵氏:指闵损,字子骞,与颜回一起,是孔门四科中"德行"科代表之一。

⑥如台:即奈何,怎么办,如何处置。台,读为 yí。

【译文】

如果庄周、申不害、韩非背离圣人的学说,而能努力学习圣人的著作,那么,就算是颜回和闵子骞这样的孔门弟子也比不过他们,又能把他们怎么样呢?

第二十六章

或曰:"庄周有取乎?"

曰:"少欲。"

"邹衍①有取乎?"

曰:"自持②。至周罔③君臣之义,衍无知于天地之间,虽邻不觌④也。"

【注释】

①邹衍:战国末期齐国人,阴阳家代表人物之一,五行学说创始人,因他"尽言天事",当时人们称他"谈天衍",又称邹子。

②自持:自我坚持。

③罔:读为 wǎng,无,没有。

④觌:读为 dí,见面,相见。

【译文】

有人问:"庄周的学说有可取的地方吗?"

我回答说:"清静少欲,是其可取之处。"

学生又问:"邹衍的学说有可取的地方吗?"

我回答说:"能够自我坚持,是其可取之处。但庄周不顾君臣之间该有的礼仪,邹衍缺少对天地的正确认识,所以,即使和他们做邻居,我也不会去看他们的著作。"

问神卷第五

神心忽怳①，经纬万方②，事系诸道德仁谊礼。撰《问神》第五。

【校勘】

道德仁谊礼，当作"道德仁义礼"。

【注释】

①忽怳：即忽恍，也写作恍忽、恍惚，指蒙眬，模糊。语出《老子》第十四章："其上不皦，其下不昧，绳绳不可名，复归于无物，是谓无状之状，无物之象，是为忽恍。"《老子》第二十一章又说："道之为物，惟怳惟忽。忽兮怳兮，其中有象；怳兮忽兮，其中有物。"这表明扬雄的《问神》思想，主要来自道家老子。

②经纬万方：使万事万物都有条理和秩序。经纬，横为经，竖为纬，本指织物的纵线和横线，比喻条理秩序；万方，各方面，各地方。

【译文】

神妙的天地之心蒙眬而模糊，使万事万物都有条理和秩序，具体表现在道、德、仁、义、礼几个方面。为了探究神奇的天地之心，我写了《问神》，作为本书的第五卷。

【题解】

顾名思义,"问神",即深入探究神秘莫测的自然规律。从结构上说,是上一卷《问道》确立儒家正道、兼论自然之道哲学思辨的进一步深入,是从思想规范到思想源泉的终极性追问。

扬雄精通儒道,博知诸子,善于思辨,《汉书》本传说他:"雄少而好学,不为章句,训诂通而已,博览无所不见。为人简易佚荡,口吃不能剧谈,默而好深湛之思,清静亡为,少耆欲,不汲汲于富贵,不戚戚于贫贱,不修廉隅以徼名当世。……自有大度,非圣哲之书不好也;非其意,虽富贵不事也。"故于书无所不观,而能取法圣人之道;于学无所不知,而能折中儒道,成为一代学术大家。

《问神》二十七章,卷中探究很多神秘的自然问题、思想问题、学术问题、方法论问题,究其根源,在于上古经典《易》书之中,所以很多地方出现了对《周易》卦象的引用。《易》本不止《周易》,伏羲画卦以来,三皇五帝至夏商周汉,历代均有各代之《易》。所以,《易》不仅是儒家群经之首,而且是道家及其他哲学思想流派取法的源头,是中国学术思想的公认源头。《汉书》记载说:扬雄模仿《周易》写成了《太玄》,是和《法言》并列的另一部思想巨著,所以本卷中还多次出现关于《太玄》内容与学术范畴的问答情况,体现了扬雄汇通《周易》与《论语》的博学。其次,扬雄在《法言》中及本卷中经常征引、化用道家著作或典故,作为自己论证立说的另一大源泉,特别是对道家创始人老子及其著作,扬雄体现了很深的尊重之情和赞美之意。尽管老子对于仁、义、礼有所非议,但整体上看,扬雄在讨论很多终极性问题的时候,都会越过儒家,回到道家。所以,朱熹在《朱子语类》中曾说:"雄之学似出于老子。"本卷《问神》就建立在以上两大渊源之上。

但是,本卷并非专门的哲学论著,而是借着对神秘文化、神秘思潮的探究,阐明儒家正道为优这一基本立场。所以,我们读本卷,除了学习基本内容,还要把握住这个思想倾向。

第一章

或问"神"。

曰:"心。"

"请问之。"

曰:"潜天而天①,潜地而地②。天地,神明而不测者也。心之潜也,犹将测之,况于人乎?况于事伦③乎?"

"敢问潜心于圣。"

曰:"昔乎,仲尼潜心于文王矣,达之;颜渊亦潜心于仲尼矣,未达一间④耳。神在所潜而已矣。"

【注释】

①潜天而天:将心深入上天,就能了解上天。潜,深入。

②潜地而地:将心深入大地,就能了解大地。

③事伦:事物的原理。

④一间:一点点间隙。

【译文】

有学生问我什么是神明。

我回答说:"神明就是心。"

学生追问:"什么是心呢?"

我回答他:"将心深入上天就能了解上天,深入大地就能了解大地。天和地都是奇幻莫测而不易了解的。但潜心于其间,也能探测其奥妙,何况对于人呢?更何况对于事物的原理呢?"

学生又问:"心可以深入圣人之道吗?"

我回答说:"孔子曾经潜心钻研周文王的道义,很快就领悟了;颜渊也曾潜心探究孔子之道,只差一点点便可以领悟到了。神道不远,潜心领悟即可达到。"

第二章

天神天明①,照知四方。天精天粹②,万物作类③。

【注释】

①天神天明:上天的神明。天,指整个宇宙。

②天精天粹:上天的精粹。

③万物作类:万物分成不同的种类。

【译文】

上天的神明,照耀四方。上天的精粹,使万物各成其类。

【导读】

扬雄认为人类社会乃至整个宇宙都可以用天来代表。

第三章

人心其神①矣夫?操则存②,舍则亡③。能常操而存者,其④惟圣人乎?

【注释】

①人心其神:人心像神明一样。

②操则存:保持思考就会有所得。

③舍则亡:停止思考就会无所得。

④其:大概,也许,表推测。

【译文】

人心就像神明一样吗?保持思考就会有所得,停止思考就会无所得。能够经常保持思考并且有所收获的,大概只有圣人了吧?

第四章

圣人存神索至①，成天下之大顺，致天下之大利，和同②天人之际，使之无间也。

【注释】

①存神索至：集中精神，探索深奥的道理。至，极，这里指极其深奥的道理。

②和同：协调，调和。

【译文】

圣人集中精神去探索极其深奥的道理，就能使天下万物顺畅而无违，得利而无害，使大自然和人类自身协调融合，毫无间隙。

第五章

龙蟠于泥①，蚖其肆矣②。蚖哉，蚖哉！恶③睹龙之志也与！

或曰："龙必欲飞天乎？"

曰："时飞则飞，时潜则潜，既飞且潜，食其不妄④。形其不可得而制⑤也与？"

曰："圣人不制，则何为乎羑里⑥？"

曰："龙以不制为龙，圣人以不手⑦为圣人。"

【注释】

①龙蟠于泥：指龙未升天之前盘伏在污泥之中。比喻圣贤隐藏，声名未彰之时。蟠，读为pán，屈曲，盘伏。

②蚖其肆矣：蜥蜴正在放纵自己。蚖，读为yuán，蜥蜴，比喻愚顽之徒。

③恶：读为wū，哪里，怎么。

④食其不妄：不追求非分的利禄。食，饮食，比喻利禄；妄，非分的。

⑤制：制约，控制。

⑥羑里：读为yǒu lǐ，古地名，在今河南汤阴一带，周文王曾被商纣王拘

禁于此，七年而返。

⑦手：不固执于一种形态。手，手持。

【译文】

龙在飞升之前，盘伏在淤泥之中，这时候蜥蜴则放纵自己，不受约束。蜥蜴啊，蜥蜴啊，怎么会看得出潜龙的志向呢！

有学生问："龙一定想飞上天吗？"

我回答说："龙会顺应时变，时机符合则腾飞于天，不合时宜则隐藏起来。既能腾飞也能潜藏自己，不会因为非分的利禄而现身。所以，龙是否现形于天，也就不受他人控制了吧？"

学生又问："圣人也不受他人控制，但周文王为什么会被囚禁在羑里呢？"

我回答说："龙因为不受制约而成龙，圣人因能屈能伸而成为圣人。"

第六章

或曰："经可损益①与？"

曰："《易》始八卦，而文王六十四②，其益可知也。《诗》《书》《礼》《春秋》，或因或作③，而成于仲尼，其益可知也。故夫道非天然，应时而造者，损益可知也。"

【注释】

①损益：增减。

②文王六十四：周文王创制的后天八卦，有六十四个卦象。传说《易》为伏羲所画，最初只有八卦，周文王将其两两相重，得到六十四卦。

③或因或作：有的继承了前人所作，有的是新的创作。因，因袭，继承；作，创作。

【译文】

有学生问："经典可以删减或增加吗？"

我回答说："《易经》开始只有八种卦象，周文王将其推演成六十四种卦象，可见它是增加了。《诗经》《尚书》《仪礼》《春秋》，这几部经典有的是因袭旧文，有的是新的创作，都由孔子编次而成，由此可知，它们的内容有所增删。因此，记载圣人之道的经典并非天然就是那样的，而是顺应时势的需要创造出来的，可见它们是有所增减的。"

第七章

或曰："《易》损其一也，虽惷知阙①焉。至《书》之不备过半②矣，而习者不知。惜乎！《书》序③之不如《易》也。"

曰："彼数④也，可数焉故⑤也。如《书》序，虽孔子末如之何矣。"

【注释】

①虽惷知阙：即使愚蠢的人也知道缺失的是哪一卦。惷，读为 chōng，愚蠢；阙，通"缺"，缺失。

②《书》之不备过半：现存《尚书》的篇目已经缺失了一半多。据说《尚书》本有百篇，今存二十九篇。

③《书》序：指《尚书》每一篇前面的序言。汉人传说先秦时《尚书》有 100 篇，其中《虞夏书》20 篇，《商书》《周书》各 40 篇，每篇有序，题为孔子所编。

④彼数：指《易经》的数理。彼，代指《易经》；数，读为 shù，即术数，用以推算未来、趋吉避凶的占卜之术。

⑤可数焉故：可以通过数字的计算来推演吉凶。数，读为 shǔ，计算；故，原因。

【译文】

有人说："如果《易经》损失了其中一卦，即使愚蠢的人也知道缺失的是哪一卦。至于《尚书》，在流传的过程中已经缺失了一半多，而学习的人却不知道。现在《书》序虽存，但是不如《易经》那样可以推演，这真是太可惜了！"

我回答说:"《易经》是预测事物吉凶祸福的占卜之书,可以通过数字的计算来推演吉凶。而《书》序虽有百篇之多,但原文缺失大半,没有了证据,即使孔子也没有办法证明它们的存在啊!"

【导读】

本章通过《易经》与《尚书》流传情况的对比,探讨《尚书》的版本与内容严重缺失的历史情况。

《汉书·艺文志》说:"《尚书》原有100篇,孔子编纂并为之作序。"相传孔子晚年集中精力整理古代典籍,将上古尧、舜到春秋秦穆公时期的各种重要文献资料汇集在一起,经过认真编选,选出100篇,这就是百篇《尚书》的由来。孔子编成《尚书》后,曾把它用作教育学生的教材。在儒家思想体系中,《尚书》位居五经之列,是我国最早的一部历史文献汇编,具有极其重要的地位。

自汉初以来,《尚书》就有今文、古文两种不同的传本。秦始皇统一中国后,颁布《焚书令》,秦代的焚书给《尚书》的流传带来毁灭性打击,原有的《尚书》抄本几乎全部被焚毁。汉代重新重视儒学,由秦朝博士伏生口授,用汉代通行文字隶书写成的《尚书》,一共28篇,人们称之为《今文尚书》。后来,鲁恭王在拆除孔子故宅一段墙壁时,发现了另一部《尚书》,是用先秦六国时的字体书写的,人们称之为《古文尚书》。《古文尚书》经过孔子后人孔安国的整理,篇目比今文《尚书》多16篇。西晋永嘉年间战乱中,今、古文《尚书》全都散失了。东晋初年,豫章内史梅赜给朝廷献上了一部《尚书》,包括《今文尚书》33篇(梅赜从原先的28篇中析出5篇),伪《古文尚书》25篇。清人孙星衍作《尚书今古文注疏》,广泛汲取前人考订成果,将篇目重新厘定为29卷,大抵恢复了汉代《尚书》传本的面貌,所记基本是誓、命、训、诰一类的言辞。2018年11月,清华大学战国竹简研究成果发布,证实其中《古文尚书》系后人伪作。

在历史上,《尚书》所遭劫难颇多。清代段玉裁在《古文尚书撰异》里说:"经惟《尚书》最尊,《尚书》之离厄最甚。秦之火,一也。汉博士之抑古文,二也。马、郑不注古文逸篇，三也。魏、晋之有伪古文，四也。唐《正义》不用马、郑，用伪孔，五也。天宝之改字，六也。宋开宝之改《释文》，七也。七者备而古文几亡矣。"扬雄是一位儒家古文经学的大学者，他在这里讨论《易经》与《尚书》，显示了对经典特点的准确把握和流传过程中内容严重缺失问题的关注。

第八章

昔之说《书》①者，序以百，而《酒诰》之篇俄空②焉。今亡③夫！

【注释】

①说《书》：传述《尚书》。说，传述。
②俄空：暂时空缺。俄：姑且，暂时。
③亡：缺失。

【译文】

古代传述《尚书》，都是按百篇来计算的，而且《酒诰》这篇文章有暂且空缺的地方。如今，《酒诰》已经完全失传了。

第九章

虞、夏之书浑浑尔①，《商书》灏灏②尔，《周书》噩噩③尔。下周者④，其书谯⑤乎！

【注释】

①虞、夏之书浑浑尔：指《尚书》中的《虞书》和《夏书》气魄深厚博大。现存的《尚书》分为四部分，即《虞书》《夏书》《商书》《周书》；浑浑，形容书的内容深厚博大；尔，如此，这样。
②灏灏：读为 hào hào，通"浩浩"，形容书的气魄宏大。
③噩噩：形容书的气魄严正。

④下周者：继周朝之后的朝代，这里指秦。
⑤谯：读为 qiáo，这里指书的气魄减弱。

【译文】

《尚书》中的《虞书》和《夏书》气魄深厚博大，《商书》气魄广大开阔，《周书》气魄严正。周以后的朝代，书的气魄逐渐减弱了。

第十章

或问："圣人之经①不可使易知与？"

曰："不可。天俄而可度②，则其覆物也浅矣。地俄而可测，则其载物也薄矣。大哉！天地之为万物郭③，五经之为众说郭④。"

【注释】

①圣人之经：儒家的经典，代表作品是五经。
②俄而可度：容易测量。俄而，本义为一会儿、顷刻，引申为容易；度，读为 duó，测量。
③郭：外城，古代在城的外围加筑的一道城墙。
④郭：读为 fú，城外面围着的大城。

【译文】

有学生问："先生，儒家的经典比较难懂，不能使它更容易理解些吗？"

我回答说："不能。如果上天很容易就被测量，那么它覆盖万物的高度就浅了。如果大地很容易被测量，那么它承载万物的厚度就薄了。如果将天地当作万物的城郭，那么儒家五经就是各种学说的城郭，它们真是广大啊！"

第十一章

或问："圣人之作事，不能昭若日月①乎？何后世之訾訾②也？"

曰："瞽旷能默③，瞽旷不能齐不齐之耳④；狄牙能喊⑤，狄牙不能齐不齐之口。

【校勘】

狄牙能喊：从下文来看，这一句与狄牙在厨房烹饪调味相关，所以"喊"字讲不通。《正字通》曰："扬子本作咸，咸，和味也。讹作喊。"这一说法可以解除"喊"字造成的疑问。

著者按：

《正字通》是一部按汉字形体分部编排的字书，明末清初张自烈撰，廖文英合辑。此书是清初著名的字典，依子丑寅卯等十二地支排列，共十二卷，部首与梅膺祚《字汇》相同，凡二百一十四部，广泛收字三万余，保存了大量俗字和异体字。

【注释】

①昭若日月：像日月一样明亮。昭，明。

②訚訚：读为 yín yín，争论，争辩。

③瞽旷能默：瞽旷有默识辨音的才能。瞽，读为 gǔ，眼睛瞎；瞽旷，即师旷，春秋时期晋平公的盲人乐官，能辨别五音六律，听觉十分灵敏。默，静听辨音。

④不能齐不齐之耳：不能使人们喜欢听同一种音乐。前一个"齐"作动词，使……整齐；不齐之耳，不一样的耳朵，指每个人喜欢的音乐是不一样的。

⑤狄牙能喊：狄牙善于在烹饪中调和滋味。狄牙，即易牙，齐桓公宠幸的近臣，是第一个运用调和之事操作烹饪的庖厨，好调味，很善于做菜；喊，调和，指调味。

【译文】

有学生问我："先生，圣人做事，不能明白得像太阳和月亮一样吗？为什么后代的人会对圣人的行为争论不休呢？"

我回答说："瞽旷有默识辨音的才能，却不能使人们喜欢听同一种音乐；狄牙善于调和滋味，却不能使人们的口味都一样。"

第十二章

君子之言，幽①必有验乎明；远必有验乎近，大必有验乎小，微必有验乎著。无验而言之谓妄②。君子妄乎？不妄。

【注释】

①幽：这里指深奥的言辞。

②妄：这里指错误的言辞。

【译文】

君子的言论多种多样，但深奥的言辞必须能在明白易懂的事情上得到验证，高远的言辞必定能在浅近的事情上得到验证，宏大的言辞必定能在小事上得到验证，细微的言辞必定能在显著的事物上得到验证。如果言论不能在实践中得到验证，就叫作打胡乱说。君子会乱说吗？当然不会。

第十三章

言不能达其心，书不能达其言，难矣哉。惟圣人得言之解①，得书之体。白日以照之，江河以涤之，灏灏②乎其莫之御也。面相之，辞相适③，捈④中心之所欲，通诸人之嚍嚍⑤者，莫如言。弥纶⑥天下之事，记久明远，著古昔之㖧㖧⑦，传千里之忞忞⑧者，莫如书。故言，心声也；书，心画也。声画形⑨，君子小人见⑩矣。声画者，君子小人之所以动情乎！

【注释】

①得言之解：通晓语言的含义。得，通晓。

②灏灏：同"浩浩"，形容宏伟盛大的样子。

③面相之，辞相适：表情和言辞要相一致。之、适同义，适当、恰当。

④捈：读为 shū，同"抒"，抒发。

⑤嚍嚍：读为 jìn jìn，形容愤怒的样子。

⑥弥纶：这里指综括、贯通。

⑦唔唔：读为wěn wěn，指眼睛看不见的东西。
⑧态态：读为wěn wěn，蒙昧，内心不明了。
⑨形：表现出来。
⑩见：通"现"，表现，显露。

【译文】

语言不能完全表达内心的思想，文字不能完全表达语言的含义，这真是两难的事情啊！只有圣人能够完全通晓语言的意思，掌握文字的体裁。圣人的语言和文字像明亮的太阳一样照耀大地，像江河一样洗涤万物，宏伟而盛大，没有什么可以阻碍它们。因此，一个人的表情与语言要相一致，抒发自己心中的想法，打破众人之间的隔阂，没有比运用语言更合适的了。既能综括天下万事万物，又能记载时代久远的事迹，使远古以来不清楚的事情变得明了，使千里之外不甚明了的事情流传下来，没有比使用文字更恰当的了。因此，语言代表着人们内心的声音，文字表示着人们心里的图画。通过观察一个人日常使用的语言和文字，这个人是君子还是小人，就会显露出来了。无论是君子还是小人，语言和文字都是他们用来表达内心情感的方式。

【导读】

后人将这一段论述概括为"心声心画"说，是文学艺术理论史上非常著名的一个观点，对后代产生了重大影响，是"文如其人""书如其人""画如其人"等一系列观点的理论源头。

本章之"言"是语言之言，"书"则有多义：可以理解为书籍之书，也可以理解为文字，还可以更为广义地理解为书法之书。语言是表达心声的，文字也是表达心声的，只是方式不同。"心声"之心与"心画"之心是一回事，都指向人内心世界的思想感情。"言"和"书"在表达思想感情方式上各有优势，声音一般是面对面表达，比较直接；文字一般是在跨空间距离的表达，是间接的，至少在古代是这样。"言"衍生为艺术就是文章、诗歌、音乐、曲艺等，"书"衍生为艺术就是书法、绘画等。"言"与"书"表述、记录人的思想感情，作为艺术的书法同样能表达作者的思想感情，只是它不是依赖文字本身的意义来表达，而是借助文字的造型，通过笔迹线条来表达，这种表达有些含蓄、模糊，耐人寻味，正因为如此，书法才能成为独立的艺术，从这个意义上讲"书，心画也"，也是恰当的。

扬雄认为，人们所表达的"言"和"书"应该是其"心"中思想感情的真实流露。他说："无验之言之谓妄。君子妄乎？不妄。"君子之所以敢于表达心曲，是因为"君子不言，言必有中"（《法言·君子》）。因此，扬雄认为"声画形，君子小人见矣"。扬雄的"心声心画"说，比先秦的"诗言志"、孟子的"知人论世"、《礼记·乐记》的"凡音之起，由人心生也"等说法更加明确地强调了作者精神情操之于艺术作品的重要性。其中的"君子小人"之论，虽带有儒家的一家之见，但却揭示出了文艺作品与作者人格精神密切相关的重要道理。自扬雄开始，不仅历代书法理论特别重视书品与人品的关系，历代诗、文、词、曲、画、乐论同样重视这一命题的讨论，直到现代的钱钟书先生著《管锥编》、童庆炳先生编《文学理论教程》等，仍然主张"文如其人"的命题。

从两千多年的中国文艺理论史特别是书法理论史来看，扬雄的"心声心画"说最早论述了有关中国书法理论的根本命题——书法作品同书法家思想感情之间的关系，以及书法艺术表情达性的特质等问题，对后世的书法创作和书法理论产生了深远影响，成为中国书论独立的先声。

第十四章

圣人之辞，浑浑①若川。顺则便②，逆则否③者，其④惟川乎！

【注释】

①浑浑：滚滚，形容水流浩荡的样子。

②便：通畅。

③否：读为 pǐ，阻碍。

④其：恐怕，大概

【译文】

圣人的言辞，浩浩荡荡，犹如河流。顺流而下则通畅，逆流而上则阻滞。大概只有河流才有圣人言辞的这种力量吧！

第十五章

或曰："仲尼圣者与？何不能居世①也？曾范、蔡之不若②！"

曰："圣人者范、蔡乎？若范、蔡，其如圣何？"

【注释】

①居世：这里指孔子之道为世所用。

②曾范、蔡之不若：竟然连范雎和蔡泽等人都比不上。曾，读为 zēng，竟然；范，指范雎，魏国芮城（今山西芮城）人，著名政治家、谋略家，曾任秦国宰相；蔡，指蔡泽，战国燕国纲成（今河北万全）人，善辩多智，明哲保身，曾任秦国宰相；不若，比不上。

【译文】

有学生问我说："先生，孔子是圣人吗？为什么不被诸侯国重用呢？竟然连范雎和蔡泽等人都比不上！"

我回答说："圣人哪里会是范雎和蔡泽这样的人物呢？如果像范雎、蔡泽之辈，又怎么会称得上是圣人呢？"

第十六章

或曰："淮南、太史公①者，其多知与？曷其②杂也！"

曰："杂乎杂③，人病④以多知为杂。惟圣人为不杂。"

【注释】

①淮南、太史公：淮南王刘安和太史公司马迁。淮南王刘安是汉高祖刘邦之孙，淮南厉王刘长之子，汉文帝十六年封淮南王。刘安著有《离骚传》，

组织门客编纂了《淮南子》(亦称《淮南鸿烈》)等著作。他是世界上最早尝试热气球升空的实践者,也是豆腐的发明者。

②曷其:多么。曷,通"何"。

③杂乎杂:确实很庞杂。

④人病:人的缺点。

【译文】

有学生问我说:"淮南王刘安、太史公司马迁二人,他们应该懂得很多知识吧?他们著作的内容多么庞杂啊!"

我回答说:"确实是很庞杂,一般人的缺点是知识多了就处理不好,显得庞杂,只有圣人知识再多也不会庞杂。"

第十七章

书不经①,非书也;言不经,非言也。言、书不经,多多赘②矣!

【注释】

①经:儒家经典。

②赘:多余的,多而无用的。

【译文】

文章如果不符合儒家经典的规范,就不是合格的文章;言论如果不符合儒家经典的规范,就不是合格的言论。言论和文字不符合儒家经典的规范,越多就越成为累赘。

第十八章

或曰:"述而不作①,《玄》②何以③作?"

曰:"其事④则述,其书⑤则作。"

【注释】

①述而不作：只阐述前人的学说，自己不创作。述，传述，解释；作，创作。原句出自《论语·述而》："子曰：'述而不作，信而好古，窃比于我老彭。'"

②《玄》：指《太玄》，扬雄模仿《周易》所作。

③何以：为什么。

④事：内容。

⑤书：文辞。

【译文】

有学生问："先生，圣人只传述而不创作，您为什么要创作《太玄》呢？"

我回答说："《太玄》的内容依然是传述圣人的思想，只不过它的文辞是我创作的。"

第十九章

育而不苗者，吾家之童乌①乎？九龄而与②我《玄》文。

【校勘】

育而不苗：据汤炳正先生考证，当作"苗而不育"，苗为始生，育为长大。《法言》模仿《论语》而著，《论语》有"苗而不秀"的说法，以叹惜颜渊之英年早逝，本章用来表达扬雄伤悼童乌早逝的心情。

【注释】

①童乌：扬雄的儿子扬乌。童，小孩子；乌，扬乌，九岁时就曾与扬雄讨论《太玄》，未成年而夭亡。

②与：读为 yù，参与。

【译文】

一个小孩儿没能长大就夭折了，说的就是我的儿子扬乌吧？他九岁就参与了我《太玄》一书的写作。

第二十章

或曰:"《玄》何为①?"

曰:"为仁义。"

曰:"孰②不为仁?孰不为义?"

曰:"勿杂③也而已矣。"

【注释】

①《玄》何为:指《太玄》为什么而写。何为,"为何"的倒装。

②孰:这里用在表示抉择的反问语句中,有比较的意思。

③勿杂:不要混杂。

【译文】

有学生问:"先生,《太玄》是为什么而写的呢?"

我回答说:"为了仁义。"

学生又问:"与您的《太玄》相比,还有哪些著作是为了仁义而写的呢?"

我回答说:"不混杂仁义之外的内容,这样的著作就是。"

第二十一章

或问"经之艰易①"。

曰:"存亡。"

或人不谕②。

曰:"其人存则易,亡则艰。延陵季子之于乐③也,其庶④矣乎!如乐弛⑤,虽札末如之何⑥矣。如周之礼乐,庶事之备⑦也,每可以为不难矣。如秦之礼乐,庶事之不备也,每可以为难矣。"

【校勘】

①其人存则易，亡则艰：根据上下文含义与所举季札观乐与"如乐弛"这一假设性例证来推断，此处论述的并非儒家经典作者的重要性，而是儒家经典作品本身的重要性，故"其人"当作"其文"为宜。

【注释】

①艰易：困难和容易。

②谕：明白，理解。

③延陵季子之于乐：吴国公子季札在音乐上有很高的造诣。延陵季子，指的是春秋末期吴国公子季札，为吴王寿梦少子，封于延陵，号延陵季子，《左传》中记载了季札观乐的典故，是历史上著名的听音观政的故事。

④庶：几乎，差不多。

⑤如乐弛：假如音乐毁坏了，不存在了。弛，毁坏，废弃。

⑥末如之何：没有办法，无可奈何。

⑦庶事之备：这里指周代的礼乐制度完备。庶事，各种政务和政事。

【译文】

有学生问："先生，学习儒家经典是困难还是容易？"

我回答说："这要看这些经典是存在还是已经消亡了。"

学生不明白。

我继续解释道："经典保存得完好就容易学习，消亡了便难以学习。延陵季子对于音乐的造诣应该是很高了吧，但如果音乐毁坏了，不再流传，那么即使是延陵季子也没有办法了啊！如果像周朝那样礼乐制度完备，做起事情来便不会困难；如果像秦朝那样各项礼乐制度都不完备，做起事情来便会很困难。"

【导读】

本章强调了保护儒家经典，使之有序流传下去的重要意义。扬雄认为：只要儒家经典还存在着，学习起来就很简单，但如果文本消亡了，要想学习就困难了。但是没有印刷术，连纸张都很难获得，书写工具也很差，一本书的流传是很困难的，就更不要说源自先秦时期、历经劫难的儒家经典著作了。所以，保护书，爱护书，是读书人自古以来就很重视的一个观念，一种行为。

本章在举例的时候，引用到了一个出自《左传》的历史典故：季札观乐。这里简单介绍一下。据《襄公二十九年》记载：

> 吴公子札来聘。……请观于周乐。使工为之歌《周南》《召南》，曰："美哉！始基之矣，犹未也，然则勤而不怨矣。"……为之歌《小雅》，曰："美哉！思而不贰，怨而不言，其周德之衰乎？犹有先王之遗民焉！"为之歌《大雅》，曰："广哉！熙熙乎！曲而有直体，其文王之德乎？"为之歌《颂》，曰："至矣哉！直而不倨，曲而不屈；迩而不逼，远而不携；迁而不淫，复而不厌；哀而不愁，乐而不荒；用而不匮，广而不宣；施而不费，取而不贪；处而不底，行而不流。五声和，八风平；节有度，守有序。盛德之所同也！"……见舞《大夏》者，曰："美哉！勤而不德。非禹，其谁能修之！"见舞《韶箾》者，曰："德至矣哉！大矣，如天之无不帱也，如地之无不载也！虽甚盛德，其蔑以加于此矣。观止矣！若有他乐，吾不敢请已！"

这一段著名的文字，首先表明了季札观乐所具有的丰富、深厚的音乐艺术修养，所以扬雄要在本章中以他为例子；其次深刻表明了儒家自古推崇的"雅乐正声"观念，季札在理解音乐和舞蹈的时候，秉持的完全是儒家礼乐制度下政教功能的好坏，并以此作为评价音乐的唯一标准。这一理念，在孔子那里达到顶峰，并一直贯通于汉儒所作之《毛诗大序》《礼记·乐记》等诗乐理论文献之中，扬雄是坚定的儒家信徒，这也深刻影响了他的音乐艺术观念。其实，政治制度的好坏，同音乐舞蹈没有什么必然的联系，这个道理我们今天已经明白了。

第二十二章

衣而不裳①，未知其可也；裳而不衣，未知其可也。衣裳其顺②矣乎？

【注释】

①衣而不裳：只穿了上衣，没有穿下衣。衣，古时指上衣；裳，古时指下衣。

②顺：顺序。

【译文】

上身穿衣，下身不穿裙子，没有人认为这是可以的；只下身穿裙子，上身不穿衣服，没有人认为这是可以的。上身穿衣，下身穿裙子，这才是合理的顺序啊！

【导读】

古时上衣为衣，下衣为裳，上衣下裳，缺一不可，上身穿衣，下身穿裳才合理，扬雄以此比喻保持礼乐制度的完整性和重要性，借以论证儒家伦理等级制度的合理性。

《系辞》云："黄帝、尧、舜垂衣裳而天下治，盖取诸乾坤。"《九家易》云："衣取象干（乾），居上覆物；裳取象坤，在下含物也。"虞翻注云："干（乾）为治，在上为衣，坤下为裳。乾坤万物之缊，故以象衣裳。干为明君，坤为顺臣，百官以治，万民以察，故天下治。"扬雄在本章中阐述的正是这种政治统治上有明君出现，天下可以顺利大治的意思。

第二十三章

或问"文"。

曰："训①。"

问"武"。

曰："克②。"

未达③。

曰："事得其序之谓训，胜己之私之谓克。"

【注释】

①训：通"顺"，顺应。

②克：克制。

③未达：未能理解。

【译文】

有学生问："先生，什么是文呢？"

我回答说："文，就是顺应。"

学生追问说："什么是武呢？"

我回答说："武，就是克制。"

学生不明白。

我继续解释说："凡事符合其应有的次序，这就叫作顺应；能够战胜自己的私欲，这就叫作克制。"

第二十四章

为之而行①，动之而光②者，其德乎？

或曰："知德者鲜③，何其④光？"

曰："我知⑤，为之；不我知亦为之，厥⑥光大矣。必我知而为之，光亦小矣。"

【注释】

①为之而行：做事情一帆风顺。行，本义为道路，引申为顺利。

②动之而光：行为获得很多美誉，散发着美德的光辉。

③知德者鲜：拥有美德的人很少。另一种理解是有德之士大多隐世不出。

④何其：什么，哪里。

⑤我知："知我"的倒装，指别人了解我。后一句的"不我知"也是倒装。

⑥厥：代词，其。

【译文】

做起事情来很顺利，行为获得美誉，散发着光辉，这就是美德的作用吧？

有学生问:"先生,世上拥有美德的人很少,哪里会散发出光辉呢?"

我回答说:"人们知道我是为修养美德而行动,我会去做;人们不知道,我照样去做,这样才会散发出光辉。一定要人们知道之后我才去做,这样的光辉是很微弱的。"

第二十五章

或曰:"君子病没世而无名①,盍势诸名卿②,可几③也。"

曰:"君子德名为几。梁、齐、赵、楚之君④非不富且贵也,恶乎成名⑤?谷口郑子真⑥,不屈其志,而耕乎岩石之下,名震于京师,岂其卿!岂其卿!"

【校勘】

盍势诸名卿,可几也:对本句的理解,有另一种断句方式:"盍势诸,名,卿可几也。"意思是:何不借助权势,等到位至九卿的时候,生前身后都会取得很大的名声。这种说法前后文字位置不当,理解不同,本书暂不采纳。

【注释】

①病没世而无名:担心死后没有显赫的名声,语出《论语·卫灵公》:"君子疾没世而名不称焉。"病:意动用法,忧虑、担心。没世,指死亡。

②盍势诸名卿:何不达到九卿这样的高官的位置,就可以拥有权势,以此显名。盍:通"何",何不;势,权势地位;卿:指九卿,泛指高官显职。

③几:读为jī,接近,将近。

④梁、齐、赵、楚之君:指西汉分封的梁、齐、赵、楚等诸侯国的国君。

⑤恶乎成名:怎么又没有得到好名声呢?恶:读为wū,怎么。

⑥谷口郑子真:在谷口隐居的隐士郑子真。谷口,古地名,在今陕西淳化西北,秦时于此置云阳县,唐李白《赠韦秘书子春》诗:"谷口郑子真,躬耕在岩石。"王琦注引《雍录》:"谷口在云阳县西四十里,郑子真隐于此。"后借指隐者所居之处;郑子真,指郑朴,字子真,曾隐居于云阳谷口。

【译文】

有学生问:"先生,君子担心死后没有显赫的名声,为何不凭借权势去获得高官显职呢?这样不就可能获得显赫的名声了吗?"

我回答说:"君子希望获得的是道德上的美名。梁、齐、赵、楚等诸侯国的国君,并非没有财富和权势,他们怎么又没有得到好名声呢?谷口的隐士郑子真,保持他的初心,耕种于山岩之下,但他却盛名在外,连京城都知道他的美名。他哪里用得着做大官啊!哪里用得着做大官啊!"

【导读】

在本章中,扬雄从学生解释了获得令名的正确方式:修养道德,保持本心,而非凭借势力,当上大官。

西汉初年,采用了分封制,主要封赏同姓王,本章中所说的梁、齐、赵、楚等诸侯王,都是一方霸主,但他们并不满足,甚至发生了著名的吴楚七国之乱,这七国的王是吴王刘濞、楚王刘戊、赵王刘遂、济南王刘辟光、淄川王刘贤、胶西王刘昂、胶东王刘雄渠,后来被镇压下去,不仅没有留下好的名声,反而成了反面的典型,祸及子孙。而谷口隐士郑子真,保持初心,隐居林泉,自得其乐,名声反而远播京师,为天下人所敬仰,这种以修养道德品质为本心获得美名的方式,才是扬雄赞赏的正确方式。

《左传》提倡立德、立功、立言的"三不朽"方式,扬雄虽然不是高官厚禄的拥有者,甚至与同为文人的成都前辈司马相如、王褒相比,也远远不及,但他注重立德、修德,和孔子一样注重立言,模仿《论语》写成《法言》,模仿《周易》写成《太玄》,名垂历史两千余年,获得了好的名声,可以说是立言不朽了。

我们今天的读者,面对更多的诱惑和不当的出名方式,如某些网红,为了出名,什么手段都可以用出来。各位读者朋友应当具备充分的辨别能力,读书求知,积学炼才,修养品质,通过正确的方式来工作,来创造,干出成绩,获得令名,这才是正确的方式。

第二十六章

或问"人"。

曰:"艰知也。"

曰:"焉难?"曰:"太山之与蚁垤①,江河之与行潦②,非难也。大圣之与大佞③,难也。乌呼④!能别似者⑤为无难。"

【校勘】

曰:"艰知也。"

根据上下文推断,本句中的"艰"字,应为"难"字传抄之误。

【注释】

①太山之与蚁垤:高高的泰山与矮小的蚂蚁窝。太山,即泰山;蚁垤,读为 yǐ dié,蚁窝。

②江河之与行潦:浩大的江河与路上的积水。行潦,道路上的积水,潦,读为 lǎo,路上的流水。

③大圣之与大佞:大圣之人与大奸之人。佞,读为 nìng,指巧言谄媚的人。

④乌呼:即呜呼,表示叹息。

⑤能别似者:能够把貌似圣人的大奸之人识别出来。

【译文】

有学生问:"先生,如何了解他人呢?"

我回答说:"很难了解啊!"

学生继续追问:"难在哪里呢?"

我回答说:"要区分高高的泰山与矮小的蚂蚁窝,区分浩大的江河与路上的积水,是不难的。但是要识别大圣之人与大奸之人,就很困难了!如果能够把貌似圣人的大奸之人识别出来,了解他人就不难了。"

第二十七章

或问:"邹、庄①有取乎?"

曰:"德则取,愆则否②。"

"何谓德、愆?"

曰:"言天、地、人,经,德也;否,愆也。愆语,君子不出诸口。"

【注释】

①邹、庄:指邹衍和庄子。邹衍,战国末期齐国临淄人,阴阳家代表人物、五行学说创始人,著有《邹子》。

②愆则否:错误的就不可取。愆,读为 qiān,罪过,过失。

【译文】

有学生问:"先生,邹衍、庄周的学说有可取之处吗?"

我回答说:"符合儒家道德的学说就可取,其余错误的学说就不可取。"

学生继续追问:"哪些是符合道德的学说,哪些又是错误的学说呢?"

我回答说:"有关天、地、人的言论,记载在儒家经典之中,这些就是符合道德的;反之,儒家经典著作中没有的学说,则是错误的。错误的言论,君子是不会说出口的。"

问明卷第六

明哲煌煌①，旁烛亡疆②，逊于不虞③，以保天命。撰《问明》第六。

【注释】

①煌煌：明亮辉耀的样子。

②旁烛亡疆：发散照亮广阔的空间。烛，作动词，照；亡疆，即无疆，宽广无极。

③逊于不虞：言避彼不虞。苏舆曰："《说文》：逊，遁也。遁。亦避也。避彼不虞，以保天命、所谓明哲保身也。"

【译文】

明智睿哲的圣人，就像明星一样光辉灿烂，发散光芒，照亮广阔的空间，他们能够谦逊顺利地处世，防备不利状况的发生，以此来保护自己的天命。我有感于圣人明哲保身的处事原则，于是写了《问明》，作为本书的第六卷。

【题解】

由上述注释和翻译可知：本卷的核心问题是阐述为人处世的生存之道，推崇"明哲保身"的方法论，其理论来源是《周易》，且带有老子思想的深刻影响。

本卷共二十二章，在继承前五卷尊崇儒家、批判诸子的基础上，继续阐明儒家最优的思想立场，对孔子以"圣人"尊称，对孟子进行了表扬，并将上古帝尧时代的诸多禅位传说、商末箕子传述大禹《洪范九畴》于周武王、汉代成都严遵与楚地二龚的高尚人格作为正面例子进行了叙述。在此基础上，提出了君子如何处世立身的问题，通过对神话中龙凤生活状态的描述，告诉君子应当具备"飞龙在天"和"潜龙勿用"两手准备，两种心理，始终保持进步的奋斗意识，而不过于纠结结果的得失。最后以"明哲"可以"活身"收尾，呈现出论证逐层推进、论据充分完备、论点卒章显志的写作特点。

"明哲保身"是一个源自《周易》、发扬于老子、继承于孔子、延续于扬雄，影响中国士大夫两千多年的处世原则，它本身是一个褒义词，逐渐演化为一个贬义词。在历史上，最精通此道的是老子，《史记》中曾记载老子教化孔子如何克服自身性格弱点的谈话，事见《老子列传》：

> 孔子适周，将问礼于老子。老子曰："子所言者，其人与骨皆已朽矣，独其言在耳。且君子得其时则驾，不得其时则蓬累而行。吾闻之，良贾深藏若虚，君子盛德容貌若愚。去子之骄气与多欲，态色与淫志，是皆无益于子之身。吾所以告子，若是而已。"

> 孔子去，谓弟子曰："鸟，吾知其能飞；鱼，吾知其能游；兽，吾知其能走。走者可以为罔，游者可以为纶，飞者可以为矰。至于龙，吾不能知其乘风云而上天。吾今日见老子，其犹龙邪！"

经过老子"君子得其时则驾，不得其时则蓬累而行"的智慧教导和"去子之骄气与多欲，态色与淫志，是皆无益于子之身"的修身指正，孔子不仅改正了自己的性格缺点，还在以后的人生历程中时常保持"明哲保身"的态度和方法论，使他在奋勇前进、坚韧不拔的意志品质中加入了道家的处世哲学，从而平安度过了一生。扬雄也深明此道，《汉书》本传说他：

> （雄）怪屈原文过相如，至不容，作《离骚》，自投江而死，悲其文，读之未尝不流涕也。以为君子得时则大行，不得时则龙蛇，遇不遇命也，何必湛身哉！乃作书，往往摭《离骚》文而反之，自岷山投诸江流以吊屈原，名曰《反离骚》；又旁（傍）《离骚》作重一篇，名曰《广骚》，又旁（傍）《惜诵》以下至《怀沙》一，名曰《畔牢愁》。

"君子得时则大行，不得时则龙蛇"的扬雄，继承的正是老子教导孔时阐明的"君子得其时则驾,不得其时则蓬累而行"这一思想,他虽然敬佩屈原,却始终保持"反其道而行之"的处世态度,从青年时代到去世于京城,他始终都保持着低调、清净的生活态度。由此可知,"明哲保身"是一种充满哲理的高级人生成功学,绝非畏缩不前、贪生怕死这一片面的理解。所以,当代学者要正确理解其智慧实质,处理好人际关系,过好幸福人生。

第一章

或问"明"。

曰:"微①。"

或曰:"微何如其明也?"

曰:"微而见之,明其悖②乎!"

【注释】

①微:隐蔽,迷茫,幽暗,不显露,《说文解字》:"幽,隐形也。"
②悖:读为 bèi,违背。

【译文】

有学生问:"什么是明。"

我回答说:"幽暗隐蔽就是明。"

学生又问:"幽暗,隐蔽怎么能叫作明呢?"

我回答说:"幽暗隐蔽的事物都能看见,说它是明难道有什么不对吗?"

第二章

聪明,其至矣乎!不聪,实①无耳也;不明,实无目也。

"敢问大聪明。"

曰:"眩眩②乎,惟天为聪,惟天为明。夫能高其目而下其耳③者,匪④天也夫?"

【注释】

①实：通"是"，就是。

②眩眩：光彩夺目，灿烂辉煌的样子。眩，通"炫"。

③高其目而下其耳：抬高自己的眼睛，放低自己的耳朵。高、下，都是使动用法。

④匪：通"非"，不是，除了。

【译文】

聪明，大概是一种非常高的品质了吧！一个人不能聪听，相当于没有耳朵，不能明视，相当于没有眼睛。

学生说道："请问天底下什么人最聪明呢？"

我回答说："上天光彩夺目，灿烂辉煌，只有天听得最广，看得最远啊！能够抬高自己的眼睛来观察天下，能够贴近耳朵来听清楚每一件事情的，不是只有天吗？"

第三章

或问："小每知之①，可谓师乎？"

曰："是何师与？是何师与？天下小事为不少矣，每知之，是谓师乎？师之贵也，知大知②也。小知之师亦贱矣。"

【注释】

①小每知之：把每件小事都一一弄清楚。小，小事。

②知大知：懂得大智慧。第二个知，通"智"，智慧。

【译文】

有学生问："把每件小事都一一弄清楚，这样的人可以称得上是老师吗？"

我回答说："这算什么老师呢？这算什么老师呢？天下的小事非常之多，把这些小事都弄清楚了，就能称得上是老师了吗？老师的可贵之处在于他懂得大道理，拥有大智慧。只懂得些小道理的老师，地位是比较低下的。"

第四章

孟子疾①过我门而不入我室。

或曰："亦有疾乎？"

曰："摭我华而不食我实②。"

【注释】

①疾：厌恶，憎恶。

②摭我华而不食我实：欣赏我华丽的文采，却不接受我的思想观念。摭，读为zhí，摘取，这里指赞赏。华，花朵，这里指华丽的文采；实，果实，这里指思想内容。

【译文】

孟子憎恶那些路过自家门口而不入屋子里来的人。

有学生问："先生，您也有憎恶的人吗？"

我回答说："我憎恶那些只欣赏我华丽的文采，却不接受我思想内容的人。"

第五章

或谓"仲尼事弥其年①，盖天劳②诸，病矣夫？"

曰："天非独劳仲尼，亦自劳也。天病乎哉？天乐天③，圣乐圣④。"

【注释】

①事弥其年：一生中每天都把事情安排满当。年，天年，终生。

②天劳：上天使他劳累。劳，使动用法。

③天乐天：上天乐意做自己该做的事情。指上天日夜循环，不曾停顿一分一秒。

④圣乐圣：圣人乐于做自己该做的事情。指孔子周游列国，传播儒学，乐此不疲。

【译文】

有学生问："孔子一生中每天都把事情排得满满当当，大概是上天想使他劳累，这样做未免太疲劳了吧？"

我回答说："上天不只是使孔子劳累，也使自己劳累。难道上天就不疲劳了吗？上天乐意做本该它做的事情，圣人也乐于做他该做的事情。"

第六章

或问："鸟有凤，兽有麟，鸟、兽皆可凤、麟乎？"

曰："群鸟之于凤也，群兽之于麟也，形性①。岂群人②之于圣乎？"

【校勘】

本章上下文之间可能有文字脱落。学生的提问之中没有涉及普通人与圣人之间的关系，扬雄的回答则使用了"岂群人之于圣乎"一句，"岂"表示强烈的反问语气，或许学生的提问中尚有类似于"群人皆可圣人乎"一类疑问或追问，否则，上下文在语气和内容上都讲不通，这是本章内证。此外，按照《法言》全书的整体内容来看，扬雄与学生之间的问答，或者他自己的自问自答，都是根据明确的问题来作答的，这种内容体系上的整体特点，可作外证。

【注释】

①形性：外在形体和内在性质。形，形体。性，性质。

②群人：众人，普通人。

【译文】

有学生问："鸟中有凤凰，兽中有麒麟，那么，其他的鸟和兽都能成为凤凰和麒麟吗？"

我回答说:"一般的鸟和凤凰相比,一般的兽和麒麟相比,在外在形体和内在性质上都是不同的,(所以鸟兽不可能变成凤凰和麒麟)。这怎么能用普通人与圣人的关系来比较呢?"

第七章

或曰:"甚矣!圣道无益于庸①也。圣读而庸行②,盍去诸③?"

曰:"甚矣!子之不达④也。圣读而庸行,犹有闻焉。去之,抏⑤也。抏秦者,非斯⑥乎?投诸火。"

【注释】

①圣道无益于庸:圣道,圣人之道;庸,庸人,指当时的儒生。
②圣读而庸行:读圣人之书,做平庸之事。
③盍去诸:盍,读作 hé,何不;去,除掉;诸,之乎。
④不达:不通达,不明白。
⑤抏:读为 wán,通"顽",愚钝,愚弄。
⑥斯:指李斯,河南上蔡人,秦朝著名政治家、文学家和书法家,曾任秦始皇丞相,其政治主张的实施,奠定了中国两千多年封建专制的基本格局。

【译文】

有学生问:"圣贤之道对于庸人来说一点作用都没有,他们读圣人的书却去干平庸的事情,为什么不让他们把圣人之书丢掉呢?"

我回答说:"你实在是糊涂啊,这些庸人读了圣人的书却去干平庸的事情,也总算是懂得了一些圣人的道理,让他们把圣人的书丢掉,实在是愚钝啊。在秦朝的时候,干出这种蠢事的人不就是李斯吗?是他主张把圣人的书都烧掉了啊。"

第八章

或问:"人何尚①?"

曰:"尚智。"

曰:"多以智杀身者,何其尚?"

曰:"昔乎皋陶②以其智为帝谟③,杀身者远矣!箕子④以其智为武王陈《洪范》⑤,杀身者远矣!"

【注释】

①何尚:尊崇什么。

②皋陶:读为 gāo yáo,上古时期伟大的政治家、思想家、教育家,传说他曾为帝舜的许多重大政治措施出谋划策,事迹主要见于《虞书·皋陶谟》。

③为帝谟:为帝舜出谋划策。帝,指帝舜;谟,读为 mó,计谋,策略。

④箕子:殷商末期人,商纣王的叔父,商亡后,周武王曾在箕山向他询问怎样顺应天命来治理国家,箕子于是便将夏禹传下的《洪范九畴》陈述给武王听,史称"箕子明夷"。

⑤《洪范》:《尚书》中的一篇,旧传为箕子向周武王陈述的天地之大法,假托武王与箕子的对话,陈述禹治水有功,上帝赐给大禹"洪范九畴"(九种大法),并提出水、火、木、金、土五行及其性能作用。

【译文】

有学生问:"人们最尊崇的是什么?"

我回答说:"尊崇智慧。"

那人接着问:"许多人因为太有智慧而引来了杀身之祸,智慧有什么好尊崇的呢?"

我回答说:"从前皋陶运用他的智慧为帝舜出谋策划,不但没有丧命反而得到了重用;箕子运用他的智慧为周武王陈说治国的纲领大法《洪范》,不但没有丧命而且受到了尊重。"

第九章

仲尼，圣人也，或者劣诸子贡①，子贡辞而精②之，然后廓如③也。於戏④！观书者违子贡⑤，虽多亦何以为⑥？

【注释】

①劣诸子贡：比不上子贡。
②子贡辞而精：子贡能明言孔子超越群圣之所在。精，明。
③廓如：空旷的样子，这里指无所疑惑。
④於戏：读为 wū hū，同呜呼。
⑤观书者违子贡：读书人不能理解子贡的观点。
⑥亦何以为：又有什么用。

【译文】

孔子虽然是公认的圣人，但是有可能比不上子贡，子贡能明言孔子超越群圣的原因，后世学者就都无所疑惑了。呜呼！读书人如果连子贡的观点都不能理解，即便读再多的书，又有什么用呢？

【导读】

本章提出了一个很有价值的观点：孔子虽然被称为圣人，但子贡的能力却在孔子之上。这不仅仅是扬雄及其弟子研讨的话题，也是历史上很多人讨论过的话题。在孔子去世之后，诸位弟子继续切磋砥砺，以成其学，子夏就曾经怀疑过孔子的观点，而叔孙武叔、陈子禽都认为子贡贤于仲尼，可见子贡晚年进德修业之功，几乎超贤入圣。站在今天学术发展的立场上看，我们尊重孔子的贡献和两千多年的巨大影响，也不否认他的思想观点具有局限性，孔门弟子之所以杰出而优秀，不在于死守孔子言论，而是能学能用，能破能立，有所创新。孔子的伟大成就之一，就是培养了众多个性不同、才能不同的优秀学生。

历史上的子贡，是一个了不起的大人物，用今天的话说，他是"一枚牛人"。首先，子贡是孔门弟子中的佼佼者，他读书非常用功，认为做学问应当"如切如磋，如琢如磨"，精益求精，是孔门四科中"言语"科的代表人物之一；其次，他人品正直，光明磊落，主张贫而毋谄，富而不骄，德行很高。同时非常谦虚，在孔子询问他和颜回谁更优秀的时候，子贡非常自然地推崇颜回；再次，子贡是孔子最亲近的学生之一，在众弟子中，孔子与子贡的关系超出一般。子贡钦佩和崇敬孔子，对孔子评价最高，是孔子及其学说的宣传者和捍卫者。最后，子贡善于辞令，长于外交，在鲁国遭到侵略危机的时候，他接连出使齐、吴、越、晋等国，解了鲁国之围。司马迁总结这件事情说："子贡一出，存鲁，乱齐，破吴，强晋而霸越。子贡一使，使势相破，十年之中，五国各有变。"这种言语功能方面的巨大成就，与苏秦张仪等著名纵横家相比，一点儿不逊色。子贡在外交方面的才干，当时就受到孔子和人们的承认和称赞。楚昭王说，楚国的外交官没有一个能与子贡相比。鲁季康子在外交上受到挫折时说，要是子贡在场的话不会遭此耻辱。此外，子贡还特别善于经商，做生意"臆则屡中"，有预见性，往往能准确地测知商情变化，因此发了大财，成了中国历史上"学而优则商"的大商人之一，被称为儒商之祖。《仲尼弟子列传》记载说："七十之徒，赐最为饶益"，"常相鲁卫，家累千金"。子贡经商不单是为了发财致富，而与政治目的相联系。他是孔子周游列国经济上的支持者。吴慧《中国古代商业史》中说："孔子和大商人子贡生活在一起，至少是子贡做买卖，供给周游列国的孔子和同门。"子贡通过经商与外交结合的办法，达到了孔门弟子中最为显赫的地位，因而成为孔子的代言人和杰出的外交家。子贡出身贵族，人脉广泛，仕途通达，多次出任地方官，并"常相鲁卫"，这些政治成就，也是孔子不能比的。在治国思想上，子贡重视教化作用。在处理国与国的关系上，子贡与子路不同，反对诉诸武力，主张用外交谈判解决争端。在国内政务上，主张实行教化。整体上看，子贡的道德学问居于孔门十大弟子之列，识见功业成就最高，历史影响深远，是孔子最杰出的弟子之一，并且在很多方面超过了孔子。

第十章

盛哉！成汤丕承①也，文王渊懿②也。

或问"丕承"。

曰："由小至大，不亦丕乎？革夏以天③，不亦承乎？"

"渊懿。"

曰："重《易》六爻，不亦渊乎？浸以光大④，不亦懿乎？"

【注释】

①成汤丕承：成汤很好地继承了前代美德，开创了盛大的商朝。成汤，也称成商或商汤，商朝开国之君；丕，伟大，盛大。

②文王渊懿：周文王德行深刻而美好。渊，深厚；懿，美德。

③革夏以天：遵照天命变革了夏朝。本句正确语序是"以天革夏"。

④浸以光大：使周朝逐渐繁荣强大。浸，逐渐；光大，辉煌盛大。

【译文】

成汤很好地继承了前代美德，开创了盛大的商朝，周文王德行深刻又美好。他们的成就真是壮观伟大啊！

有学生问："先生，成汤的伟大继承指的是什么？"

我回答说："成汤使商由弱小变为强大，不伟大吗？遵照天命变革夏朝，建立商朝，不是对前代的继承吗？"

"那么，周文王德行的深刻美好，具体指的又是什么呢？"

我回答说："周文王把《易经》八卦每卦三爻重叠为每卦六爻，得出六十四卦、三百八十四爻，不就是深刻吗？他使周部落逐渐繁荣强大，不就是美好吗？"

第十一章

或问"命"。

曰："命者，天之命也，非人为也。人为不为命。"

"请问人为。"

曰："可以存亡，可以死生，非命也。命不可避也。"

或曰："颜氏之子①，冉氏之孙②。"

曰："以其无避也。若立岩墙③之下，动而征病，行而招死④，命乎！命乎！"

【注释】

①颜氏之子：指颜回，为孔门四科中"德行"科代表人物之一。

②冉氏之孙：指冉耕，为孔门四科中"德行"科代表人物之一。

③岩墙：将要倒塌的墙，借指危险之地。

④动而征病，行而招死：一行动就会招来祸患或死亡。病，这里指祸患。

【译文】

有人问我什么是命运。

我回答说："命运是指上天决定的结果，不是人为所造成的结果。人为造成的结果不能算是命运。"

"请问什么是人为呢？"

我回答说："倘若人想要生存就能一直生存，想要死亡就能马上死亡，这就是人为造成的结果，不能算作命运。天命是无法避免的。"

又有人问："那么，颜回和冉耕之死是命运所致还是人为的结果呢？"

我回答说："正是因为他们的死亡是不可避免的，所以就是命运。如果站立在将要倒塌的危墙之下，稍微一动就会招来祸患或死亡，这就是命运啊！这就是命运啊！"

第十二章

吉人凶其吉①，凶人吉其凶②。

【注释】

①凶其吉：对待吉祥的事像对待凶险的事一样。

②吉其凶：对待凶险的事像对待吉祥的事一样。

【译文】

吉祥的人对待吉祥的事像对待凶险的事一样认真严谨，凶险的人对待凶险的事像对待吉祥的事那样习以为常。

第十三章

辰乎，辰①！曷②来之迟，去之速也，君子竞诸③。

【注释】

①辰乎，辰：时间啊，时间！

②曷：通"何"。

③竞诸：与时间竞争。诸，之乎，指时间。

【译文】

时间啊时间！为什么来得这样慢，却走得这样快！所以君子都要与时间竞争，要珍惜时间啊。

第十四章

諛言①败俗，諛好败则②，姑息③败德。君子谨于言，慎于好，亟④于时。吾不见震风之能动聋聩⑤也。

【注释】

①諛言：虚妄之言。諛，读为 yú，浮夸。

②败则：败坏法则。则，法度。

③姑息：迁就，纵容，不加限制。

④亟：读为 jí，急切。

⑤聋聩：耳聋，引申为愚昧无知。

【译文】

虚妄浮夸的言论会败坏风俗，虚妄浮夸的爱好会败坏法度，一味地迁就纵容会败坏道德。所以君子的言行要严谨，爱好要慎重，要抓紧时间。（如果不这样，就不能修养美德，）我没有听说过猛烈的风能让聋子感到振聋发聩的。

第十五章

或问"君子在治？"

曰："若凤。"

"在乱？"

曰："若凤。"

或人不谕。

曰："未之思矣！"

曰："治则见①，乱则隐。鸿飞冥冥②，弋人③何慕焉。鹪明遴集④，食其絜者⑤矣！凤鸟跄跄⑥，匪尧之庭⑦。"

【注释】

①见：通"现"，出现。

②鸿飞冥冥：鸿雁高飞，渐行渐远。鸿，大雁；冥冥，这里指高远。

③弋人：指捕鸟的人。弋，读为 yì，用带绳子的箭射鸟。

④鹪明遴集：神鸟虽多，也会慎重选择栖居之地。鹪明，读为 jiāo míng，传说中的神鸟，如凤凰之类；遴集，类聚群游，各得其所，遴通"鳞"。

⑤食其絜者：吃那些干净的东西。絜，通"洁"，干净。

⑥凤鸟跄跄：凤凰飞翔的姿态很有威仪。跄跄，形容走路有节奏的样子，这里指凤凰的飞行姿势。

⑦匪尧之庭：不是帝尧的庭院，凤凰不会降落。匪，读为 fēi，通"非"；尧，帝尧。

【译文】

有人问我:"君子身处政治清明的盛世应当做些什么?"

我回答说:"像凤凰一样。"

"那么身处乱世呢?"

我回答说:"像凤凰一样。"

提问的人不明白我说的意思。

我对他说:"你这是没动脑筋思考啊。"

我接着解释:"凤凰在政治清明的盛世才会出现,遇到乱世就会隐藏起来。鸿雁飞得高高的,人们难以看见它的踪迹,那么捕鸟的人又能贪图什么呢?凤凰之类的神鸟虽然有很多,但也会慎重地选择它们的栖息地,只吃那些干净的食物。而凤凰呢?飞翔的姿态就很有威仪,除了美德高尚的帝尧的庭院,它们是不会降落在其他地方的。"

第十六章

亨①龙潜升,其贞利②乎?

或曰:"龙何如可以贞利而亨。"

曰:"时未可而潜,不亦贞乎?时可而升,不亦利乎?潜升在己,用之以时,不亦亨乎。"

【注释】

①亨:通达。

②贞利:坚定而受益。贞,坚定,有操守;利,利和,好处。

【译文】

通达的龙无论是潜伏还是飞升,大概都是很有操守很有益处的吧。

有人问我说:"龙怎么才能做到有操守有益处并且通达呢?"

我回答说:"时机未到就选择潜伏,时机成熟了就选择飞升,这不就是有操守吗,这不就是有益处吗?潜伏或飞升都由自己掌握,根据时机是否成熟来选择，这不就是通达吗？"

【导读】

　　本章运用《周易》中乾卦的卦象来阐述哲学道理。《易·乾》："《乾》：元亨利贞。"唐孔颖达疏："元亨利贞者，是《乾》之四德也。《子夏传》云：'元，始也；亨，通也；利，和也；贞，正也。'"宋程颐《程氏易传》卷一说："元亨利贞，谓之四德。元者，万物之始；亨者，万物之长；利者，万物之遂；贞者，万物之成。"扬雄列出元亨利贞这"四德"中的三德，来阐述修养美好德行的重要意义，并举"潜龙"为例，证明修德的好处。《易·乾》第一爻的文辞是"乾为天，乾下乾上。初九：潜龙，勿用。"后来，潜龙勿用发展成为一个成语，隐喻事物在发展之初，虽然势头较好，但比较弱小，所以应该小心谨慎，不可轻举妄动。扬雄是一个很有造诣的易学家，深知"潜龙勿用"的道理，潜龙要想高飞于天，要想有所作为，就必须不断积累，不断修养，君子如同潜龙，修养美德是第一要务，所以才会有"亨龙潜升，其贞且利"的说法。

　　对于现代人来说，要想成就一番事业，得到好的美誉，同样需要修养德性，才会通达四方，事业与人生其贞且利。这个道理是古今不变的。

第十七章

　　或问"活身"。

　　曰："明哲。"

　　或曰："童蒙①则活，何乃明哲乎？"

　　曰："君子所贵，亦越用明，保慎其身也。如庸行翳路②，冲冲③而活，君子不贵也。"

【注释】

　　①童蒙：懵懂无知的儿童。童，指人之幼；蒙，指物之幼。

　　②庸行翳路：愚昧无知地走在隐蔽的道路上。这里指生逢乱世且没有自

知之明。庸，愚昧；翳，读作 yì，遮蔽，隐蔽。

③冲冲：形容行动杂乱无章，没有具体的目标。

【译文】

有人问我："怎样才能保全自己的性命？"

我回答说："明白事理，通识时务。"

那人又问："懵懂无知的孩童也知道保全自己的性命，哪用得着明白事理，通识时务呢？"

我回答说："君子所珍惜的，就在于用明白事理，通识时务的方式来保全自己的性命。如果愚昧无知地走在隐蔽的道路上，行动又杂乱无章，没有具体的目标，君子是不赞同这种生活方式的。"

第十八章

楚两龚之絜①，其清矣乎！蜀庄沈冥②。蜀庄之才之珍也，不作苟见，不治苟得③，久幽而不改其操。虽随、和④何以加诸？举兹以旃⑤，不亦珍乎？吾珍庄也，居难为也⑥。不慕由⑦，即夷⑧矣。何欻欲⑨之有？

【校勘】

虽随、和何以加诸，"随"当作"隋"，指隋侯之珠。《淮南子·览冥》云："譬如隋侯之珠，和氏之璧，得之者富，失之者贫。"高诱注云："隋侯，汉东之国，姬姓诸侯也。隋侯见大蛇伤断，以药敷之。后蛇于江中衔大珠以报之，因曰隋侯之珠，盖明月珠也。"

【注释】

①楚两龚之絜：楚人龚君宾、龚长倩品德高洁。他们身处当汉成帝、汉哀帝之世，担任谏大夫，享有令名，号曰"两龚"，受到世人称赞；絜，通"洁"，品德高洁。

②蜀庄沈冥：蜀郡的庄遵（严遵）幽居匿迹，性格沉静。蜀庄，指蜀郡人庄遵，字君平，扬雄的老师，在成都以占卜谋生，志行高洁。在东汉时，

为了避汉明帝刘庄之讳，改称"庄遵"为"严遵"，世称严君平，为一代学术大师。沈冥，亦作"沉冥"，指幽居匿迹，性格沉静。《汉书》孟康注云："蜀郡严君平，湛深元（玄）默，无欲也。"

③不作苟见，不治苟得：指严遵无论在汉成帝、汉哀帝还是后来的王莽时代都保持自己的生活原则，不追求高官厚禄。见，通"现"，指显身扬名。

④随、和：指隋侯之珠与卞和之璧。和，指和氏璧。

⑤举兹以旃：举出这些品质高尚的例子作为表率。兹，此；旃，读为zhān，表率。

⑥居难为也：我在日常生活中很难做到像庄遵那样。居，日常生活。

⑦由：指许由，上古贤人。帝尧曾想传位给他，他认为这是一种羞辱，便到颍水河洗他的耳朵。

⑧夷：指伯夷，殷商晚期著名贤人，曾与叔齐一起批评周武王不该以臣子身份攻打商纣王。商朝灭亡后，伯夷与叔齐耻食周粟，饿死在首阳山。

⑨毚欲：贪欲。毚，读为chán，贪婪。

【译文】

楚人龚君宾、龚长倩二人品德高洁，大概算清高之人了吧！蜀人庄遵隐居不仕，甘于平淡，他的品质是多么高尚呀！始终保持自己的生活原则，不去显身扬名，不追求高官厚禄，终身隐居也不改变他的操行，即使像隋侯珠、和氏璧那样稀世的珍宝，又怎么能比得过他那高贵的品质呢？我举出这些品质高尚的人作为例子，以为表率，不是非常珍贵吗？我（作为学生）非常尊重庄遵，但我在日常生活中很难做到像他那样淡定。他平时不是仰慕许由，就是仰慕伯夷，哪里还会有贪婪的欲望呢？

第十九章

或问："尧将让天下于许由，由耻。有诸？"

曰："好大者①为之也。顾②由无求于世而已矣！允喆尧僤舜之重③，则不轻于由矣。好大累克④，巢父洒耳⑤，不亦宜乎？灵场之威⑥，宜夜矣乎！"

【注释】

①好大者：喜欢夸大其词的人。

②顾：只不过。

③允喆尧僤舜之重：真正地了解帝尧把帝位传给帝舜时有多么慎重。允，确实，真正；喆，通"哲"，明白了解；僤，读为 shàn，通"禅"，让位；重，慎重。

④好大累克：喜欢夸大其词的人逐渐积累起了这些言论。累，积累；克，胜。

⑤巢父洒耳：巢父在河边洗耳朵。巢父，古代传说中的隐士，因为筑巢而居，人称巢父。传说帝尧想把天下让给他，巢父不受，隐居聊城，以放牧终了一生。也有人认为就是许由。

⑥灵场之威：祭祀鬼神的灵坛显示出它的威严。灵场，指祭奠鬼神的地方。

【译文】

有人问我："据说从前帝尧打算把帝位让给许由，许由认为这是一种耻辱。有这回事吗？"

我回答说："这是喜欢夸大其词的人编造出来的。这件事的真相不过是许由对富贵权势没有什么追求罢了。人们如果真正了解到帝尧把帝位传给帝舜时有多么慎重，就会明白他不会轻率地把帝位让给许由了。好夸大其词的人对这件事一再添枝加叶，越传越厉害。甚至出现了巢父听说帝尧打算把帝位让给他的传言后，认为这话玷污了自己的耳朵，赶紧到河边用清水洗耳朵的传说，这不也很自然吗？祭祀鬼神的灵场里那种威严的气氛，（白天根本不可能有）只会在夜里才会散发出来呀！"

第二十章

朱鸟翾翾①，归其肆②矣。

或曰："奚取③于朱鸟哉？"

曰："时来则来，时往则往，能来能往者，朱鸟之谓与？"

【注释】

①朱鸟翾翾：燕子自由自在地飞翔。朱鸟，指燕子；翾翾，读为 xuān xuān，飞翔的样子。

②归其肆：燕子归巢。肆，店铺，这里指燕子的巢穴，隐喻自己的思乡之情。

③奚取：有什么可赞许的呢？奚，何；取，赞许。

【译文】

燕子自由自在地飞翔，多么的自由啊！

有人问我说："燕子有什么值得赞许的？"

我回答说："该来的时候就来，该走的时候就走，能按时来去的，也就是燕子吧！"

【导读】

本章以燕子自由飞翔为例，阐述扬雄对于思想、行为自由的向往，以及隐含的思乡之情。

对于"肆"的理解，历来有海肆、不受约束等不同理解，其说不妥。根据上下文推断，扬雄已经说出了燕子自由飞翔的特点，表明了他对自由的向往；更强调燕子"归其肆"的时来时往，隐喻了对家乡成都的思念。

第二十一章

或问："韩非作《说难》之书而卒死①乎说难，敢问何反也？"

曰："说难盖其所以死乎？"

曰："何也？"

曰："君子以礼动，以义止，合则进，否则退，确乎不忧其不合也。夫说人而忧其不合，则亦无所不至②矣！"

或曰:"说之不合,非忧邪?"

曰:"说不由③道,忧也;由道而不合,非忧也。"

【注释】

①卒死:最终死于。卒,最终,终于。

②无所不至:这里指什么事情都干得出来。

③由:遵循。

【译文】

有人问我:"韩非写了《说难》这篇文章,但最终却死在意图游说秦始皇这件难事情上,请问他为什么反而因为说难而死呢?"

我回答说:"游说之难,大概就是他死的原因吧?"

那人又问:"为什么呢?"

我回答说:"君子根据礼义来决定做什么和不做什么,符合君主的要求就出仕,不符合君主的要求就归隐,坚守原则而不怕它不符合君主的要求。如果游说别人而又忧虑不符合别人的要求,那就会抛弃礼义曲意逢迎,没有什么事是干不出来的。"

那人又说:"游说君王而不符合君主的要求,不应该感到忧虑吗?"

我回答说:"游说君王而不遵循正确的礼义原则,是应该感到忧虑的;遵循正确的礼义原则而不符合君主的要求,不应该感到忧虑。"

【导读】

本章以先秦著名法家代表人物韩非子的遭遇为例,证明游说君王存在巨大的风险性,最好的办法是遵守儒家礼义大道。

韩非子是战国末期韩国公子,和李斯一道,都是荀子的学生。他不太热心于做官享乐,而对刑名法术有很深的研究,被誉为获得老子思想精髓最多的两个人之一(另一个人为庄子)。著有《韩非子》一书,共五十五篇,十万余字,积极倡导君主专制主义理论,目的是为专制君主提供富国强兵的霸道思想。本章讲到的《说难》是其中的名篇,论述游说进言的困难与应对策略。文中认为:游说的真正困难在于所要游说的对象(君主)的主观好恶,即"知所说之心"。游说成功需要三个条件：一要研究人主对于宣传游说的种种逆反心理；二要注意仰承人主的爱憎厚薄；三是断不可去摸人主的"逆鳞"，以免激怒君王。

秦王嬴政读了韩非子的著作之后，大加赞赏，发出"嗟乎！寡人得见此人与之游，死不恨矣"的感叹。可谓推崇备至，仰慕已极。后来，韩王派韩非出使秦国。秦王嬴政见到韩非子，非常高兴，然而却并没有信任和重用他。韩非子曾上书劝秦始皇先伐赵缓伐韩，由此遭到李斯和姚贾的谗害，他们诋毁说："韩非，韩之诸公子也。今王欲并诸侯，非终为韩不为秦，此人之情也。今王不用，久留而归之，此自遗患也，不如以过法诛之。"秦王嬴政认可了他们的说法，下令将韩非子入狱审讯。李斯派人给韩非子送去毒药，让他自杀。韩非子想向秦始皇自陈心迹，却又不能进见。秦王嬴政在韩非子入狱之后后悔了，便下令赦免韩非子，然而为时已晚。

作为先秦法家思想的集大成者，韩非子备受秦王嬴政赏识，但却遭到同学李斯等人的嫉妒，最终被下狱毒死。扬雄认为：韩非子以研究"说难"著名，最终却死于"说难"，因为他专论刑名法术，适应当时诸侯争霸的霸权思想，不守儒家礼义大道，是路子走偏了，所以落得身死人手的悲剧下场。作为君子，不要向韩非子学习。

对当代学者来说，扬雄的话首先具有启示意义：言行要正，不要走偏了学术研究的路子；其次也有一定的局限性：不是只有儒学才是学术研究的正道，其他诸子的思想也是中华文化的精髓组成部分，也有研究的价值，只要人心不坏，研究内容可以拓宽，并非只有儒学。

第二十二章

或问"哲"。

曰："旁明厥思①。"

问"行②"。

曰："旁通厥德。"

【注释】

①旁明厥思：仔细地弄清楚自己的所思所想。旁，广泛；厥，其。

②行：德行。

【译文】

有人问我："什么是有智慧。"

我回答说："能广泛地弄清自己的所思所想就是有智慧。"

又问："什么是有德行。"

我回答说："能全面地践行自己的道德品质就是有德行。"

寡见卷第七

假言周于天地①，赞于神明②，幽弘横广③，绝于迩言。撰《寡见》第七。

【校勘】

假言，当作遐言。根据上下文推断，此处"假言"当与"迩言"相对，"迩言"指的是近世人之言，则"假言"必为远古人之言，故当作"遐言"。

【注释】

①周于天地：遍布于天地之间。语出《易·系辞》："夫易广大配天地。"

②赞于神明：穷极幽深，参赞于神明的境域。语出《易·说卦传》："昔者圣人之作《易》也，幽赞于神明而生蓍。"

③幽弘横广：深刻博大的样子。幽弘，深大的样子；横广，指"周于天地"，遍布于天地之间。

【译文】

远古圣人的言论遍布于天地之间，穷极幽深，参赞于神明的境域，深刻博大，可惜消失在了近代人的言论之中。于是我写了《寡见》，来恢复部分故人言论，作为本书的第七卷。

【题解】

由上述译注可知：本卷之所以取名为《寡见》，是因为上古圣人的言论已经消失在近代人的言论之中了，所以，为了将深刻博大、穷极幽深的古人言论重现于世，并将其深刻的含义揭示于当代之人，扬雄不惜得罪当代人，举证古人优于近人。而基本的思想来源，是《周易》及其宇宙哲学。

本卷首先批评博学多知者，不一定是圣人之徒，如果他们学习的是诸子学说，那就是不对的，"懂得越多越反动"，只有儒家大道是可学的。于是举证五经言辞之优美、思想之深刻、内容之广博，是最应该读的书。继续上推，论述到五经的作者与记载的圣人，其"遐言周于天地"，他们都是最值得学习的古人。与此同时，点出司马迁《史记》中对儒家诸子及其著作的错误评价。再将笔触一转，广泛举证上古、三代、春秋战国一直到当代的著名人物及其言论，经过纵向拉通与横向比较，得出圣人言论优于诸子百家的结论。卷末以秦国的强大而快速灭亡为例，表明汉朝当代治国政策不应该继承秦朝的隐忧。

《寡见》篇的最基本特点是博而能一，在广泛举证的基础上，对哲学之道、治国之方、诸子之论、五经之美反复比较论证，而能统一在"圣人大道"这一基本立场上，显示了扬雄极深的思想造诣、极博的学识素养、极严的儒家立场。

在历史上，扬雄是第一个提出"五经文辞非常优美"的人，对后代的经学、文学的发展和批评理论的建构，都产生了重大的影响。

第一章

吾寡见①人之好假者②也。迩文之视，迩言之听③，假则俪④焉。

或曰："曷若兹之甚也？先王之道满门。"

曰："不得已⑤也，得已则已矣。得已而不已者，寡哉！"

【注释】

①寡见：缺少见识。这是扬雄自谦的话。

②好假者：喜爱年代久远的著作。假，通"遐"，远。

③迹文之视，迹言之听：此处为宾语前置句。"视迹文""听迹言"，指的是看近代的文章，听近代的言论。

④佹：违背。

⑤不得已：指不得不学先王之道。因为当时朝廷有专门的测试的官员。已：停止，这里指不学先王之道。

【译文】

我很少见到有人喜欢读年代久远的著作。人们只看近代的文章，只听近代的言论，对那些久远的著作和言论，人们背地里不会去看，不回去听。

有学生说："为什么这种情况如此严重呢？学习远古先王之道的人在师门里也有很多呀。"

我回答说："那是因为朝廷要进行专门测试，他们不得不学，如果可以不学的话，他们就会停下来不学了。可以不学先王之道还要继续学习的人，很少了。"

【导读】

扬雄在本章中借机批评当时的今文经学。今文经学用汉代通行的隶书写成，在立为博士学官之后，几乎垄断了汉代学术界，尤其是间接掌控了官员晋升的主要途径，所以人们纷纷学习今文经，很少学习用先秦文字写成的古文经。这就是扬雄说当代儒者"迹文之视，迹言之听"的原因，他们并不是"好徦者"，之所以学习儒家典籍，是因为有考核制度，通不过的话，就吃不上这碗饭。他们是为功名利禄在学习，不是因为想学儒学。扬雄是思想比较纯粹的古文经学学者，他看不惯这一套。

对当代读者来说，我们既要学习当代的著作，听取当下的声音，也要学习古代的著作，聆听古人的声音，既融汇古今，也汇通中外，才能把书读好，做好学问。

第二章

好尽其心①于圣人之道②者,君子也。人亦有好尽其心矣,未必圣人之道也。

【注释】

①尽其心:全心全意。
②圣人之道:圣人的思想和学问。圣人,这里指儒家圣人。

【译文】

有的人喜欢把全都精力用在学习圣人的思想和学问上,这是品德高尚的君子。还有的人喜欢全心全意地去做事,但不一定把心思用在圣人之道上。

第三章

多闻见而识乎至道①者,至识也。多闻见而识乎邪道②者,迷识也。如贤人谋之,美也,诎③人而从道。如小人谋之,不美也,诎道而从人。

【注释】

①至道:最好的道理,这里指儒家大道。
②邪道:错误的道理,这里指儒家大道之外的其他学说。
③诎:读为 qū,通"屈",使……屈服。

【译文】

听得多见得多并能辨别最好道理的人,会学到最好的知识。听得多见得多却去学习那些错误道理的人,只会误入歧途。就像和贤德之人商量事情一样,是美好的事,用道理让人信服。如果是和小人商量事情,就是不美好的,会使道理屈服于小人的意愿。

第四章

或问:"五经有辩①乎?"

曰:"惟五经为辩。说天②者莫辩乎《易》,说事者莫辩乎《书》,说体③者莫辩乎《礼》,说志④者莫辩乎《诗》,说理者莫辩乎《春秋》。舍斯,辩亦小矣。"

【注释】

①辩:通"辨",明辨。

②天:宇宙自然。

③体:百事之体。

④志:抒情言志。

【译文】

有学生问:"五经的内容能具体明辨吗?"

我回答说:"只有五经能明辨。谈到宇宙自然,没有比《易》更透彻的;谈到政治事迹,没有比《书》更透彻的;谈到各类事件的礼仪准则,没有比《礼》更透彻的;谈到抒情言志,没有比《诗》更透彻的;谈到政教义理,没有比《春秋》更透彻的。丢掉这些书,我们便越来越不会辨别是非了。"

【导读】

儒家原本尊奉"六经"——除了扬雄在本章中谈到的五经之外,尚有《乐经》传世,据说毁于秦始皇焚书之中。后来,根据内容从易到难的顺序,将扬雄所说的五经顺序进行了改变,成为现在《诗》《书》《礼》《易》《春秋》的顺序。

《诗经》是我国最早的一部诗歌总集,也是中国韵文的源头,它形式多样,内容丰富,是周代社会的一面镜子。理解《诗经》,人们常用"诗言志"这一说法为依据。《尚书》意为上古之书,是中国上古历史文件和部分追述古代事迹作品的汇编,基本内容是古代帝王的文告和君臣谈话内容的记录,以政治事件为主。礼所包括的范围很广,从国家的典章制度,直至个人的行为准则都有。我们所能见到的礼书有《周礼》《仪礼》和《礼记》三种。《周礼》

是讲周朝官制的；《仪礼》是讲各种典礼节仪的（如冠、婚、丧、祭等具体仪式）；《礼记》是孔子学生及后人传习《礼经》的记录，内容有关礼的性质、意义和作用。一般认为，五经中的《礼》是《仪礼》，记载各类事件的礼仪准则。《易经》是我国一部最古老而深邃的经典，被誉为"群经之首，大道之源"。从本质上来讲，《易经》是一本关于卜筮的书。卜筮是对未来事态的发展进行预测，而《易经》便是总结这些预测的规律理论的书，以记载宇宙自然规律为主。《春秋》是我国编年体史书之祖，最突出的特点就是寓褒贬于记事的春秋笔法。相传孔子按照自己的观点对一些历史事件和人物做了评判，并选择他认为恰当的字眼来暗寓褒贬之意，因此《春秋》被后人看作是一部具有微言大义的经典，是定名分、制法度的范本。

站在扬雄的角度来看，他是纯粹的儒家学者，对五经的赞美之情溢于言表，散见于《法言》全书的不同章节。在这里，扬雄对五经的特点进行了简明扼要的总结和概括，是科学的，准确的。在国家提倡全面恢复中华传统文化的国策指引下，儒学复兴、文化复兴已是当下大潮，越来越多的学者开始深入研究儒学和传统经典，对扬雄和五经的研究也必将取得越来越多的成果，这是学术研究的盛世，我们的条件和处境远比扬雄要好，更要努力钻研才对。

第五章

春木之芚①兮，援我手之鹑②兮。去③之五百岁，其人若存兮。

或曰："譊譊者④天下皆说⑤也，奚其存？"

曰："曼是为⑥也，天下之亡圣⑦也久矣。呱呱之子⑧，各识其亲；譊譊之学，各习其师。精而精之，是在其中矣！"

【注释】

①芚：读为 tún，这里指草木初生。

②援我手之鹑：指引我趋向纯美。援：牵手，这里指指引；鹑，通"纯"，纯美。

③去：距离。

④譊譊者：这里指儒家之外的其他诸子。譊：读为 náo，喧嚷、争辩。

⑤说：通"悦"，喜欢。

⑥曼是为：不要这样说。曼，通"莫"，不要。

⑦亡圣：没有圣人。亡，通"无"，没有。

⑧呱呱之子：呱呱哭的小孩子。呱呱，读为 gū gū，小孩子的哭声。

【译文】

春天树木初生，生机盎然，圣人像春天一样指引我前进，多么纯美啊。虽然距今五百年了，但孔子这个人好像还活着一样。

有学生问："天下人都喜欢用诸子的学说来论辩，孔子的学说还能在哪里存在呢？"

我告诉他："不要这样说，天下没有圣人已经很久了。呱呱啼哭的小孩，尚能各自认出他们的父母。争辩不休的学者，也在各自学习他们的老师。我们要对自己所学的东西精益求精，孔子的学说就在里边了。"

第六章

或曰："良玉不雕，美言不文①，何谓也？"

曰："玉不雕，玙璠②不作器。言不文，典谟③不作经。"

【校勘】

美言不文：原作"至言不文"。见于《淮南子·说林》："至味不慊，至言不文，至乐不笑，至音不叫。"《太平御览》卷三百九十也引作"至言不文"。"至言"比"美言"的含义更广。

【注释】

①文：文采，这里指修饰。

②玙璠：读为 yúfán，美玉，喻指美德或品德高洁的人。

③典谟：《尚书》中的《尧典》《皋陶谟》等篇章，代指《尚书》。

【译文】

有学生问:"良玉不用雕刻,美言不必修饰,此话怎讲?"

我回答说:"玉若不经过雕刻,即使是美玉也不能做成器具。言论若不精心修饰,《尚书》就成不了经典。"

【导读】

本章表明了扬雄"雕琢美玉,使之成器"的教育观念,也阐述了他对言论进行修饰,使之具有美丽文采的写作学思想。在儒学发展史上,扬雄是第一个明确提出儒家经典具有美好文采的学者。

在本章中,扬雄认为《尚书》中的《尧典》《皋陶谟》等篇章具有修饰后的文采,更进一步,南朝文论巨著《文心雕龙·宗经》云:"故文能宗经,体有六义:一则情深而不诡,二则风清而不杂,三则事信而不诞,四则义直而不回,五则体约而不芜,六则文丽而不淫。扬子比雕玉以作器,谓五经之含文也。"将《尚书》具有文采扩大到了儒家五经都含有文采,这就在思想雅正的内容基础上,为五经找到了文采华丽的语言特征,经典于是雅而且丽,成为雅丽兼备的最好的作品,并且可以从六个不同的方面来分析之。因此,扬雄在《法言》中做出的理论贡献,是儒学发展史上的一次重大收获。

我们知道,除了《诗经》文学性较强之外,其余四经是不具有美丽的文采的,特别是《尚书》,在内容上以难懂著称,韩愈《进学解》称之为"佶屈聱牙",古奥难读。但扬雄不管这些,他是纯粹的儒家学者,认为儒家的经典就是最好最美的,就是具有文采,这是他的学术自由,成一家之言,无可厚非。

第七章

或问:"司马子长有言①,曰五经不如《老子》之约②也,当年不能极其变③,终身不能究其业④。"

曰:"若是则周公惑,孔子贼⑤。古者之学耕且养,三年通一。今之学也,非独为之华藻也,又从而绣其鞶帨⑥,恶⑦在其《老》不《老》也。"

或曰:"学者之说可约邪?"

曰:"可约解科⑧。"

【注释】

①司马子长有言:司马迁曾经说过。司马子长,指司马迁,字子长。

②约:简约。

③当年不能极其变:有生之年不能弄懂五经的变化。当年,有生之年;极:穷尽,这里指搞清楚。

④终身不能究其业:一辈子都不能穷究五经的内容。业:这里指五经的内容。

⑤周公惑,孔子贼:周公孔子都成了迷惑和残害别人的人了。这里使用了互文的修辞手法。贼,残害。

⑥绣其鞶帨:指的是把五经的注解搞得十分繁复。鞶帨,读为 pán shuì,比喻汉儒所作的五经注解;鞶指腰带,帨指配巾。

⑦恶:何,岂,哪里。

⑧解科:分清条理。解,划分;科,条理。

【译文】

有学生问:"司马迁曾经说过:五经不如《老子》简约。学习五经的人一生都不能弄懂它们的各种变化,终身也不能掌握它们的全部内容。"

我回答说:"如果真是这样,那么周公孔子在迷惑残害他人了。古人一边学习,一边耕田养家,三年就能通晓一部经典。现在的学者不但对五经进行华丽的讲说,还进行烦琐的解释,哪里是由于五经是否如同《老子》那样简约呢?"

那人又问:"现在的学者对经传的解说可以简约一些吗?"

我回答说:"当然可以啦,再分清条理,就便于学习了。"

【导读】

本章矛头所指,是汉儒以章句解经,带来的华而不实和烦琐冗长的空疏学风。

作为一种注释方式,章句不像传注类注释那样以解释词义为主,而着重于逐句逐章串讲、分析大意。汉代一些儒者治学,从辨析章句入手,故章句体兴于汉,如《春秋》就有《公羊章句》《谷梁章句》等。汉儒用章句讲经,大都支离烦琐,故被斥为章句小儒,一般人羞为章句,故自汉以后,章句日渐亡佚。

在许多的章句著作中,作者为了阐发自己的看法,不惜使用华丽的文辞,内容上有时牵强附会,以致烦琐不堪,"文丽用寡"。《文心雕龙》的作者刘勰在《论说》篇里批评这种学风,说:写作论文好像砍木柴一样,贵在顺着木柴的纹理把它劈开。可是自恃斧头锋利的人,不顾木柴的纹理而横加砍断;这好比言辞善辩的人,就是违反了事理也要强词夺理地来自圆其说。这样的论文看起来虽然文字巧妙,但只要考求实际就知道那个道理是错的。只有有教养的君子才能够通晓天下人的思想并能够以理服人,哪里可以凭诡辩随便歪曲论述事理呢?至于经书里(使用章句方式来作)注释的话,是把论文分散在各个注里,注释的文字虽然繁杂不相同,但总归是同属一类。秦延君注解《尚书·尧典》篇目的"尧典"这两个字,竟然用了十余万字;朱普注解《尚书》,竟然长达三十万言。所以通达事理的人都讨厌他们注释的烦琐冗长,以学这样的注释章句为羞耻。

从今天的角度来看,扬雄的批评是对的。他既主张语言要有文采,但更注重言之有物,简约精练,《法言》就是这样的作品。我们今天写文章也要注意这一点,既要做到修饰语言,更要做到内容精练,不可繁文冗词,言不及义。

第八章

或曰:"君子听声①乎?"

曰:"君子惟正之听;荒乎淫②,拂乎正③,沈而乐④者,君子不听也。"

【注释】

①声：音乐。

②荒乎淫：喜欢听民间的俗乐。淫，指与儒家雅乐相对的俗乐，以"郑卫之音"为代表。

③拂乎正：违背儒家雅乐。正，指儒家。

④沈而乐：沉迷俗乐，耽于享乐。沈，通"沉"，沉溺。

【译文】

有学生问："君子听音乐吗？"

我回答："君子只听雅乐。对于那些放纵淫乱、违背庄重、使人沉溺其中贪图享乐的音乐，君子是不会听的。"

【导读】

本章表明扬雄对待音乐的态度，完全继承了孔子开启的儒家音乐理论对雅乐正声与郑卫之音的评价。

正，指的是儒家雅乐，是由先王创作的雅正之乐，中正和平，听起来能够使性情调和，这种音乐对自己心灵的熏陶有很大的好处。所以，孔子讲君子要学习六艺，礼、乐、射、御、书、数，除了礼之外就是乐，礼以调身，乐以调心，很有学习的必要。我们常说的礼乐制度，音乐的功能，特别是在政治生活和教化教育方面的功能是很大的。

淫，不是淫荡，而是指郑声。周武王灭商以后，将商朝贵族安置在原来的都城附近，也就是后来的郑国和卫国一带。所以，商朝的雅乐变成了民间的俗乐，热情奔放，活泼多变，与周王朝的雅乐截然不同，被称为郑卫之音，被贬低为淫乱、淫哀之乐。我们用现在的话来讲就是靡靡之音，听起来让人神魂颠倒，失去正念。

儒家诗乐理论中，对雅乐与郑声有严格的区分。孔子说："恶紫之夺朱也，恶郑声之乱雅乐也，恶利口之覆邦家者也。"汉代的《毛诗大序》说："雅者，正也，言王政之所由废兴也。政有大小，故有小雅焉，有大雅焉。"赞美雅乐及其功能。又说："治世之音安以乐，其政和；乱世之音怨以怒，其政乖；

亡国之音哀以思，其民困。"将音乐与政治统治的效能结合起来。《礼记·乐记》说："郑卫之音，乱世之音也，比于慢矣！桑间濮上之音，亡国之音也，其政散，其民流。"吴国公子季札观乐的故事及其合理性与不合理性，我们放在《问神》卷第二十一章做了详细解说，可以参看。

第九章

或问："侍君子以博①乎？"

曰："侍坐则听言，有酒则观礼。焉事博乎？"

或曰："不有博弈②者乎？"

曰："为之犹贤于已耳。侍君子者贤于已乎？君子不可得而侍也。侍君子，晦③斯光，窒④斯通，亡⑤斯有，辱斯荣，败斯成。如之何贤于已也。"

【注释】

①博：古代的一种棋类游戏。

②弈：下围棋。

③晦：昏暗。

④窒：阻塞。

⑤亡：通"无"，没有。

【译文】

有人问："陪侍君子，是和他一起下棋玩儿吗？"

我回答说："陪他坐，就听君子讲话；陪他参加宴会饮酒，不要喝醉，看君子行礼。怎么会去下棋呢？"

有人问："古代不是有专门从事博弈的人吗？"

我回答说："那是因为博弈总比饱食终日无所用心稍好一些。难道陪侍君子也是只比饱食终日无所用心稍好一些吗？这样想的人就不配陪侍君子。陪侍君子，受他言行的教化，昏暗就会变为光明，阻塞就会变为通畅，空虚就会变为充实，耻辱就会变为光荣，失败就会变为成功。哪里是只比饱食终日无所用心稍好一些呢？"

第十章

鹪明冲天①，不在六翮②乎！拔而傅尸鸠③，其累矣夫④。

【注释】

①鹪明冲天：神鸟高飞于天。鹪明，见《问明》卷第十五章注释。

②翮：读为 hé。鸟羽的茎状部分，中空透明。

③拔而傅尸鸠：拔下羽毛来放到尸鸠的身上。傅，附着；尸鸠，读为 shī jiū，一种鸟。

④其累矣夫：恐怕就会成为累赘了。其，恐怕，大概；累，累赘。

【译文】

鹪明一飞就能直上云霄，不是由于他有六根粗壮的羽茎。如果把这些羽茎拔下来放到尸鸠的身上，恐怕就会成为累赘了。

【导读】

拔下鹪明的羽翼，安置在尸鸠身上，尸鸠并不能像鹪明那样冲天而飞，因为羽毛太大，反而会成为它们的累赘。扬雄用这个比喻来说明一个道理：授小人以大位而不能成大功，学者学诸子小说而不能成大儒。

第十一章

雷震乎天，风薄①乎山，云徂乎方②，雨流乎渊，其事③矣乎？

【注释】

①薄：迫近，逼近。

②云徂乎方：云飞向四面八方。徂，读为 cú，往，到；方，四面八方。

③事：天上的事物。另一种解释来自《尔雅·释诂》："事，勤也。"

【译文】

雷在天空震响,风从山上刮过,云飞向四面八方,雨流入深渊,天也够勤劳了吧。

第十二章

魏武侯与吴起浮于西河①,宝②河山之固。

起曰:"在德不在固③。"

曰:"美哉言乎!使起之固兵每如斯④,则太公何以加诸⑤?"

【注释】

①魏武侯与吴起浮于西河:魏武侯与吴起泛舟于西河之上。魏武侯,魏文侯之子,战国初期魏国国君;吴起,姓吴,战国初期军事家、政治家、改革家,兵家代表人物。浮,泛舟;西河,位于陕西省澄城县,吴起曾在魏国为将,担任西河守,在此著有《吴起兵法》。

②宝:意动用法,赞美。

③固:巩固,加固。

④兵每如斯:兵,军事力量;每,总是;如,像,按照;斯,代词,此,这样,指上文的"在德不在固"。

⑤太公何以加诸:即使姜太公又有什么地方可以胜过他呢?太公,指即姜子牙,中国古代杰出的政治家、军事家、韬略家,周朝开国元勋,商末周初兵学奠基人。加,凌驾,胜过;诸,之乎,指吴起。

【译文】

魏武侯曾经和吴起泛舟于西河之上,赞美魏国河山的险固。

吴起说:"国家的安全决定于君主的品德,而不决定于河山的险固。"

我评价说:"吴起的话说得真是好呀!如果吴起一直按照这个道理去加强国家的军事力量,就是姜太公也不能胜过他啊!"

第十三章

或问:"周宝九鼎①,宝乎?"

曰:"器宝②也。器宝,待人而后宝③。"

【注释】

①周宝九鼎:周朝王室把九鼎当作至宝。宝,把……当作宝物;九鼎,古代传说中作为国家权力象征的九个大鼎,据说是夏禹所铸,象征九州,夏亡归商,商亡归周。

②器宝:器具中的宝物。

③宝:成为宝物。

【译文】

有学生问:"周朝王室把九鼎当作宝物,九鼎是宝物吗?"

我回答:"九鼎不过是九件珍贵的器物罢了。在我看来,即使是珍贵的器物,也只有在贤人手里才会成为宝物。"

第十四章

齐桓、晋文以下①,至于秦兼②,其无观③已。

或曰:"秦无观,奚其兼?"

曰:"所谓观,观德也。如观兵,开辟以来,未有秦也。"

【注释】

①齐桓、晋文以下:自齐桓公、晋文公以来。齐桓,指齐桓公,春秋五霸之首;晋文,指晋文公,是春秋五霸中第二位霸主。二人文治武功都极为卓越,在历史上并称"齐桓晋文"。

②秦兼:指秦国一统天下。

③观:可观,赞赏。

【译文】

自齐桓公、晋文公以来,一直到秦国兼并天下,这中间没有什么值得赞赏的。

有学生问:"如果秦国没有什么值得赞赏的,那是怎么兼并天下的呢?"

我回答说:"我所说的值得赞赏,是赞赏美德。如果说赞赏军事力量的强大,自从开天辟地以来,没有谁比得上秦国。"

第十五章

或问:"鲁用儒而削①,何也?"

曰:"鲁不用儒也。昔在姬公②用于周,而四海皇皇③,奠枕于京④。孔子用于鲁,齐人章章⑤,归其侵疆⑥。鲁不用真儒故也。如用真儒,无敌于天下,安⑦得削?"

【注释】

①削:削弱。

②姬公:指周公姬旦。

③皇皇:通"惶惶",慌乱不安的样子。

④奠枕于京:车子停满了镐京。奠,停放;枕,通"轸",车后横木,代指车;京,指西周的都城镐京。

⑤章章:通"慞慞",惧怕的样子。

⑥归其侵疆:把先前侵夺的土地归还给鲁国。

⑦安:哪里,怎么。

【译文】

有人问:"鲁国任用儒士治国,却使国势削弱,这是为什么呢?"

我回答说:"鲁国没有任用儒士来治国。从前周公旦被周朝任用,天下诸侯都急忙前来朝贡,车子停满了镐京。孔子被鲁国任用,齐国感到惧怕,赶快把先前侵夺的土地归还给了鲁国。你所说的鲁国任用儒士治国却使国势削弱一事，是因为鲁国并没有任用真正的儒士。如果任用孔子这样的真正的儒士，鲁国必将天下无敌，怎么会被削弱呢？"

第十六章

灏灏之海，济①，楼航②之力也。航人无楫，如航何③？

【注释】

①济：渡过。

②楼航：楼船。

③如航何：该如何驾驶楼船呢？

【译文】

要渡过浩瀚的海洋，需要依靠大船的力量。如果驾驶船的人没有船桨，又怎么能驾驶大船呢？

【导读】

本章紧接上一章的内容，是扬雄对真儒不得任用，从而无法展示治国能力的补充说明。我们知道，周公辅佐成王，功绩伟大，成就千古英名，这里说的显然不是他，而是孔子。孔子一生坎坷，在鲁国的政治生命很短，主要是在鲁定公时代。据《孔子世家》的记载，有以下几个阶段：

（1）孔子五十岁时，鲁定公选拔他从政，一发不可收拾。"定公以孔子为中都宰，一年，四方皆则之。由中都宰为司空，由司空为大司寇。"

（2）定公十年春，孔子五十二岁，齐、鲁会于夹谷，孔子随同，在现场据理力争，斩杀齐国倡优，齐侯惊惧，"乃归所侵鲁之郓、汶阳、龟阴之田以谢过。"这就是上一章所说的"孔子用于鲁，齐人章章，归其侵疆"一事。

（3）定公十三年夏，孔子五十五岁，孔子向定公建议，将堕三都，以期削弱三家主要权贵的势力，实现中央集权，未果。由此招来特权阶层的怨恨。

（4）定公十四年，"孔子年五十六，由大司寇行摄相事"，代理国相三个月，被国内势力所不容，更被齐国君臣视为眼中钉，于是勾结鲁国大臣，赠送鲁王歌女，使之"往观终日，怠于政事"。孔子劝谏无效，于是辞职。结束在鲁国连续六年的政治仕途。

因此，孔子在鲁国担任的官职并不低，主要是大司寇一职，掌管鲁国最高的司法权力，是国家核心领导层面的人物之一，长达五年。但他最终未能在国相位置上干下去，失去了施展政治才能的最好机会。扬雄对此深感遗憾！他在本章中的意思是说：通晓治术之人不被假以政柄，所以不能治国。本章用大海以喻艰难，楼船以喻国家，航人以喻真儒，船楫以喻势位，孔子没有得到这个机会。

第十七章

或曰："奔垒之车①，沈流之航②，可乎？"

曰："否。"

或曰："焉用智？"

曰："用智于未奔沈。大寒而后索衣裘③，不亦晚乎？"

【注释】

①奔垒之车：倾覆在敌人营垒前的战车。奔，通"偾"，读为fèn，倾覆。
②沈流之航：沉没在江河中的航船。沈，通"沉"，沉没。
③裘：读为qiú，皮大衣。

【译文】

有学生问："倾覆在敌人营垒前的战车，沉没在江河中的航船，还可以挽救吗？"

我回答说："不可以。"

学生又问："那么你推崇的智谋还有什么用呢？"

我回答说："智谋要用在战车还没有倾覆、航船还没有沉没的时候。等到战车已经倾覆、航船已经沉没的时候才来想办法，就好像天气已经非常寒冷了才去寻找衣裳和皮袄来御寒一样，不是太晚了吗？"

寡见卷第七

第十八章

乘国①者，其如乘航乎？航安，则人斯安②矣。

【注释】

①乘国：治理国家。
②则人斯安：驾船的人也就安全了。斯，就。

【译文】

治理国家，大概就像驾驶船吧。只有船安全了，那么驾驶船的人也就安全了。

【导读】

从第十五章到本章，通过不同的比喻言论证治理国家时任用贤才、选用方法、把握时机的重要意义，可以视为一个内在脉络连贯的小片段，结合起来看。

第十九章

惠以厚下①，民忘其死。忠以卫上，君念其赏。自后者，人先之②。自下者，人高之③。诚哉，是言也！

【注释】

①惠以厚下：仁爱而宽厚地对待属下。惠，仁爱。
②人先之：人们会推崇他到前边去。先，使……居先。
③人高之：人们会抬举他到上位去。高，使……居高。

【译文】

君主仁爱而宽厚地对待属下，民众就会不惜生命地效忠君主。属下忠诚地保卫君主，君主就会想着赏赐属下。自己谦让退居后边的人，人们会推崇他到前边去。自己谦让居于下位的人，人们会抬举他到上位去。这话说得确实有道理呀！

第二十章

或曰："弘羊榷利而国用足①，盍②榷诸？"

曰："譬诸父子，为其父而榷其子，纵利，如子何？卜式之云③，不亦匡乎④！"

【注释】

①弘羊榷利而国用足：桑弘羊对盐铁实行朝廷专卖政策，朝廷的费用就充足了。弘羊，即桑弘羊，河南洛阳人，汉武帝时期著名的政治家、理财专家；榷利，官府对某些物资实行专卖以增加财政收入，这里指桑弘羊推行的盐铁官营政策；榷，读为què，专卖。

②盍：何不。

③卜式之云：卜式的话。卜式，西汉武帝时河南人，以牧羊致富。由于数次捐献家财帮助汉廷征伐匈奴而得官，最高时任御史大夫，后来由于反对盐铁官营和"不习文章"而被废。

④不亦匡乎：不也是正确的吗？匡，正确。

【译文】

有学生问："桑弘羊对盐铁实行朝廷专卖，朝廷的费用就充足了，现在为什么不实行朝廷专卖呢？"

我回答说："朝廷和百姓就好像父亲和儿子。为了父亲的利益而向儿子实行专卖，即使父亲能得到税收，又能把儿子怎么样呢？卜式说的应该烹杀桑弘羊，以便废除朝廷专卖政策，不是很对的吗？"

【导读】

在本章中，扬雄将国家和百姓的关系比作父子，反对桑弘羊实行的增加国库收入的改革措施，表现了他的朴素仁爱思想和不懂经济制度改革的认知局限。这是中国古代多数知识分子"重道而轻器"的通病，大道理讲得很好听，遇到实际问题，则无能为力，甚至会一门心思往先王政治那里复古，倒退回去。

桑弘羊出身商人家庭，十三岁时以精于心算入侍宫中。历任侍中、大农丞、治粟都尉、大司农等职。自元狩三年（前120年）起，在汉武帝大力支持下，先后推行算缗、告缗、盐铁官营、均输、平准、币制改革、酒榷等经济政策，同时组织六十万人屯田戍边，防御匈奴。这些措施都在不同程度上取得了成功，大幅增加了政府的财政收入，为武帝继续推行文治武功事业奠定了雄厚的物质基础，但也带来一定的负面影响并引发批评。后元二年（前87年），汉昭帝即位，桑弘羊迁任御史大夫，与霍光、金日䃅等同为辅政大臣。始元六年（前81年），盐铁会议召开，因贤良文学指责盐铁官营和均输、平准等政策与民争利，桑弘羊与之展开辩论。会后，改酒类专卖为征税，其他政策仍沿袭不变。这就表明，桑弘羊的改革措施是很见成效的，在汉武帝、汉昭帝两朝都发挥了积极的作用。其中的部分局限，也是根据实际进行了调整的。

关于卜式那番险恶的话，见于《史记·平准书》的记载：元封元年（前110）天旱，武帝令百官求雨，卜式说："县官当食租衣税而已，今弘羊令吏坐市列肆，贩物求利。亨（烹）弘羊，天乃雨。"意思是：官员们本是靠收取赋税而生罢了，如今桑弘羊让官员们在市集上靠卖东西获得利益。只有煮了桑弘羊，天才会降雨。

从古至今，改革都是国家、社会发展进步的必要措施，我们国家之所以有现在这么好的政治经济文化局面，都是得益于改革开放的国策。但是，在古代社会，因为政治经济利益主要集中在上层集团手中，一旦触动他们，那些主持改革、坚持改革的人，命运往往会很凄惨。不改革，国家不能发展进步，去改革，个人命运不能得到保障，这是古代专制制度无法克服的弊端。从这一点来说，扬雄思想相当保守，他主要是一个坐而论道的理论家，不是一个能够在实践中做出贡献的、像孔子那样的真儒者。

第二十一章

或曰:"因秦之法,清而行之,亦可以致平①乎?"

曰:"譬诸琴瑟郑、卫调②,俾夔因之③,亦不可以致萧韶④矣。"

【注释】

①致平:治理天下,达到太平。致,到达。

②琴瑟郑、卫调:演奏郑、卫俗乐。琴瑟,用琴瑟来演奏,意动用法。

③俾夔因之:让夔来演奏。俾,让;夔,读为 kuí,尧舜时代掌管音乐的官员,事迹见于《尚书·尧典》。

④不可以致萧韶:也不可能演奏成《韶》乐。萧韶,帝舜时的音乐名,传说是百姓为帝舜尊敬帝尧并发扬帝尧的治国之道而作,是儒家心目中的上古音乐典范,一名《韶》。

【译文】

有学生问:"承袭秦朝的法度,清除其中不好的地方,加以实行,可以使天下太平吗?"

我回答说:"这样做就好像是演奏郑、卫俗乐一样,就是让夔来演奏,也不可能奏出帝舜时的《韶》那样的雅乐来。"

【导读】

本章论述扬雄对"汉承秦制",沿用秦国法典的批评。其中以音乐为例的论述,内容艰深,不太好懂,可以借助本卷第八章关于雅乐正声和郑卫之音的分析来理解,也可以借助《法言》其他章节关于雅乐、俗乐的分析来理解。

中国古代曾有关于王、霸两种不同统治方法的争论。战国时,儒家学派称以仁义治天下为王道,以武力结诸侯为霸道。孟子称美三王之世,认为"五霸者,三王之罪人也"(《孟子·告子下》)。荀子主张"隆礼尊贤而王,重法爱民而霸"(《荀子·天论》)。法家则主张霸道而贬低王道,秦朝是最典型的代表。汉宣帝宣称"汉家自有制度,本以霸王道杂之"(《汉书·元帝纪》)。

宋理学家赞"王道"而贬"霸道"。陈亮则提出"王霸并用，义利双行"之说。

汉朝立国之后，在法制制度上基本上继承了秦朝的一套，即使叔孙通制定的朝廷礼仪制度也是根据秦朝的礼制为基础来做的。所以，扬雄在本章所批评的对象，就是汉朝因袭秦制这件事，他认为这种因袭效果不会好，一个原因是秦朝的法制严酷残暴，背离了儒家仁政大道，现在汉朝倡导儒家思想，却不能恢复儒家政教体制，这就是错误的。所以，《法言》中多次出现对王莽的高度赞美，一个很重要的原因，就是王莽坚持恢复周代古礼，以周公孔子代言人的身份来治国理政。

实际上，扬雄的批评是站在复古立场上的无奈之声，汉朝采用的秦朝法典，并未照搬照抄，而是在保持"王霸之道相杂"（汉宣帝语）的本质特征基础上，为霸道加上了仁政教化的外衣，汉朝不可能复古回到儒家政教中去，只能是部分吸收而已。这是扬雄作为学者而不是政治家想不通的大问题。

第二十二章

或问："处秦之世，抱周之书①，益乎？"

曰："举世寒，貂狐不亦燠②乎？"

或曰："炎之以火，沃③之以汤，燠亦燠矣！"

曰："燠哉！燠哉！时亦有寒者矣。"

【注释】

①周之书：指儒家传习的古代文献，如五经等。

②燠：读为 yù，温暖。

③沃：灌溉。

【译文】

有学生问："生活在秦朝，抱着周朝的经书读，有益处吗？"

我回答说："全天下都冷，你穿上皮袄不就暖和了吗？"

学生又问："要暖和，用火来烤，用热水来浇，也暖和呀。"

我回答说:"暖和呀!暖和呀!但你暖和了,外界还是寒冷的呀。"

【导读】

本章用比喻的方式,阐述儒学在秦朝所处的低谷遭遇。

秦朝崇尚刑法,重用法家、兵家等学派的杰出人物,而儒家学者独守六艺之文,与世不合,故无所用。扬雄站在西汉的时间点上回顾历史,认为儒"周之书"反映了周文王、周武王、周公等圣人所制定的周政,又经过孔子删述而成,是完美政治的典型,秦政则是反面典型。

任何学术,即使在某一时间段成为一代显学,也会有跌入低谷的时候,同样会有重新辉煌的时候。儒学在先秦时期是不显赫的,在汉代初期也被黄老之学压制得死死的,直到汉武帝出现,选择大力宣扬儒学,才给了儒学正统的官方地位。与之相对,先秦汉初极为显赫的道家、墨家、法家、兵家、纵横家、阴阳家诸子及其学说,则受到了相对的压制,发展缓慢,甚至消失。学术如此,自然事物的规律也是如此。

今天的读者在明白这个道理之后,就会更加沉静下来,专心上进,认真工作,不因为一时一地的得失而受到太大的冲击,保持初心,持续进步。

第二十三章

非其时而望①之,非其道而行之,亦不可以至②矣。

【注释】

①望:抱有希望。

②至:到达,之实现目标。

【译文】

没有处在合适的时机,却抱着殷切的希望。不是正确的道路,却还要持续走下去,这两种方式都是不能达到目的的。

第二十四章

秦之有司①，负②秦之法度；秦之法度，负圣人之法度。秦弘违③天地之道，而天地违秦亦弘矣。

【注释】

①有司：指主管某部门的官吏。古代设官分职，各有专司，故称有司。
②负：违背。
③弘违：大大地违背。弘，大。

【译文】

秦朝的官吏败坏了秦朝的法令制度，而秦朝的法令制度则违背了圣人的法令制度。秦朝这样严重地违反了天地的规律，所以天地也大大地违背了秦朝的愿望（使它很快就灭亡了）。

【导读】

秦王嬴政二十六年（前221）灭六国后，以王号不足以显其业，于是采用三皇之"皇"、五帝之"帝"构成"皇帝"的称号，是古今中外第一个称皇帝的封建王朝君主，是为秦始皇。"始"之深意，是希望帝国江山传至千秋万代，结果二世而亡。贾谊《过秦论》说："一夫作难（nàn）而七庙隳，身死人手，为天下笑者，何也？仁义不施而攻守之势异也。"

扬雄则站在天命论的立场上解释这件事：秦国违背了儒家大道，所以天地要惩罚秦国，不让秦国的江山久远。这种说法顺应的是儒家最好的先入为主的立场，认为儒家大道是亘古以来最好的治国方法，无视社会实情等多种因素综合交织的历史事实，有其合理的一面，更有其不合理的一面。

五百卷第八

圣人聪明渊懿①,继天测灵②,冠乎群伦③,经诸范④。撰《五百⑤》第八。

【注释】

①渊懿:思想深刻,德行美好。懿,美德。

②继天测灵:继承上天之功,测知神灵之理,指了解天命。继天,继承天命;测灵,测定神数。

③冠乎群伦:超越大众。群伦,同等或同类的人们。

④经诸范:树立法度。经,这里指确立,树立;范,模范,这里指法度。

⑤五百:五百年。古人有五百岁圣人一出之说。

【译文】

圣人以聪明深美之德,继承上天之功,测知神灵之理,超越大众,树立法度,以为万世之常道。为了赞美圣人的美德与功绩,我写了《五百》,作为本书的第八卷。

【题解】

本卷题名《五百》,是指古代的圣人五百年一出,带有天命间隔的规律和圣人难见的珍贵。作为《法言》的第八卷,在前述基本观点已经确立、哲学规律已经探讨、立身处世原则已经确立、伟人难见的论证之后,首先从本卷开始,进入全书的下一个环节——人物品藻,对比论证的结构中去。既然要臧否人物，那么首先要谈论的就是儒家的圣人。在本卷及全书之中，尧、舜、禹、文、武、周公、商汤、孔子是这方面反复提及的经典代表，他们是古代政治、美德、事功、言论的最佳代表，深刻体现了《左传》"立德，立功，立言"三不朽论的精髓。

在品藻人物之后，又对部分天文学家、鲁国隐居儒生进行了赞美，接着将重点放在孔子身上，从言论、事迹、政治措施等方面入手，全方位盛赞了孔子的伟大思想与言行。在本卷收束部分，跳出人物品藻的范围，举出周朝政治制度与秦朝政治制度，并进行了多方面比较，得出礼乐制度最好、秦朝暴政不好的结论。最后，附带加上了对道家庄子与杨朱、墨家墨子、齐国政治家晏子、兵家代表申不害和韩非子等战国著名思想家、政治家的否定性评价，来证明诸子学说及其事迹，比不上儒家大道及其伟业。同时在写作结构上埋下了一个伏笔，意味着本卷之后，将是对诸子及其他各家名人的全面论述。

第一章

或问："五百岁而圣人出①，有诸？"

曰："尧、舜、禹，君臣也而并②；文、武、周公③，父子也而处。汤、孔子④数百岁而生。因往以推来，虽千一⑤不可知也。"

【注释】

①五百岁而圣人出：语出《孟子·公孙丑下》："五百年必有王者兴，其间必有名世者。"又《孟子·尽心下》："由尧、舜至于汤，五百有余岁……由汤至于文王，五百有余岁……由文王至于孔子，五百有余岁。"这里是扬雄的学生对此说法提出了疑问。

②并：一起，并处。这里指生活在同一时代。

③文、武、周公：周文王、周武王和周公旦。周文王是父亲，周武王和周公旦是兄弟。

④汤、孔子：商汤和孔子。

⑤虽千一：即使一千年才出现一个圣人。虽，即使。

【译文】

有学生问："先生，听说每隔五百年才出一个圣人，是这样吗？"

我回答说："尧、舜、禹，他们是同一时代的君与臣，却同为圣人，并世而出。周文王、周武王、周公旦是父子，同为圣人而共处。从商汤到孔子，间隔了好几百年。根据过去（圣人出现的时间）来推测未来，即使是隔一千年才出一个圣人也说不定啊。"

第二章

圣人有以①拟天地而参诸身②乎！

【注释】

①以：根据。

②拟天地而参诸身：模拟天地，与之并列成三。拟，模拟；参，同"叁"，三的大写，配合成三，在扬雄的宇宙观之中，天、地、人三者是并列的。

【译文】

圣人效法天地，让自己与天地并列成为衡量事物的标准。

第三章

或问："圣人有讪①乎？"

曰："有。"

曰："焉②讪乎？"

曰："仲尼于南子③，所不欲见也；阳虎④，所不欲敬也。见所不见，敬所不敬，不讪如何？"

曰："卫灵公问陈⑤，则何以不讪？"

曰："诎身，将以信道⑥也。如诎道而信身，虽天下不为也。"

【注释】

①诎：诎，读为 qū，屈服。

②焉：疑问代词，怎么。

③南子：原是宋国公主，后嫁卫灵公为夫人，品行不端。孔子见南子一事，《史记·孔子世家》中有记载。

④阳虎：姬姓，阳氏，名虎，一名货。春秋后期鲁国人，季孙氏（季平子、季桓子）家臣，他以季孙家臣之身，执政鲁国，开鲁国"家臣执国政"的先河，这就是《论语·季氏》中"陪臣执国命"的情况。

⑤卫灵公问陈：卫灵公向孔子咨询行军作战的问题，这件事记载于《论语·卫灵公》之中。卫灵公，春秋时期卫国国君；陈，读为 zhèn，指军阵，作战时的战斗队列。

⑥信道：伸张道义，宣扬主张。信，同"伸"，伸张；道，这里指孔子的主张和见解。

【译文】

有学生问我："先生，圣人有委曲求全的时候吗？"

我回答说："（当然）有。"

学生接着问："圣人怎么会去做委曲求全的事呢？"

我回答说："孔子并不想与南子见面，但他们还是见面了；对于阳虎，孔子不想与他来往，但他们还是有所来往。和不想见面的人见面，与不想来往的人来往，不委曲求全，又怎么能做得到呢？"

学生又问："那卫灵公向孔子询问有关军阵的问题时，为什么就不是委曲求全呢？"

我回答道："在这件事中，孔子委曲求全，是为了宣扬自己的主张。如果使他的主张屈服，来伸张自己的个人荣耀，就算可以得到天下，孔子也是不会这样做的。"

第四章

圣人重其道而轻其禄[1]，众人[2]重其禄而轻其道。

圣人曰："于道行与[3]？"

众人曰："于禄殖[4]与？"

【注释】

①禄：俸禄。

②众人：普通人。

③与：通"欤"，读为 yú，句末语气词，表示疑问或感叹。

④殖：增加，增长。

【译文】

圣人重视自己的道义而不看重获得的俸禄，普通人重视自己的俸禄而轻视自己的道义。

圣人（经常）问："我主张的道义推行了吗？"

普通人（常常）说："我的俸禄增加了吗？"

第五章

昔者齐、鲁有大臣[1]，史失其名。

曰："何如其大也？"

曰："叔孙通[2]欲制君臣之仪，征[3]先生[4]于齐、鲁，所不能致者二人。"

曰："若是[5]，则仲尼之开迹诸侯[6]也，非邪[7]？"

曰："仲尼开迹，将以自用也。如委己而从人，虽有规矩准绳[8]，焉得而用之。"

【注释】

①大臣：本指官职尊贵之臣，这里引申为节操高尚的臣子。

②叔孙通：汉初大臣。刘邦统一天下后，叔孙通采用古礼，并参照秦朝的仪法，召集儒生制定朝廷礼仪制度，简明易行，适应了加强皇权的需要。

司马迁尊其为汉家儒宗。

③征：召集。

④先生：这里指儒生。

⑤若是：如果这样。

⑥仲尼之开迹诸侯：指孔子周游列国，推行儒家学派观点的事情。开，开创。

⑦邪：读为 yé，表示疑问的语气词。

⑧规矩准绳：指正确的原则和标准。规，圆规；矩，矩形；准，一种测量水平的器具；绳，木工用于取直的墨线。

【译文】

以前齐、鲁有节操高尚的臣子，但是史书上漏记了他们的名字。

学生问我："先生，他们为什么尊贵呢？"

我回答说："叔孙通接受汉高祖的任命，为朝廷制定君臣之礼，在齐、鲁征召儒生，只有两个儒生没有招来，他们两人就是我说的大臣。"

学生又问："如果是这样的话，那么孔子周游列国，主动请求得到国君的任用，不就是错误的吗？"

我（接着）回答道："孔子周游诸侯各国，是为了让自己的主张得到推行。如果他放弃自己的主张而顺从别人的观点，即使有正确的原则，又怎么能够发挥真正的效用呢？"

【导读】

本章中关于叔孙通与两个儒生的故事，见于《史记》的记载：当时，叔孙通接受了汉高祖的任命之后，就到曲阜一带找了三十多个儒生，其中有两个拒绝参加，他们骂叔孙通说："你所侍奉过的主子差不多有十个了，你都是靠着拍马屁博得你主子的宠爱，现在天下才刚刚安宁，死的还没有埋葬，伤的还没有恢复，你就又闹着制定什么礼乐。礼乐制度的建立那是行善积德百年以后才能考虑的事情。我们没法去干你今天要干的那些事儿。你的行为不合乎古人，我们不去，你自己去吧，别玷污了我们！"叔孙通笑道："你们可真是些榆木脑袋，根本不懂时代的变化。"扬雄赞美这两个不受征召的儒生，认为他们是节操高尚的"大臣"，尽管史书上没有记载他们的名字，但精神可嘉。至于孔子，他周游天下，不是为了谋取名利，而是为了寻找推行自己政治主张的途径，与叔孙通的行为不同。

在这里，扬雄表明了自己的名利观：即使不能书籍留名，也要保持高尚的节操。

第六章

或问："孔子之时，诸侯有知其①圣者与？"

曰："知之。"

"知之则曷为②不用？"

曰："不能。"

曰："知圣而不能用也，可得闻乎？"

曰："用之则宜从之，从之则弃其所习③，逆其所顺，强其所劣，捐其所能④，冲冲如也⑤。非天下之至⑥，孰能用之！"

【注释】

①其：第三人称代词，他。这里指孔子。

②曷为：为什么。曷，通"何"。

③弃其所习：放弃自己原来所顺从的习惯。其，指任用孔子的国君。

④捐其所能：舍弃自己原来所擅长的技能。捐，舍弃。能，擅长的技能。

⑤冲冲如也：满面忧愁的样子。冲冲，通"忡忡"，忧虑的样子。

⑥天下之至：天下品德最高尚的人。至，极、最，这里指至善至德之人。

【译文】

学生问我："先生，孔子在世的时候，各诸侯国的国君中，有知道他就是圣人的国君吗？"

我回答说："当然有知道他是圣人的国君啊。"

学生接着问:"既然知道,为什么不重用他呢?"

我回答道:"是因为这些国君不能任用他。"

学生又问我:"国君知道他是圣人,却不能任用他,我们可以听一听这其中的原因吗?"

我回答说:"国君任用他,就需要听从他的意见。顺从他就会放弃原来所顺从的习惯,改变原来所顺应的方法,增强原来的劣势,舍弃自己原来所擅长的技能,这样,国君整天都心神不宁,忧心忡忡。如果这些国君不是天下道德最高尚的人,谁能任用孔子这样的圣人呢?"

第七章

或问:"孔子知其道之不用也,则载而恶乎之①?"

曰:"之后世君子。"

曰:"贾②如是,不亦钝③乎?"

曰:"众人愈利而后钝,圣人愈钝而后利。关④百圣而不惭,蔽天地而不耻,能言之类,莫能加也。贵无敌,富无伦,利孰大焉。"

【注释】

①载而恶乎之:带着道义是要到哪里去。这是个省略句兼倒装句,可以还原为"载(道)而之恶乎"。载,装载,带着,是"载道"的省略;恶,读为 wū,疑问代词,哪里,怎么;之,动词,到,去。

②贾:读为 gǔ,商人。

③钝:这里指不顺利,吃亏。

④关:贯,穿。

【译文】

有学生问我,"先生,孔子明白他的道义(在当时)不能发挥实际作用,那么,他要带着道义到哪里去呢?"

我回答说:"孔子要把自己的道义留给后世的君子。"

学生又问："如果商人做买卖也是这样的话，那他不就吃亏了吗？"

我回答说："普通人因为眼前得到好处而高兴，但后面会吃亏，圣人现在看起来吃亏，但后面会得到的更多的好处。孔子的道义可以贯穿百代的圣人而不惭愧，（即使是说能）遮住天地也没有什么可羞耻的，世上没有人能超过他。在后世的君子看来，孔子的道义高贵得无可匹敌，丰富得无与伦比，你们说究竟谁获利更大呢？"

【导读】

扬雄深知孔子的政治主张在他身前并未大行其道，作为孔子大道的坚定支持者，他要为儒家大道寻找一个合理的宣讲理由。在扬雄看来，孔子在世的时候，当时的国君不能重用他，孔子也知道自己的主张难以推行，于是教诲学生，将儒家大道传了下来，留给后世的有缘君子来推而广之，这是眼前吃亏，而能有利百代的大事。

第八章

或曰："孔子之道，不可小①与？"

曰："小则败圣，如何②！"

曰："若是，则何为去③乎？"

曰："爱日④。"

曰："爱日而去，何也？"

曰："由群婢之故⑤也。不听正⑥，谏而不用。噫⑦者，吾于观庸邪⑧，无为饱食安坐而厌⑨观也。由此观之，夫子之日亦爱矣。"

或曰："君子爱日乎？"

曰："君子仕则欲行其义，居则欲彰其道。事不厌，教不倦，焉得日？"

【注释】

①小：轻视，小看，这里指降低标准。

②如何：怎么办。

③去：离开。这里指公元前496年孔子离开鲁国的事情。

④爱日：珍惜时间。

⑤由群婢之故：指孔子因鲁定公沉迷于齐景公赠送的乐女而不理国政，从而离开鲁国的事情。孔子离开鲁国后，季桓子说："夫子罪我以群婢故也夫。"

⑥不听正：不理政事。听，处理；正，通"政"，政事。

⑦噫：读为yī，表感叹。

⑧吾于观庸邪：这里指孔子对观看女乐感到厌倦。庸，通"慵"，倦怠。

⑨厌：即"餍"字，感到满足。

【译文】

有学生问我："先生，对于孔子的道义，为什么不能降低标准呢？"

我回答说："降低标准的话就会损坏圣人的道义，怎么能这样做呢？"

学生接着问："如果这样的话，那么孔子为什么要离开鲁国去周游列国，希望得到其他国君的任用呢？"

我回答道："为了珍惜时间。"

学生又问："因为珍惜时间而离开鲁国，这是为什么呢？"

我回答说："是因为一群乐女的缘故。鲁定公贪图享乐，不处理国事，也不听（孔子的）劝谏。孔子发出长叹：唉，我对于观看女乐并不感兴趣，不愿整天吃饱了饭没事儿做就满足于观看女乐。从这件事看来，孔子很珍惜他的时间。"

有学生再问："先生，君子都珍惜时间吗？"

我回答说："君子走上仕途就会想要推行他的主张，安居在家中就想要彰显他的道义。做事不会觉得满足，教学不会感到疲倦，哪里还会有多余的时间呢？"

【导读】

关于孔子离开鲁国一事，见于《孔子世家》的记载：孔子担任代理国相三个月，鲁国大治，呈现一片繁荣昌盛的景象，充分体现了孔子的从政才能。齐国担心鲁国愈加强大，为了使鲁国更趋衰弱，就用了一招美人计，选了一批非常漂亮的女乐和马匹，送给鲁定公。当时孔子主张不接受，他知道鲁定公这个人意志不坚定，靠不住，他收了女乐，意志一定会沉迷下去，影响国家的治理。但是当权的季桓子主动接受了齐国的女乐，又送给鲁定公。果然，按律每日举行的早朝，一连三天都不开了，大家都去看女乐了。孔子去拜见鲁定公时，劝谏定公要注意影响，但鲁定公却找借口说自己生病了，不能早朝。孔子看到这个情形，知道鲁国的发展前途不会好，加上鲁国内部也不是铁板一块，因为孔子削弱国内权贵势力的事件，和季氏三家结下了仇，矛盾很深，也不允许孔子展开他的政治抱负，就只能出国，于是孔子辞官离开了鲁国。

从这里也可以看出来，一个真正的知识分子，读书人，立身处世，进退之间，都是有分寸的，完全以国家天下为己任，不会顾虑到个人的得失问题。

第九章

或问："其有继周者，虽百世可知也①。秦已继周矣，不待②夏礼而治者，其不验乎③？"

曰："圣人之言，天也，天妄乎？继周者未欲太平也，如欲太平也，舍之而用它道，亦无由至矣。"

【注释】

①其有继周者，虽百世可知也：其他那些继承周礼的朝代，即使是百世以后，继承周礼后做出的增减损益，也是可以想象得到的。这句话出自《论语·为政》。

②待：依靠，根据。

③其不验乎：难道没有得到验证吗？其，句中语气词，这里表示反问。

【译文】

有学生问我："先生，孔子认为那些继承了周礼的朝代，即使是百世以后，它们继承周礼后做出的增减损益，也是可以想象得到的。秦朝已经继承了周朝，却没有根据夏朝的礼制来治理国家，难道这说明孔子的话没有得到验证吗？"

我回答说："圣人的话就代表天所说的话，天会没有依据地说话吗？继承了周朝的秦朝，并未想过让天下太平，如果想让天下太平，舍弃圣人的主张却用其他的治理方法，这是不能使天下太平的。"

【导读】

学习本章颇有难度，因为扬雄的观点来自《论语》，并截取了孔子观点的一部分，没有做全面的阐述，所以很多读者搞不清楚。

扬雄抬出来的一句话是"其有继周者，虽百世可知也"，这句话出自《论语·为政》："子张问：'十世可知也？'子曰：'殷因于夏礼，所损益，可知也；周因于殷礼，所损益，可知也；其或继周者，最百世，可知也。'"子张问孔子十代以内的礼制问题，孔子说："殷商继承了夏朝礼法，根据自己本朝代的实际情况做出增减，这是可以知道的。周朝继承了殷商的礼法，又根据自己朝代的实际情况做出增减，这也是可以料想得到的。其他那些继承周礼的朝代，即使是百世以后，（继承周礼做出的增减损益）也是可以想象得到的。"孔子这句话的意思是，夏商周三代的礼制是不同的，都是根据当时的实际情况有所损益，有所改变的，有自己的特点。孔子还说："周监于二代，郁郁乎文哉，吾从周。"意思是周代的礼制继承了夏商二代。整体上看，孔子崇尚周代制度，因此孔子最常提起文、武、周公。这种观点对扬雄有很大的影响，所以他继续主张"周礼是最好的"这种观点，批判秦国采用法家制度，摒弃儒家礼制，从而迅速亡国的历史。

第十章

赫赫①乎日之光，群目之用②也；浑浑③乎圣人之道，群心之用也。

【注释】

①赫赫：形容太阳光强烈炽热的样子。

②用：依靠。

③浑浑：形容圣人道义广博深厚的样子。

【译文】

强烈炽热的太阳光啊，是人们眼睛所必需的依靠；广博深厚的圣人道义啊，（同样的）是人们内心所必需的依靠。

第十一章

或问："天地简易，而圣人法之，何五经之支离①？"

曰："支离盖②其所以简易也。已简已易，焉支焉离？"

【注释】

①五经之支离：指当时儒家经传的烦冗琐碎。五经，指《诗》《书》《礼》《易》《春秋》五部儒家经典；支离：破碎的样子。

②盖：副词，大概。

【译文】

有学生问我："天地的特征是简明易懂的，圣人效法天地，那为什么五经却如此烦琐呢？"

我回答说："五经的烦琐，大概正是能够达到简明易懂的原因吧。既然已经达到了简明易懂，又哪里会烦冗琐碎呢？"

第十二章

或曰："圣人无益于庸①也。"

曰："世人之益者，仓廪也，取之如单②。仲尼，神明也，小以成小，大以成大，虽山川、丘陵、草木、鸟兽，裕如也③。如不用也，神明亦末④如之何矣。"

【注释】

①庸：平凡，这里指跟圣人相对的普通人。

②取之如单：指粮仓里的粮食很快就取完了。如，连词，相当于现代汉语的"而"；单，通"殚"，竭尽。

③裕如也：指受益颇多。

④末：无。

【译文】

有学生对我说："先生，圣人对普通人没有什么好处。"

我回答说："普通人认为对自己有好处的，如粮仓，里面的粮食很快就会取完。孔子是神明一样的人物，渺小的事物因为他得以渺小，伟大的事物因为他得以伟大，即使是山川、丘陵、草木、鸟兽，都能从他那里充分受益。如果不根据孔子主张的道义去做，神明也会（不能有益于普通人，从而）无可奈何了。"

第十三章

或问："圣人占天①乎？"

曰："占天地。"

"若此，则史②也何异？"

曰："史以天占人，圣人以人占天。"

【注释】

①占天：占卜天意。

②史：指太史，官名，掌管起草文书、策命诸侯卿大夫、记载史事，兼管典籍、历法、祭祀等事。

【译文】

有学生问我："先生，圣人会去占卜天意吗？"

我回答说："会的，圣人也要占卜天地。"

学生又问："如果是这样的话，那么太史做的事和圣人有什么不一样呢？"

我回答道："太史凭借占卜天意来预测人事的吉凶，圣人凭借观察人事的吉凶来预测天意。"

第十四章

或问："星有甘、石①，何如？"

曰："在德不在星。德隆则晷星②，星隆则晷德也。"

【注释】

①星有甘、石：指天文学家石申和甘德。星，这里指天文；甘、石，指石申和甘德，战国时期著名的天文学家，后人把甘德与石申各自写出的天文学著作结合起来，称为《甘石星经》，是现存世界上最早的天文学著作。

②德隆则晷星：道德隆盛就会使星象呈现出吉祥的征兆。晷，读为 guǐ，按照日影测定时刻的仪器。

【译文】

有学生问我："先生，甘德和石申有研究天文的著作，您觉得怎么样呢？"

我回答说："人事的好坏在于道德而不是星象。道德隆盛的话就会促使星象呈现出吉祥的征兆，反之亦然，星象吉祥可以反映出道德的隆盛。"

第十五章

或问"大人①"。

曰："无事从小为大人。"

"请问小。"

曰："事非礼义为小。"

【注释】

①大人：这里指德行高尚、志趣高远的人。

【译文】

有学生问："大人指的是什么？"

我回答说："不去做小事的人就是大人。"

学生又问："什么是小事呢？"

我回答道："跟礼义无关的事就是小事。"

第十六章

圣人之言远如天①，贤人之言近如地②。

【注释】

①远如天：指圣人的话高远深广。

②近如地：指贤人的话亲近易懂。

【译文】

圣人所说的话如同天空一样高原深广，贤人所说的话如同大地一样亲近易懂。

第十七章

珑玲①其声者，其质②玉乎？

【注释】

①珑玲：指金属、玉石等撞击的清越声音，也指人，形容精致奇巧，孔穴明晰。

②质：本质、实体，这里引申为质地、底子。

【译文】

能够发出金玉撞击般清越之声的东西,它的质地本身就是玉了吧?

第十八章

圣人矢口①而成言,肆笔②而成书。言可闻而不可殚③,书可观而不可尽。

【注释】

①矢口:开口说话。
②肆笔:下笔写。
③不可殚:不可穷尽。殚,读为 dān,竭尽。

【译文】

圣人一开口就能说出合乎标准的话,一下笔就写成合乎规范的著作。人们可以聆听圣人所说的话,却不能完全参透其中的意义,圣人所写的书可以观看却不能全部掌握其中深刻的道理。

第十九章

周之人多行①,秦之人多病②。行有之也,病曼之也③。周之士④也贵,秦之士也贱。周之士也肆,秦之士也拘。

【注释】

①行:德行。
②病:担心,忧虑。
③行有之也,病曼之也:这里指德行高尚能够有所适从,忧虑过多就无所适从。之,往;曼,无。
④士:指儒生。

【译文】

周朝的人德行高尚，秦朝的人忧虑很多。德行高尚能够有所适从，忧虑很多便无所适从。周朝的儒生品行高贵，秦朝的儒生品行卑贱。周朝的儒生随心所欲但不逾矩，秦朝的儒生（因严刑峻法的缘故）受到很多拘束。

第二十章

月未望①则载魄于西②，既望则终魄于东。其溯③于日乎？

【注释】

①望：指月光满盈时，即农历小月十五日，大月十六日。

②载魄于西：指月光从月亮的西侧开始产生。载，通"哉"，开始，与下句的"终"相对；魄，月初时的月光，也泛指月光。

③溯：面向，向着。

【译文】

月亮在满月之前，月光是从月亮的西侧开始产生的，在满月之后，月光最终从月亮的东侧消失。大概是因为月亮向着太阳（反射光线）的缘故吧。

第二十一章

彤弓卢矢①，不为有矣②。

【注释】

①彤弓卢矢：指朱漆弓和黑色箭，古代天子用来赏赐给有功的诸侯或大臣，使他们专事征伐。彤，红色；卢，黑色。

②不为有矣：并不算多。有，过多。

【译文】

对于立了大功的臣子，赐给他代表着无上光荣的朱漆弓和黑色箭，也并不过分啊。

【导读】

本章表达了扬雄对王莽的赞美之情，他认为王莽的功劳很大，赐给王莽朱漆弓和黑色箭也不算什么。王莽曾接受九锡，其中就有"彤弓卢矢"。九锡的"锡"和赏赐的"赐"是一个意思，指皇帝给的九种赏赐。这九种东西分别是车马、衣服、钟磬、朱红色的大门、纳陛、武士、钺、箭、还有一种用黑黍和郁金香草酿造的酒。在周礼（周朝的制度）里面，九代表的是伯，是最高的等级，皇帝九锡，表示王莽受到了最高等级的封赏。

第二十二章

聆听前世①，清视在下②，鉴莫近于斯矣。

【注释】

①聆听前世：这里指认真吸取前代人的经验教训。聆听，仔细听取。

②清视在下：清楚了解当前的状况。清视，清楚明白地掌握；在下，当前的状况。

【译文】

认真吸取前代的经验教训，清楚了解当前的状况，没有比这些更好的借鉴方法了。

第二十三章

或问："何如动而见畏①？"

曰："畏人。"

"何如动而见侮②？"

曰："侮人。"

夫见畏与见侮，无不由己。

【注释】

①见畏：被他人所敬畏。见，表示被动。

②见侮：被他人所侮辱。

【译文】

有学生问我："先生，该怎么做才能让别人敬畏自己呢？"

我回答说："就是先敬服别人。"

学生接着问："那怎么做会被别人侮辱呢？"

我回答道："先侮辱别人。"

因此，被他人敬畏或被他人侮辱，都是由自己的言行引起的。

第二十四章

或问"礼难以强世①"。

曰："难故强世。如夷俟、居肆②，羁角③之哺果而啖④之，奚⑤其强？或性或强，及其名一也。"

【注释】

①难以强世：难以勉强让人们遵守。强，读为qiǎng，勉强；世：世人。

②夷俟、居肆：指傲慢无礼。夷俟，伸开两足箕踞而坐，古人视作傲慢无礼之态，俟，读为sì；居肆，倨傲放肆，居，通"倨"，读为jù，傲慢。

③羁角：本义是古代儿童的发式，这里指小孩子。羁，读为jī。

④啖：读为dàn，吃，或者给人吃。

⑤奚：疑问代词，什么，哪里。

【译文】

有学生问我："先生，礼仪是很难勉强人们遵守的吧？"

我回答说："正是因为遵守礼仪难，所以才会勉强人们遵守它。如果见人的时候张开双腿而坐，并且是傲慢放肆的态度，就像小孩子吃果子一样，为什么不勉强人们遵守礼仪呢？对于礼仪的遵守，不论出自天性还是后天的勉强,等到养成习惯了,就都是一样的。"

第二十五章

见弓之张①兮,弛而不失其良兮。

或曰:"何谓也?"

曰:"檠②之而已矣。"

川有防,器有范③,见礼教之至也。

【注释】

①张:指拉紧弓弦,与下句的"弛"相对,"驰"是放松弓弦。

②檠:读为qíng,矫正弓弩的器具。

③川有防,器有范:河流需要堤坝,器具需要模型。防,指堤坝;范,指铸造器物的模子。

【译文】

我看见了一把既能拉紧弓弦,又能放松弓弦的好弓。

有学生问我:"先生,这是为什么呢?"

我回答说:"不过是因为放松弓弦的时候有檠罢了。"

河流需要堤坝,器具需要模型,由此可见礼义教化的重要性。

第二十六章

经营①然后知干、桢之克立②也。

【注释】

①经营:测量,经和营都有度量的意思。

②干、桢之克立:确定筑墙时所用木板的长度。干,筑墙时两边所用的木板;桢,筑墙时两头所用的木板;克,能够。

【译文】

经过测量以后，才能知道筑墙时需要使用多长的木板。

【导读】

本章意在告诉人们一个道理：儒家大道好不好，要经过实践才能知道。在扬雄看来，儒家大道是最好的。

第二十七章

庄、杨①荡而不法，墨、晏②俭而废礼，申、韩③险而无化，邹衍④迂而不信。

【注释】

①庄、杨：庄子和杨朱，道家著名思想家。
②墨、晏：墨子和晏子，墨子是墨家代表人物，晏子是齐国著名政治家。
③申、韩：申不害和韩非子，法家著名思想家。
④邹衍：战国末期齐国人，阴阳家代表人物，五行学说创始人。

【译文】

庄周、杨朱的学说放纵而不遵守法度，墨翟、晏婴的学说过于节俭而使儒家礼教被废弃掉了，申不害、韩非子的学说险恶毒辣而不能教化百姓，邹衍的学说迂阔荒诞而没有事实依据。

【导读】

本章表明了扬雄维护儒家，批评其他诸子学说的用意。在上述诸子中，庄子和杨朱是道家著名思想家，其学说自成体系，非难儒家，影响很大；墨子提倡节俭，反对儒家的奢侈、铺张和浪费；晏子是齐国著名政治家、思想家，反对孔子主张的繁文缛节，反对齐王重用孔子；申不害和韩非子是先秦法家学派的代表人物，他们的学说得到了君王的积极推行，成为争霸之道；邹衍是先秦阴阳家的著名代表，言论讲究艺术性，政治观点大行于天下，远非迂腐的儒家诸子可比。这些著名的思想家，他们的学说普遍被当时的诸侯国君所推崇，所推行，赢得了生前身后名，不是先秦儒家孔子、孟子等人惨淡的政治地位能够比拟的。扬雄积极学习孟子的态度，大力攻击他们，是出于对儒家政治学说的维护，是主观的，而不是客观公正的。

第二十八章

圣人之材①，天地也；次，山陵、川泉也；次，鸟兽草木也。

【注释】

①材：通"才"，才能。

【译文】

圣人的才能很大，可以与天地相匹配；其次，可以与山川河流相匹配；再次，可以与鸟兽草木相匹配。

先知卷第九

立政鼓众①，动化天下②，莫上③于中和，中和之发，在于哲民情④。撰《先知》第九。

【注释】

①立政鼓众：圣人之道，可以用来鼓动众人。语出《周易》："鼓天下之动者存乎辞。"

②动化天下：鼓动众人，教化百姓。语出《周易》："刚柔交错，天文也；文明以止，人文也。观乎天文以察时变，观乎人文以化成天下。"

③上：通"尚"。按：《汉书》扬雄本传著录作"上"。

④哲民情：了结民情。哲：动词，相当于"知"，知晓，了解。

【译文】

过去的圣人之道，可以用来鼓动众人，教化百姓，其中最好的成就是使天地万物均能各得其所，达于和谐的境界，这一理想状态的根本，在于熟知民情，关注民生。所以，我写了赞美圣人和先贤的《先知》，作为本书的第九卷。

【题解】

本卷主要论述为政治国这一重大问题，通过圣人之治与人君之治两种不同的治国措施及其结果，来证明儒家大道的优越性。

在开头部分，扬雄直接提出"怎样才能治国"这一主题，给出"立政"这一措施，然后推导到"立身"这一政治家个人素养问题上，与儒家"修身齐家治国平天下"的递进政教观吻合起来。在此基础上，广泛论述自古以来历代儒家圣贤的卓越治国表现和制度建设的成就，对比于后来历代人君的措施与成就，强调今不如古、需要复古返本的政治立场。在论证过程中，扬雄经常征引《周易》文句，作为理论支撑；经常进行对比分析，处处维护儒家大道，体现了尊儒、用儒的贯通全书的基本主张。

本卷化用了很多历史典故、礼乐制度、法制术语、祭祀文化，考虑到古今文化的差异，所以是阅读难度比较大的一卷，部分导读可以适当降低阅读理解的难度。

第一章

"先知其几①于神乎？敢问先知。"

曰："不知。知其道者其如视②，忽、眇、绵作昞③。"

【注释】

①几：接近。

②知其道者其如视：懂得事物规律的人睁眼就能看见。视，看见。

③忽、眇、绵作昞：把各种细小的事物当作光明。忽，微小；眇：通"渺"，渺小；绵，细小；昞，读为 bǐng，同"炳"，明亮。

【译文】

"先知是不是接近神明一样？我冒昧地问一下什么是先知。"

我回答他："我不懂什么是先知。懂得事物规律的人睁眼就能看见，能把各种细小的事物当作光明的征兆。"

第二章

先甲①一日易，后甲一日难。

【注释】

①甲：每个月分为三旬，甲，是每一旬开始的第一天。

【译文】

先于他人一天进行计划并付诸行动，则容易成功；晚于他人，则很难成功。

第三章

或问："何以治国？"

曰："立政。"

曰："何以立政？"

曰："政之本，身也，身立①则政立矣。"

【注释】

①身立：立身处世。

【译文】

有的学生问："用什么办法可以治理好国家？"

我回答说："要确立为政之道。"

学生又问："用什么办法可以确立为政之道？"

我回答说："立政的根本在于君主的立身处世，只要好好立身处世，那么为政之道就确立了。"

第四章

或问:"为政有几①?"

曰:"思斁②。"

或问"思斁"。

曰:"昔在周公,征于东方,四国是王③。召伯述职④,蔽芾甘棠⑤,其思矣。夫齐桓欲径陈⑥,陈不果内⑦,执袁涛涂⑧,其斁矣夫。於戏⑨,从政者审其思斁而已矣。"

【注释】

①几:这里指关键点,要害。

②思斁:受到百姓的思念拥戴,或者被百姓憎恶厌弃。斁,读为 yì,厌弃。

③四国是王:四方诸侯之国都承认周公当王。

④召伯述职:召伯向天子陈述职守。召伯,名姬奭(shì),也称召(shào)康公、召公,他支持周公摄政当国,平定叛乱。

⑤蔽芾甘棠:小小的甘棠树。芾,读为 fèi,小树干及小树叶;蔽芾,形容树木枝叶小而密。

⑥齐桓欲径陈:这里指齐桓公想借道陈国的小路去攻打楚国。齐桓,指齐桓公,春秋五霸之首;径,小路,这里指借道。

⑦陈不果内:陈国不接纳他。内:通"纳",接纳,使……进入。

⑧执袁涛涂:齐国人抓住了袁涛涂作为人质。袁涛涂,春秋时期陈国大夫,著名诗人,文官。

⑨於戏:读为"呜呼",表感叹,也写作"于戏"。

【译文】

有学生问:"为政有哪些需要注意的要点呢?"

我回答说:"是受到百姓的思念拥戴,还是被百姓憎恶厌弃。"

学生又问:"怎么来进行反思呢?"

我回答说:"以前周公在东方诸国征战的时候,四方诸侯国都承认周公为王。召伯向天子陈述职守的时候（正当蚕桑之时，为了不影响庄稼的收成），于是在小小的甘棠树下（进行述职），（周公和召公这样的人）就受到了百姓的拥戴和思念。齐桓公想要借道陈国的小路（去攻打楚国），陈国不让齐桓公进入境内。最终，齐国军队抓了陈国的袁涛涂作为人质（用这种卑劣的手段要挟陈国，才通过了陈国的小路），齐桓公就招到了百姓的厌弃。呜呼，从事治国为政的人，一定要反思自己是否招到百姓的厌弃啊。"

第五章

或问："何思？何斁？"

曰："老人老①，孤人孤②，病者养，死者葬，男子亩③，妇人桑之谓思。若汙人老④，屈人孤⑤，病者独，死者逋⑥，田亩荒，杼轴空⑦之谓斁。"

【注释】

①老人老：尊敬赡养老人。第一个老是意动用法。

②孤人孤：养育照顾孤儿。第一个孤是意动用法；人孤，孤儿，古代指在幼年时死去父亲或父母双亡的孩子。

③男子亩：男子能够有田亩可以耕种。

④汙人老：怠慢老人。汙，读为 wū，这里指怠慢。

⑤屈人孤：使孤儿贫穷。屈，使……穷。

⑥死者逋：去世的人被拖延下葬时间。逋，读为 bū，拖延。

⑦杼轴空：织布机空置不用。杼轴：读为 zhù zhóu，织布机上的两个部件，即用来持纬（横线）的梭子和用来承经（直线）的筘（kòu），代指织布机。

【译文】

学生问我："怎么做才会受到百姓的思念拥戴？怎么做会被百姓所厌弃？"

我回答说："尊敬赡养老人，养育照顾孤儿，照顾生病的人，安葬去世的人，男子有田地可以耕种，妇女能够栽桑养蚕，这就受到百姓的思念和拥戴。如果怠慢老人，使孤儿在贫穷中成长，生病的人独自一人，去世的人不能得到安葬，田地被荒废，织布机空置不用，这样做就会被百姓所厌弃。"

【导读】

在这两章里，扬雄通过对比论证的方式，阐述了自己的执政理念，这些理念是儒家仁政在社会生活上的体现，由于他对孟子的推崇，上述理念基本上继承了孟子所述。

《孟子·梁惠王上》第七章指出："老吾老，以及人之老；幼吾幼，以及人之幼。天下可运于掌。"这是本章扬雄养老育孤观念的来源。

《孟子·梁惠王上》第三章指出："不违农时，谷不可胜食也；数罟不入洿池，鱼鳖不可胜食也；斧斤以时入山林，材木不可胜用也。谷与鱼鳖不可胜食，材木不可胜用，是使民养生丧死无憾也。养生丧死无憾，王道之始也。"这是关于养病葬死的来源。

《孟子·梁惠王上》第三章指出："五亩之宅，树之以桑，五十者可以衣帛矣。鸡豚狗彘之畜，无失其时，七十者可以食肉矣。百亩之田，勿夺其时，数口之家可以无饥矣。谨庠序之教，申之以孝悌之义，颁白者不负戴于道路矣。七十者衣帛食肉，黎民不饥不寒，然而不王者，未之有也。"这是关于男耕女织的来源。

扬雄不仅在仁政治国方面全面继承了孟子的理念，还在其他很多方面继承、化用、新变了孟子的观念，散见于《法言》全书的其他章节。在扬雄看来，孔子是至高无上的圣人，孟子坚决维护孔子的学说而有所创新，他要学习孔子，必然会维护孟子，对孔孟的尊崇，成为他政教观念的主要渊源。

第六章

为政日新①。

或人："敢问日新。"

曰："使之利其仁②，乐其义③，厉之以名④，引之以美⑤，使之陶陶然之谓日新。"

【注释】

①为政日新：治理国家每天都要有所更新进步。

②利其仁：做对仁爱有利的事。

③乐其义：乐于做符合道义的事。

④厉之以名：使他们的名声更好。厉，磨，使锋利，这里指使……更好。

⑤引之以美：用美德来引导他们。

【译文】

治理国家要每天都有进步。

有的学生问："先生，怎样做才算是每天都有所更新进步呢？"

我回答说："使百姓做对仁爱有利的事，乐于做符合道义的事，使他们的名声更好，用美德来引导百姓，使百姓的生活悠然自得，这就是每天都有新的进步。"

【导读】

本章阐述扬雄"为政日新"的进步观念，其理论来源是儒家自古强调的革新思想，直接源自儒家经典《礼记·大学》第八章所论述的"日新说"。原文如下：

汤之《盘铭》曰："苟日新，日日新，又日新。"《康诰》曰："作新民。"《诗》曰："周虽旧邦，其命维新。"是故君子无所不用其极。

商汤把"苟日新，日日新，又日新"铭刻在自己的洗澡用具上，以便自己每天吃饭的时候要看见这句箴言，时刻提醒自己要及时反省和不断革新。进一步，做新民、要维新是古代儒家反复强调的一个观点，不仅帝王要做好，还倡导普通人也要做好，这个观念代表着不断发展和积极进取的精神，是一个日积月累的变化，从量变到达质变的必然趋势和结果，是人类思想进步和物质创新的哲学。

我们今天学习"日新说"，仍然具有积极的思想价值：对普通人来说，可以作为改变自己的观念，追求新的生活变化；对学者来说，促使我们不断思考，进行新的创造；对政治家来说，可以借古用今，做好改革，鼓励创新，实现中华民族的伟大复兴。

第七章

或问"民所勤①。"

曰:"民有三勤。"

曰:"何哉所谓三勤?"

曰:"政善而吏恶,一勤也;吏善而政恶,二勤也;政、吏骈恶②,三勤也。禽兽食人之食,土木衣人之帛③。谷人不足于昼④,丝人不足于夜⑤之谓恶政。"

【注释】

①民所勤:人民的苦难。勤,这里指苦难。

②政、吏骈恶:政治措施和官员都很凶恶。政,这里指君王;骈,并,都。

③土木衣人之帛:泥塑木雕的人像穿着人的衣服。土木,这里指泥塑木雕的人像;帛,丝织品的统称,这里指衣服。

④谷人不足于昼:农夫在晚上辛勤耕种也不够。谷人,农夫;不足,不够。

⑤丝人不足于夜:冶丝织绸的人在晚上辛勤劳动也不够。丝人,冶丝织绸的人。

【译文】

有学生问:"人民的苦难是什么?"

我回答说:"人民有三种苦难。"

学生又问:"您所谓的三种苦难指的是什么?"

我回答说:"君王很好但官员品行恶劣,官员仁爱但是君主凶恶,君主和官员都很凶恶,这是人民的三种苦难。如果鸟兽吃人的食物,泥塑木雕的人穿人的衣服,导致农夫在晚上辛勤耕种也不足够吃的,冶丝织绸的人在晚上辛勤劳动也不足够穿的,这是我所说的凶恶的君主。"

【导读】

扬雄在本章之中论述百姓的三种苦难，最终将根源上推到"恶政"上去，他的这一思想主要来自孟子：

《孟子·梁惠王上》第三章指出："庖有肥肉，厩有肥马，民有饥色，野有饿莩。此率兽而食人也！兽相食，且人恶之；为民父母，行政，不免于率兽而食人，恶在其为民父母也？仲尼曰：'始作俑者，其无后乎！'为其象人而用之也。如之何其使斯民饥而死也？"这是本章禽兽论之所出。孔子所说的"俑"，指的就是本章中的"土木"。

《孟子·梁惠王上》第六章指出："君……制民之产，仰不足以事父母，俯不足以畜妻子；乐岁终身苦，凶年不免于死亡。"这是本章所说恶政的写照。

如能将本章内容和第四章、第五章及其导读结合起来看，将更加有助于理解扬雄的政治思想。

第八章

圣人，文质者①也。车服以彰之②，藻色以明之③，声音以扬之④，诗书以光之⑤。笾豆不陈⑥，玉帛不分⑦，琴瑟不铿⑧，钟鼓不抎⑨，则吾无以见圣人矣。

【注释】

①文质者：外在文饰与内在质朴完美结合的人。

②车服以彰之：用华丽的马车和服饰来彰显圣人的美好。

③藻色以明之：用很深的颜色来表明显圣人的高贵。藻色，这里指颜色。

④声音以扬之：用音乐来颂扬圣人的美德。

⑤诗书以光之：将圣人的功德写成诗书，用来光照后人。

⑥笾豆不陈：祭祀用的笾豆不再摆设。笾豆，笾和豆，古代祭祀及宴会时常用的两种礼器，竹制为笾，木制为豆，这里借指祭祀礼仪，笾，读为 biān。

⑦玉帛不分：玉器和丝织品也不陈列了。玉帛，玉器和丝织品，古时用于祭祀，国与国之间交际时用作礼物。

⑧琴瑟不铿：琴瑟不再响亮。铿，读为 kēng，有节奏而响亮的声音。

⑨钟鼓不抎：钟鼓不再有力。抎，读为 yǔn，通"陨"，丧失，坠落。

【译文】

圣人是外在文饰与内在品质完美结合的人。人们用华丽的马车和服饰来彰显圣人的美好，用很深的颜色来表明圣人的高贵，用音乐来颂扬圣人的美德，将圣人的功德写成诗书，用来光照后人。（现在）祭祀的礼仪中不再摆设笾豆，玉器和丝织品也不陈列，琴瑟不再响亮，钟鼓不再有力（这些礼仪现在都不在了）所以我没有办法再看见圣人啊。

【导读】

本章主要论述圣人之美在各个方面的表现，以及汉儒祭祀所用礼器的缺失，表明了扬雄对先圣的颂扬和对当下的失望。

圣人文质兼美的话，出自《论语·雍也》："质胜文则野，文胜质则史，文质彬彬，然后君子。"文，指外在衣着的文采；质，指内在性情的实质；彬彬，形容配合适当。这句话是孔子用来形容一个人既文雅又朴实的，后来广为流传，形容人文雅有礼貌。扬雄尊崇孔子，他学习孔子，不惜用一切美好的话语来赞美圣人，于是有了本章中对孔圣人的无限赞誉。

同时，扬雄又对汉儒逐渐不受礼制深恶痛绝，他指责汉儒破坏了儒家传统的祭祀古礼：笾豆不陈，玉帛不分，琴瑟不铿，钟鼓不抎。既然是这样的破坏礼乐制度，那么又怎么敢奢望还能看到孔子这样的圣人出现呢？其实，扬雄不是真的想要孔子重生，而是在强调一点：社会环境是弘扬儒学、培养人才的第一要素，不按照儒家的礼乐制度来，当下的儒学就是假的，就会受到损害。

第九章

或曰："以往圣人之法治将来，譬犹胶柱而调瑟①，有诸②？"

曰："有之。"

曰："圣君少而庸君多，如独守仲尼之道，是漆也③。"

曰："圣人之法，未尝不关盛衰焉。昔者，尧有天下，举大纲④，命舜、禹；夏、殷、周属其子，不胶者卓矣⑤！唐、虞象刑惟明⑥，夏后肉辟三千⑦，不胶者卓矣！尧亲九族，协和万国。汤武桓桓⑧，征伐四克⑨。由是言之，不胶者卓矣。礼乐征伐⑩，自天子所出。春秋之时，齐晋实予⑪，不胶者卓矣！"

【注释】

①胶柱而调瑟：用胶粘住了弦柱之后来弹奏琴瑟。胶柱，用胶粘住瑟上的弦柱，以致不能调节音的高低，比喻固执拘泥，不知变通；调瑟：弹奏琴瑟。

②有诸：有这样的事情吗？

③是漆也：是一无所知的。漆，黑，这里形容一无所知。

④举大纲：掌控了天下的政权。大纲：这里指天下的政权。

⑤不胶者卓矣：他们的不保守是明白透彻的。胶，拘泥，固守，《扬子·方言》中解释为谲诈；卓，通"焯"，读为zhuō，明白透彻。

⑥唐、虞象刑惟明：尧舜时期采用图画象形的方式惩戒犯人，百姓受到教化，耻于犯罪。唐、虞，指尧舜；象刑，采用图画象形的方式惩戒犯人。

⑦夏后肉辟三千：大禹则制定了肉刑三千条之多。夏后，指大禹；辟，读为pì，刑法。

⑧汤武桓桓：商汤与周武王都很勇武。汤武、商汤与周武王的并称；桓桓，勇武、威武貌。

⑨征伐四克：四方征战，获得胜利。

⑩礼乐征伐：制定礼乐，实行征战。

⑪齐晋实予：齐国和晋国实际上享有了天子的部分权力。齐晋，指齐桓公和晋文公，春秋五霸中的前两位，当时虽然周天子还在，但齐国和晋国实际上享有了天子的部分权力，可以颁发礼乐征伐诛绝的命令。

【译文】

有的学生问："用古代圣人的方法来治理后来的国家，犹如用胶粘住了弦柱之后来弹奏琴瑟，是这样的吗？"

我回答说:"是的。"

我说:"圣明的君主少而平庸的君主多,如果仅仅只是坚守孔子的治国之道,也是一无所知的。"

我说:"孔子的治国之道未尝不关乎国家的盛衰。上古时期帝尧拥有天下,掌控了政权,先后选拔任命了帝舜和大禹担任自己的接班人;再后来的夏、商、周三代都是对帝舜和大禹的延续,他们的不保守是明白透彻的!尧舜时期采用图画象形的方式惩戒犯人,百姓受到教化,于是耻于犯罪,大禹则制定了肉刑三千条之多,他们的不保守是明白透彻的!帝尧亲近九族,与天下各国相处融洽,商汤与周武王都很勇武,征战四方并能获得胜利。由此看来,他们能根据时代所需而选择外政方式,他们的不保守是明白透彻的!孔子曾说:制定礼乐,实行征战,这些政教命令都应该由周天子来发出。到了春秋时期,齐国和晋国实际上享有了天子的部分权力,他们身为人臣而专有礼乐征伐诛绝之令,实际情况有变,他们的不保守是明白透彻的!"

【导读】

本章从古至今,追述儒家先圣的治国之道与历史美誉,借以表明对孔子之道可以用于治国的支持。

本章有两处难以理解。第一处是对"唐、虞象刑惟明"的理解。《尚书·皋陶谟》记载:"唐、虞之象刑,上刑赭衣不纯,中刑杂屦,下刑墨幪,以居州里,而民耻之。"这就表明了尧舜时代是在实行仁政,不会真的对犯法的人进行身体上的伤害,而是采用穿不同衣服表明不同罪过的方式,让罪犯居住在家乡,接受百姓的观看,让他们感到羞耻,从而激发其向善改过之心,不再犯罪。《尚书大传》记载当时采用的具体措施是:"犯墨者蒙皂巾,犯劓者赭其衣,犯膑者以墨幪其膑处而画之,犯大辟者布衣无领。"犯了什么罪,就穿什么样的服饰,以此来区分轻重,但尧舜时代并不真的惩治犯罪,而是用警戒的方式来使全体百姓都受到教化,不敢犯罪,这就是最好的仁政。后来的大禹,制定"肉刑三千",明显是低了一层。而孔子敢于在夹谷之会上当面杀人,当上代理国相才几天就杀掉了自己的竞争对手少正卯,表明他的治国措施其实很严酷，赶不上尧舜之法。

第二处是对"春秋之时，齐晋实予，不胶者卓矣"的理解。按照正常的字面意思来看，这里是在赞美周天子有雅量，也在赞美齐桓公和晋文公享有了周天子的部分权力来发号施令，他们都很优秀！但结合前面孔子说的"礼乐征伐，自天子所出"来推测，孔子是反对齐桓公晋文公这种霸权主义的。通读本章可知：尧死后，才有帝舜和大禹；帝舜和大禹死后，才有夏、商、周三代的顺次接班，才有商汤和周武王的出现，说他们优秀，说他们功绩卓越，是按照时间的先后而不同处一个时代来讲的，这是对历史脉络的正常表述。但是，周天子还在，周王朝还在，作为诸侯的齐桓公和晋文公就称霸天下，代替周天子发号施令，这是孔子所不容许的。

《论语·季氏》篇第二章说，孔子曰："天下有道，则礼乐征伐自天子出；天下无道，则礼乐征伐自诸侯出。自诸侯出，盖十世希不失矣；自大夫出，五世希不失矣；陪臣执国命，三世希不失矣。天下有道，则政不在大夫。天下有道，则庶人不议。"

孔子的意思是：世道清明，那么制作礼乐和发令征伐的权力都出自天子。世道混乱，那么制作礼乐和发令征伐的权力就出自诸侯。很明显，春秋时期诸侯霸主先后出现，是对周天子权力的挑战和削弱，这对坚守礼制的孔子来说，是最痛恨的事，儒家的礼崩乐坏，以至于倾覆，就是他们带头干出来的。扬雄尊奉孔子，所以有一些研究者认为扬雄这里是正话反说，实际上是在批评春秋乱政的这些霸主。

第十章

或曰："人君不可不学《律》《令》①。"

曰："君子为国，张其纲纪，谨其教化。导之以仁，则下不相贼②；莅之以廉③，则下不相盗；临之以正，则下不相诈；修之以礼义，则下多德让。此君子所当学也。如有犯法，则司狱④在。"

【注释】

①《律》《令》：指汉朝的法律和法令。

②下不相贼：下层的百姓不会相互偷盗。贼，这里做动词，偷窃。

③莅之以廉：对赴任的官员用廉洁的制度加以规范。莅，到，这里指上任做官。

④司狱：掌管刑狱的官员。

【译文】

有的学生说："君主不得不学习本朝的法律和法令。"

我说："君主治理国家，需要制定好法律制度，严谨地对百姓进行政治教化。用仁义引导百姓，那么百姓不会相互偷窃；用廉洁的制度规范官员，那么官员不会偷盗国家的财富；接近百姓时注意正言正行，那么百姓不会互相欺骗；用礼义来提升百姓的品行修养，那么百姓会更加有品德地谦让，这些是君主治国应该学习的啊。如果有人犯法，就有掌管刑狱的官员专门来处理他们。"

【导读】

在本章中，扬雄认为国君需要学习法律条令，但更主要的是以身作则，实行仁政，对百姓进行各方面的教化影响，才能治理好国家。

本章所说的《律》《令》，指的是汉朝本身的法律和法令。《汉书·刑法志》记载说："汉兴，高祖初入关，约法三章曰：'杀人者死，伤人及盗抵罪。'……其后四夷未附，兵革未息，三章之法不足以御奸，于是相国萧何攈摭秦法，取其宜于时者，作律九章。"这是汉初之《律》，简称《九章律》。同篇又说："及至孝武即位，外事四夷之功，内盛耳目之好，征发烦数，百姓贫耗，穷民犯法，酷吏击断，奸宄不胜。于是招进张汤、赵禹之属，条定法令，作见知故纵、监临部主之法，缓深故之罪，急纵出之诛。其后奸猾巧法，转相比况，禁罔浸密。律、令凡三百五十九章，大辟四百九条，千八百八十二事，死罪决事比万三千四百七十二事。"这是汉武之《律》《令》，在前代基础上大为丰富，累计三百五十九章之多。

一个国家的长治久安，必须要有不断完善的法律作为保障，并做到有法必依，才能上下约束，顺利治国。

第十一章

或苦乱①。

曰："纲纪。"

曰："恶②在于纲纪？"

曰："大作纲，小作纪，如纲不纲③，纪不纪④，虽有罗网⑤，恶得一目而正诸⑥？"

【注释】

①苦乱：遭受战乱，感到忧患。苦，以……为忧患；乱，战乱。

②恶：读为 wū，为什么。

③纲不纲：大的法律没有起到应有的关键作用。纲，本指提握渔网的大绳子，引申张开渔网，这里指大的法律。

④纪不纪：小的法律没有起到应有的律令作用。纪，本指渔网的丝线，引申为梳理渔网，这里指小的法律。

⑤虽有罗网：即使制定再多的法律。罗网，捕捉鸟兽的器具，比喻法网。

⑥恶得一目而正诸：又怎么能使法律中的条目得到正确的实施呢？目，本指渔网的网眼，这里指法律中的具体条目。

【译文】

有人处于战乱之中，感到忧患。

我说："需要法律制度才能解决这个问题。"

学生问道："为什么需要用法律制度才能解决战乱之苦呢？"

我回答说："从大处讲，法律好像渔网上的大绳子；从小处讲，法律就是渔网上的丝线；如果大的法律没有起到应有的关键作用，小的法律也没有起到应有的律令作用，那么即使制定再多的法律，又怎么能使其中的条目得到正确的实施呢？"

第十二章

或曰："齐得夷吾而霸①，仲尼曰小器②。请问大器③。"

曰："大器其犹规矩准绳④乎？先自治而后治人之谓大器。"

【注释】

①齐得夷吾而霸：齐国得到了管夷吾而成为霸主。夷吾，管夷吾，即管仲，春秋时期著名政治家，担任齐桓公国相，辅佐他成就霸业。

②小器：指某人气量小，心胸容纳事物不多，犹如小的器皿一样，容纳不了多少东西。

③大器：与小器对应，指一个人气度宏大。

④规矩准绳：见《五百》卷第五章的注释。

【译文】

有的学生说："齐国得到了管夷吾而称霸诸侯，孔子却认为他是气度很小的人。请问先生，什么是气度宏大呢？"

我说："大的气度是否就像根据礼仪做事的准则一样呢？能够先运用礼仪规范好自己，然后再管理好别人的人，才能叫作大器。"

【导读】

本章借孔子的话阐明扬雄的人才观：有能力有贡献是好的，但要明知儒家礼制，才是真正的大器之才。管仲是历史上著名的大政治家、大思想家，但孔子对他的评价不高。《论语·八佾（yì）》第二十二章记载说：

子曰："管仲之器小哉！"或曰："管仲俭乎？"曰："管氏有三归，官事不摄，焉得俭？""然则管仲知礼乎？"曰："邦君树塞门，管氏亦树塞门；邦君为两君之好，有反坫。管氏亦有反坫，管氏而知礼，孰不知礼？"

管仲非常有才能，他帮助齐桓公进行政治改革，选贤任能，加强武备，发展生产。他平定北戎、夷狄的动乱，使齐国逐渐强大，又在中原联合各个诸侯国，帮助安定周朝王室的内乱，历史上叫作"尊王攘夷"。齐桓公多次会盟诸侯，成为春秋五霸之首，这些都是管仲出的大力。《管子·小匡篇》记载说："管仲者，天下之贤人也，大器也。"管仲是天下公认的贤人，他是个大器。但管仲在孔子眼里被视为小器，不是大器。通读《法言》全书各卷对儒家诸子与其他名人的评价可知：最主要的原因是管仲帮助了齐桓公称霸天下，削弱了周天子的执政权力，相当于"以下犯上"，这就叫作"不知礼"，犯了儒家伦理的大忌，相当于是周王朝礼崩乐坏的第一个推手，所以孔子不高兴，即使管仲才能再优秀，也不能称之为大器。

第十三章

或曰："正国①何先？"

曰："躬工人绩②。"

【注释】

①正国：治理国家。正，使……正。

②躬工人绩：国君要先端正自身，做好本职，然后考察官员的功绩。躬，身，指国君；工，通"功"，功绩。

【译文】

有学生问："治理国家的首先条件是什么？"

我回答说："国君要先端正自身，做好本职，然后再考察官员的功绩（官员会效仿国君，那么国家就治理好了）。"

第十四章

或曰："为政先杀后教①。"

曰："於乎②，天先秋而后春乎？将先春而后秋乎？"

【注释】

①先杀后教：先使用刑法，然后再实行教化。

②於乎：通"呜呼"，表感叹。

【译文】

有学生说："治理国家先使用刑法，然后再实行教化。"

我回答说："呜呼，四季是先有秋天再有春天的吗？还是按照规律来，先有春天后有秋天呢？"

第十五章

吾见玄驹之步①，雉之晨雊②也，化其可以已矣哉。

【校勘】

雉之晨雊：一说"晨"当为"震"，鼓翼而鸣谓之震，指野鸡拍着翅膀鸣叫。

【注释】

①玄驹之步：黑色小马行走的脚步。玄驹，黑色小马，或者谓良马名。

②雉之晨雊：野鸡在早晨鸣叫。雉，读为 zhì，野鸡；雊，读为 gòu，鸣，这里指野鸡的叫声。

【译文】

我看见黑色小马行走的脚步，听见野鸡在早晨的鸣叫声，深深感到这是通过教化促使它们这样的啊！

【导读】

本章阐述政治教化的巨大功能。既然马儿走路的步态和野鸡鸣叫的声音，都可以通过教化来改变，以此类推，将教化施加于百姓，一定会取得更好的效果。

儒家非常看中教化的功能，体现在各类论著成果之中。比如，《毛诗大序》

就记载说:"《关雎》,后妃之德也,风之始也,所以风天下而正夫妇也。故用之乡人焉,用之邦国焉。风,风(讽)也,教也,风以动之,教以化之。"一首好的诗歌就可以起到这么大的作用,那么更多更好的诗歌就会起到更大的作用:"故正得失,动天地,感鬼神,莫近于诗。先王以是经夫妇,成孝敬,厚人伦,美教化,移风俗。"不仅会使百姓日常生活层面和谐美好,还会促使社会政治层面和谐治理。

第十六章

民可使觌德①,不可使觌刑②。觌德则纯,觌刑则乱。

【注释】

①觌德:看见美德。觌,读为 dí,看见。
②觌刑:看见刑罚。

【译文】

可以让百姓看见美德,不能让百姓看见刑罚。看见美德,民风就会纯正;看见刑罚,百姓就会混乱。

第十七章

象龙之致雨①也,难矣哉。曰:"龙乎!龙乎!"

【注释】

①象龙之致雨:使用木头雕刻的龙来求雨。象龙,刻绘龙形。

【译文】

期待用刻绘的龙来求雨,是很难降雨的啊。我感叹道:"这并不是真龙啊!不是真龙啊!"

【导读】

本章借求雨使用真龙一事，表明扬雄对伪君子的批评。

桓谭《新论》云："刘歆致雨，具作土龙，吹律及诸方术无不备设。谭问求雨所以为土龙，何也？曰：'龙见者，辄有风雨兴起以迎送之，故缘其象类而为之。'"刘歆是汉朝宗亲，扬雄的好朋友，他的儿子就在扬雄门下读书，两人关系很好。但刘歆这次求雨是在王莽执政时期，扬雄、刘歆、王莽三人早年共同担任过黄门侍郎，但现在扬雄还是一介书生，而另外两人早已飞黄腾达，扬雄对此有所不满，但又不便明说；而且刘歆用的是"土龙"，所以尽管吹律及诸方术无不备设，阵仗很大，但仍然是一种迷信行为。因此，本章所论，即为此而发，感叹一切作为之无益，间接表示对刘歆与王莽的不满。

第十八章

或问"政核①"。

曰："真伪②，真伪则政核。如真不真，伪不伪，则政不核。"

【注释】

①政核：政治稳固的实质。核，坚固的果核，这里指政治稳固的实质。

②真伪：分清真伪。真，这里指真君子；伪，这里指伪善的小人。

【译文】

有学生问："使政治稳固的实质是什么？"

我回答说："分清真伪，重用君子，远离小人，这是政治稳固的实质。如果不能正确地重用君子，不能准确地区分伪善小人，那么政治就不可能稳固。"

第十九章

鼓舞万物者，雷风乎！鼓舞万民者，号令乎！雷不一①，风不再②。

【注释】

①雷不一：雷不会一直都有。

②风不再：风不会再次吹来。

【译文】

上天用雷和风激发万物，君王用号令来激励万民！（因为上天气候的变化，所以）同样的雷不会一直都有，同样的风不会再次吹来。

第二十章

圣人乐陶成天下之化①，使人有士君子之器者也。故不遁于世②，不离于群③。遁离者，是圣人乎？

【注释】

①圣人乐陶成天下之化：圣人使天下人得到教化，并以此为乐。乐陶，快乐的样子；成天下之化，使天下人得到教化。

②不遁于世：不逃避世事。遁，逃避。

③不离于群：不离开百姓。

【译文】

圣人乐于使天下人得到好的教化，使人们养成士族君子的高雅气度。所以圣人不会逃避世事，不会离开百姓。逃避世事，离开百姓的人，怎么会是圣人呢？

第二十一章

雌之不才，其卵㲅①矣；君之不才，其民野②矣。

【注释】

①卵㲅：不能把蛋孵成小鸟。㲅，读为 duàn，蛋坏了，孵不成小鸟。

②民野：百姓不受约束。野，不受约束。

【译文】

雌鸟没有才能，就不能把蛋孵成小鸟；君主没有才能，百姓就会不受约束。

第二十二章

或问曰："载使子草律①。"

曰："吾不如弘恭②。"

"草奏③。"

曰："吾不如陈汤④。"

曰："何为？"

曰："必也律不犯，奏不剡⑤。"

【注释】

①载使子草律：假设让您草拟法律。载，假设；草，这里指草拟。

②吾不如弘恭：我比不上弘恭。弘恭，西汉沛〔今安徽濉（suī）溪县〕人，青年时被处腐刑，为中黄门，不久选为中尚书。宣帝为加强皇权，任用宦官曲掌机要，他被任命为中书令，明习法令，善为奏请，深得信任。

③草奏：草拟奏章。

④吾不如陈汤：我不如陈汤。陈汤，山阳瑕丘〔今山东兖（yǎn）州北〕人，学识渊博，通达事理，写得一手好文章。汉元帝时，他任西域副校尉，曾经假托圣旨，胁迫西域都护甘延寿出兵，攻杀与西汉王朝对抗的匈奴郅（zhì）支单于，为安定边疆做出很大贡献，并留下"明犯强汉者，虽远必诛"的千古名句。

⑤奏不剡：不需要削尖锐的木牍来奏折。剡，读为 yǎn，锐利，古代需要削出尖锐的木牍来写奏折。

【译文】

有学生问:"假设让您去草拟法律,会怎样呢?"

我回答说:"这方面我比不上弘恭。"

学生再问:"那草拟奏折呢?"

我回答说:"这方面我比不上陈汤。"

学生又说:"您为什么这样说呢?"

我回答说:"(如果国家以高尚的德行教化人民,那么)必定不会有人违反法律,当然也就不用削尖木牍来写奏折啦。"

第二十三章

甄陶①天下者,其在和②乎?刚则甈③,柔则坏。

【注释】

①甄陶:烧制陶器,这里指教化百姓。甄,读为 zhēn,烧制陶器。

②和:读为 huó,和泥。

③刚则甈:太硬了就会制出破的瓦壶。甈,读为 qì,破瓦壶。

【译文】

教化天下百姓如同烧制陶器一样,大概关键的因素在于和泥吧?和泥太硬了就会烧制出破的瓦壶,太软了就会烧制出残次品。

第二十四章

龙之潜亢①,不获中矣②。是以过中则惕③,不及中则跃,其近于中乎!

【注释】

①龙之潜亢:龙的潜伏与高飞。潜,潜伏;亢,高飞。

②不获中矣:没有得到合适的位置。

③过中则惕:超过了合适的位置就要小心谨慎。惕:戒惧,小心谨慎。

【译文】

龙之所以会潜伏与高飞,是因为没有处于合适的位置。因此,超过了适合自己的位置就要小心谨慎,还不到适合自己的位置就要努力飞跃。

【导读】

本章借助龙的潜伏与高飞,来说明君子立身处事的三种原则:积极准备,等待时机;寻求适合的位置,有所作为;过犹不及,懂得适度回拉。这三种方式充满了辩证法的色彩,带有折中思维方法论的原理性质,其哲学渊源是《周易》的《乾卦》卦象。

一、初九。潜龙勿用。

潜伏的龙,无法施展,比喻君子被压抑在下层,不能有所作为。孔子说:龙比喻有才德而隐居的君子。操行坚定不为世风所转移,不求虚名,隐居避世而没有苦闷,言行不为世人所赏识而没有烦恼。乐意的事就施行它,忧患的事就避开它,坚定而不可动摇,这是潜龙的品德。乾卦的初九是最低的位置,在"潜龙"阶段,君子不可盲目行动,应当耐心地等待时机,在发现有机可乘的时候,立即行动。这就需要君子智慧地判断自己所处的位置,采用适合自己生存发展的策略,同时不可以不弘其毅,做好全力以赴奋进不已的准备。

二、上九。亢龙有悔。

升腾到极限的龙,将有灾祸之困。孔子说:身份显贵而没有根基,地位崇高而没有人民,有才德的压抑在下层,不能获得他们的辅助,因此有所行动必招祸殃。这是警诫人们崇高、盈满是不可能长久保持的。龙飞过高,就叫亢,刚过易折也是这个意思。这一卦象秉持了一个自然宇宙的规律,就是阴阳的相互变化,一种事物从来没有无限制兴盛下去的可能。乾卦从初九累积发展到上九,已经达到一个极致,所谓阳极生阴,为了显示自己的能力和成绩,又不大爱听别人意见,就有可能一意孤行,从而可能招致麻烦、使自己受到损失,为自己的高傲态度后悔。

扬雄认为,上述两种状态都不是最好的,君子需要做出调整。最好的立身处世之道是刚柔并济，找准自己的位置，得到一个"适中"的状态。这种思维方法论是儒家秉持已久的"折其两端而用中"的折中思维方法论，值得我们在学习、生活、工作中吸取养分，借鉴选择，实现"读古人书，而有益于当下"的目的。古为今用，修养自身，这是我们今天研究、学习扬雄《法言》的主要价值所在。

第二十五章

圣人之道，譬犹日之中矣！不及则未①，过则昃②。

【注释】

①不及则未：不到正午时分则不够强烈，比喻现在的儒者未能掌握圣人之道。

②过则昃：过了正午就开始逐渐减弱，比喻现在的儒者过度掌握圣人之道。昃，读为 zè，多比喻事物盛极则衰。

【译文】

圣人的大道，就像正午的太阳那样光明啊！不到正午时分则不够强烈，过了正午就开始逐渐减弱。

第二十六章

什一①，天下之中正②也。多则桀③，寡则貊④。

【注释】

①什一：古代赋税制度，十分中上交一分税，称"什一"。

②天下之中正：是天下赋税制度中公正的制度。

③多则桀：超过十分之一就和夏桀一样残暴。桀，读为 jié，夏桀，代指凶暴。

④寡则貊：少于十分之一，就和北方的少数民族一样。貊，读为 mò，古

代东北方的少数民族，无社稷、宗庙、百官、制度之费，税薄。

【译文】

征收十分之一的赋税，这是天下最公正的赋税制度。多于十分之一就和夏桀一样残暴，少于十分之一就和貊一样野蛮。

第二十七章

井田之田①，田也。肉刑之刑②，刑也。田也者，与众田之③。刑也者，与众弃之。

【注释】

①井田之田：井田制度里面的田地。井田，相传古代的一种土地制度，以方九百亩为一里，划为九区，形如"井"字，故名。

②肉刑之刑：肉刑这种刑罚。肉刑，残害肉体的刑罚，古指墨、劓（yì）、剕（fèi）、宫、大辟等。

③与众田之：和大家一起耕种。田，动词，耕种。

【译文】

井田制度里面的田地是用来耕种的，肉刑这种刑罚是用来惩罚人的。田地本来就应该和大家一起耕种，至于刑罚，应该和大家一起废弃掉。

第二十八章

法无限①，则庶人田侯田②，处侯宅③，食侯食④，服侯服⑤，人亦多不足矣。

【注释】

①法无限：没有法律的限制。

②庶人田侯田：平民耕种侯爵的田地。庶人，平民，百姓；田，第一个田是动词，耕种。

③处侯宅：住侯爵的房子。
④食侯食：吃侯爵的食物。食，第一个是动词，吃。
⑤服侯服：穿侯爵的衣服。服，第一个是动词，穿。

【译文】

如果没有法律的限制，平民就会去耕种侯爵的田地，住侯爵的房子，吃侯爵的食物，穿侯爵的衣服，百姓就会有很多不满足的。

【导读】

儒家讲究尊卑之分，对于从高到低的等级制度最是推崇，这也是历代统治者选择（或化用）儒家礼制来治国的根本原因。简单地说，儒家制度就是维护高低贵贱的等级制度，王侯永远是贵族，平民永远是平民，这是统治阶层最欣赏的一点。

第二十九章

为国不迪其法①，而望其效，譬诸算②乎？

【注释】

①迪其法：遵循法度。迪，蹈，遵循。
②算：算数。

【译文】

治理国家不遵循法度，却希望有效果，这不是好像做算数不遵守算法却想算出好的结果一样的不可能吗？

重黎卷第十

仲尼以来，国君将相，卿士名臣，参差不齐，一概诸圣①。撰《重黎》《渊骞》。

【校勘】

撰《重黎》《渊骞》，《汉书》本传作"撰《重黎》第十"，《渊骞》卷单独有序。这是历史上争议比较大的一个问题，本书暂不对此做出讨论。

【注释】

① 一概诸圣：一概以圣人之道的标准来评价他们。

【译文】

自孔子以来，历代的国君、将相、公卿、士大夫、著名大臣，各有所长，有的于孔子之道并不一致。现在，我一概以圣人之道的标准来评价他们。于是撰写了《重黎》和《渊骞》，作为本书的第十卷和第十一卷。

【题解】

本卷写作目的极为纯粹：以圣人之道为标准，进行人物品藻，对历史上著名的各类人物及其事迹、著作进行评价。

开篇从上古天文地理及其主管官员写起，兼及古人关于宇宙起源的学说评价，导入之后，以历代特别是汉朝著名战将、大臣、公卿、名士为主，贯通历史，涉及很多战争故事、君臣故事、奇闻逸事和民间故事，兼及部分名人的著作评价，内容极为丰富，其中最主要的是将项羽和秦始皇的成败得失进行了深刻的剖析，显示了扬雄博学多智的修养和宽广的历史视野。

因为有一个"圣人之道"的先入为主的标准，使得本章内容在涉及人物极多的情况下，评论相对比较僵化。我们在阅读中常会有这样的感觉：扬雄唯其如此，才是他自己的本来思想状态；但也因其如此，使他只能成为目前的状态。只有儒家的标准，不能客观公正的评价，实际上是失之偏颇的。这表明，一旦一个学者的个人信仰转化为绝对真理之后，学术空间也就变小了。

第一章

或问："南正重司天①，火正黎司地②，今何僚③也？"

曰："近羲近和④。"

"孰重？孰黎？"

曰："羲近重，和近黎。"

【注释】

①南正重司天：南正重主管天文。南正，上古官名；重，指句芒，上古神话中的木神；司，主管。

②火正黎司地：火正黎主管地理。火正，神话传说中的火神，帝颛顼（zhuān xū）时设立火正，掌管民事，名叫黎，最著名的火神是祝融。

③僚：官职。

④近羲近和：相当于羲、和。近，相当于；羲、和都是重、黎以后的天文官，帝尧时立，羲主阳，和主阴。

【译文】

有学生问："上古时候南正重主管天文，北正黎主管地理，相当于现在的什么官职？"

我回答他："相当于羲、和。"

学生又问"羲与和哪个相当于重，哪个相当于黎？"

我回答说:"羲相当于重,和相当于黎。"

【导读】

本章涉及上古社会中的神话人物,以及西汉末年至王莽时期对这些神话人物作为官职的恢复,阅读难度较大。现简单介绍于下:

(1)重黎。上古颛顼时期掌管天文和地理的神。《国语·楚语下》:"颛顼受之,乃命南正重司天以属神;命火正黎司地以属民。"韦昭注:"南,阳位。正,长也。司,主也。属,会也。所以会群神,使各有分序,不相干乱也。"《史记·太史公自序》:"昔在颛顼,命南正重以司天,北正黎以司地。"

(2)重。指句(gōu)芒,中国古代民间神话中的木神(春神),主管树木的发芽生长,辅佐东方上帝青帝太暤(hào)。太阳每天早上从扶桑上升起,神树扶桑归句芒管,太阳升起的那片地方也归句芒管。所以句芒又叫木神、春神、芒神,是主宰草木和各种生命生长之神,也是主宰农业生产之神。对句芒神的祭祀,远在周朝时就有,那时设有东堂,年年举行迎春仪式,这种风俗一直延续到清末民初。

(3)黎。指祝融,名重黎(简称黎),又称祝诵,祝和,颛顼帝之子。传说他在有熊氏之墟(今新郑)担任火正之官,能昭显天地之光明,生柔五谷材木,以火施化,为民造福。帝喾命曰祝融,号赤帝,后世尊为火神。后来,他的后人世袭火正一职。

(4)羲和。有几种不同的说法:

①羲氏与和氏的并称。传说尧曾命羲仲、羲叔、和仲、和叔两对兄弟分驻四方,以观天象,并制历法。《尧典》中有东方天文官羲仲,住在东海边的旸谷,负责观测确定春分日;有南方天文官羲叔,住在南方的交趾,负责观测确定夏至日;有西方天文官和仲,住在西方日落处的昧谷,负责观测确定秋分日;有北方天文官和叔,住在北方幽都,负责观测确定冬至日。于是有了"羲氏掌天官,和氏掌地官,四子掌四时"的说法。

②上古神话中的太阳女神与制定时历的女神。羲和的原始形态来源于远古神话,原指神话中的太阳御者羲和,后用以指代太阳。在时代的更迭中,

她由最初的"日母"演变成"日御",在后来的不断演化发展中,羲和又作为太阳神话、天文史官的代表人物,明确地承担了文化的功能载体,并集中表现在古诗词文化环境中的运用上。

③西汉晚期至王莽时官职。汉平帝时复立上古羲和之官,《平帝纪》:"元始元年二月,置羲和官,秩二千石。"王莽代汉之后全面恢复,"始建国元年,更名大司农曰羲和。"扬雄和王莽共同的朋友刘歆等人,就任羲和之官。

第二章

或问"黄帝终始①"。

曰:"托②也。昔者姒氏治水土③,而巫步多禹④;扁鹊⑤,卢人⑥也,而医多卢。夫欲雠伪者必假真⑦。禹乎?卢乎?终始乎?"

【注释】

①黄帝终始:书名,指《黄帝终始传》。

②托:托名,假借。

③姒氏治水土:指大禹治水。姒(sì)氏,指大禹。史书记载说:大禹,姒姓,夏后氏,名文命,字高密,号禹。

④巫步多禹:相传大禹治水时得了风湿麻痹病,走路的姿势被称为"禹步"。后世巫师降神时经常模仿大禹的样子跳舞,称为"巫步多禹"。

⑤扁鹊:上古传说中的神医,这里特指战国时期著名的医学家秦越人,又号卢医。

⑥卢人:卢地之人。卢,地名,在今山东境内。

⑦欲雠伪者必假真:想售卖假东西的人必然会冒充真东西。雠,读为chóu,通"售",贩卖。

【译文】

有学生问:"《黄帝终始传》是不是黄帝写的?"

我回答他:"这本书是后人假借黄帝的名字写的。从前,夏禹因治水得了风湿病，于是很多巫师就模仿夏禹走路的样子用以降神；名医扁鹊是卢人，于是就有许多行医的人说自己是卢人。凡是想售卖假东西的人必然会冒充真东西。巫师模仿禹的动作，医生自称是卢人，《皇帝始终传》假托黄帝的名字，不都是这种情况吗？"

第三章

或问"浑天①"。

曰："落下闳营之②，鲜于妄人度之③，耿中丞象之④，几⑤乎！几乎！莫之能违也。"

"请问'盖天'⑥。"

曰："盖哉！盖哉！应难未几也。"

【注释】

①浑天：我国古代一种关于宇宙结构的学说。另一种说法指浑天仪，包括浑仪和浑象：浑仪是测量天体球面坐标的一种仪器，发明者是落下闳；而浑象是古代用来演示天象的仪表，耿寿昌制作，张衡改进。

②落下闳营之：是由落下闳提出来的。落下闳，字长公，汉武帝时著名天文学家，巴郡阆中（今四川阆中）人。他创制《太初历》，决定性地影响了中国历法结构；提出浑天说，创新中国古代宇宙起源学说；发明通其率，影响中国天文数学2000年；确定正月为岁首，将二十四节气纳入历法之中，被尊称为"春节老人"。2017年6月，落下闳当选为四川省人民政府首批推出的"四川十大历史文名人"之一。

③鲜于妄人度之：经过鲜于妄人测量推算。鲜于妄人，复姓鲜于，名妄人，汉武帝时著名天文学家。

④耿中丞象之：由耿寿昌制出浑象。耿中丞，指耿寿昌，精通算术，在天文历法方面很有造诣，汉宣帝时著名天文学家；象，动词，制造浑象。

⑤几：这里是形容词，神妙精微。

⑥盖天：我国古代最早的关于宇宙结构的学说，也称天圆地方说，认为天圆如张盖，地方如棋局，穹隆状的天覆盖在呈正方形的平直大地上，早于浑天说。在发展过程中有几种不同的意见。

【译文】

有学生问："先生，我想了解一下浑天说。"

我回答他："浑天说经过落下闳的经营谋划，鲜于妄人的测量推算，到耿寿昌制出浑象，真是神妙精微呀！神妙精微呀！研究天文的人不能违背它呀！"

"那么，盖天说的情况呢？"

我回答他："盖天说呀！盖天说呀！目前遭受着人们的疑难，还没有达到神妙精微的程度呀！"

【导读】

扬雄在本章中提到的"浑天"这个词，是现今所知关于浑天说的最早文献记载。根据上下文，扬雄是在和"盖天"对照的情况下来说这段话的，意欲将盖天说和浑天说进行对比论述，并支持浑天说。

中国天文学发展的历史悠久，成果很多。到汉代已有盖天、宣夜和浑天等学派。盖天说认为，天如盖，盖心是北极，天盖左旋，日月星辰右转。宣夜说认为天无定形，日月星辰"自然浮生虚空之中"，并不附着于天体之上。浑天说认为天如蛋壳，地如蛋黄，天地乘气而立，载水而行。宣夜说后来不幸失传了，盖天、浑天两说并行，竞相争鸣，比较科学的浑天说渐占上风。同时，观测天象的仪器也不断出现，如武帝时落下闳制造了浑天仪，宣帝时耿寿昌又造了浑象仪，和帝时贾逵制造了黄道铜仪，张衡继承和发展了前人的成果，制作出了成就空前的铜铸浑天仪。依据这些观测事实而制定的历法具有相当的精度，可以形象地演示天体的运行，使人们不得不折服于浑天说的卓越思想，这是盖天说所无法比拟的。因此，浑天说逐渐取得了优势地位。到了唐代，天文学家一行等人通过天地测试彻底否定了盖天说，使浑天说在中国古代天文领域称雄了上千年。

通过本章的学习，我们不仅丰富了对西汉天文学发展情况的认知，更佩服于扬雄所学之博，他在天文地理、文学历史等方面，是一个通才！

第四章

或问："赵世①多神，何也？"

曰："神怪茫茫，若存若亡②，圣人曼云③。"

【注释】

①赵世：这里指秦国。《史记》等古籍记载：秦国和赵国有共同的祖先，故有此说。

②亡：通"无"，没有。

③圣人曼云：圣人不谈论神怪之事。《史记》记载："子不语：怪，力，乱，神。"曼，不。

【译文】

有学生问："秦代有很多关于神怪的传说，这是为什么呀？"

我回答他："神怪的事模模糊糊的，好像有，又好像没有，圣人是不谈论这些事的。"

第五章

或问："子胥、种、蠡孰贤①？"

曰："胥也，俾吴作乱②，破楚入郢③，鞭尸，藉馆④，皆不由德。谋越谏齐不式⑤，不能去，卒眼之⑥。种、蠡不强谏而山栖，俾其君诎社稷之灵而童仆⑦，又终毙吴，贤皆不足邵⑧也，至蠡策种而遁⑨，肥⑩矣哉！"

【注释】

①子胥、种、蠡孰贤：伍子胥、文种、范蠡三人谁更贤能。子胥，指伍子胥，春秋时期楚国人，因避祸逃亡吴国，与孙子一道，统帅吴军攻破楚国

郢都。种（zhǒng），指文种，春秋末期楚国人，著名谋略家，辅佐越王勾践灭吴。蠡（lí），指范蠡，春秋末期楚国人，著名政治家、军事家、经济学家和道家学者，曾献策扶助越王勾践复国，后隐去。

②俾吴作乱：指伍子胥帮助阖庐杀死吴王僚夺得王位之事。俾，读为 bǐ，使。

③郢：读为 yǐng，当时楚国都城，在今湖北江陵。

④藉馆：这里指吴军强占楚国君臣的官舍及其妻妾。

⑤谋越谏齐不式：指伍子胥灭亡楚国的谋略和不能伐齐的进谏没被吴王夫差采用。式，采用。

⑥卒眼之：指伍子胥被冤杀，临终前要求把头颅悬在吴国的东门上看着越国灭亡吴国。卒，最终；眼，动词，看着。

⑦俾其君诎社稷之灵而童仆：使越王勾践牺牲国家的尊严去做吴王夫差的奴仆。君，这里指越王勾践；诎，通"屈"，使……弯曲；社稷之灵，这里指越国列祖列宗的尊严；童仆，这里是动词，当奴隶。

⑧邵：高，美。

⑨蠡策种而遁：指灭掉吴国后，范蠡写信给文种，劝他尽快离开勾践。策，动词，写信。

⑩肥：通"飞"，超然。

【译文】

有学生问："伍子胥、文种、范蠡三人谁更贤能呢？"

我回答道："伍子胥挑唆阖庐杀死吴王僚，使吴国发生内乱，又统帅吴军击败楚国，攻入郢都，鞭打楚平王的尸体以泄愤，强占楚国君臣的官舍和妻妾，（他作为一个楚国人，这些）都是没有遵循道德的行为；他关于灭亡楚国的谋略和不能伐齐的进谏没被吴王夫差采用，还不肯离开吴国到别处去，最终被夫差杀害，临死前他要求把头颅悬在吴国的东门上，希望能看着越国灭亡吴国。而文种和范蠡明知不能伐吴却不努力进谏，致使越王勾践被吴军包围在会稽山上，不得不牺牲国家的尊严去做吴王的奴仆，到最后才终于灭掉吴国，他们两人的道德都是不值得称道的。至于范蠡在灭吴以后写信给文种，劝他和自己一起离开越国，这才是超然脱俗的举动啊！"

【导读】

本章以伍子胥、文种、范蠡三人的人生起伏和最终结局为例，阐述扬雄对他们的评价，并暗示了扬雄认清时局、明哲保身的处世思想。

伍子胥本是楚国人，世代为楚国重臣，但不幸家族灭亡，自己远遁吴国，发誓要报家仇，后来与孙子一起统帅吴军多次战胜楚军，最后攻破楚国都城郢都，烧杀抢掠，以泄私愤。晚年遭到越国离间计的算计，被吴王夫差疏远，他不能和孙子一样知进退，还是一意孤行，忠言直谏，最后身死人手，悲愤被杀。文种是当时著名的谋略大师，和范蠡一起，协助越王夫差复国、灭吴、称霸，但他仍然只知道进，不知道退，范蠡写信劝他应该走了，不要恋栈，但他自以为劳苦功高，越王却认为：文种给自己七条谋略，只用了三条就灭掉了吴国，要是以后文种将这些谋略给了别的国君那该怎么办？于是赏赐文种毒酒，杀了他。

相比较而言，范蠡是三人中最通明、最智慧、成就也最高的一位。根据《史记》等史书的记载，范蠡在辅佐越王勾践灭吴霸越之后，因为深知勾践的人品低劣，性格残暴，心胸狭隘，于是劝说文种赶紧离开，未果之后，自己急流勇退，浮海入齐，定居于陶（今山东定陶），开始了后半生的实业生涯，成为远近闻名的陶朱公，被尊为商人始祖。他所传承的老子道家思想也随着他在实业上的成功而在齐国传播，并最终发展成为道家学派的重要学派——黄老之学。范蠡不仅善于知人识人，急流勇退，经商能富甲天下，还担任了齐国的国相，是一位在政治、军事、经济、文化多个领域都有突出贡献的杰出人物。

扬雄晚年有着很好的从政机遇：朋友王莽当了皇帝，朋友刘歆担任了国师，只要扬雄愿意，以他的学术成就和人脉关系，要当官是很容易的。但是他没有选择做官，仍然像以前一样沉默寡言，著书写作，教书育人，其中，刘歆的儿子就在他那里学习。我们不得不佩服扬雄借古鉴今的洞察力，佩服他淡定处世、明哲保身的预见性。同时，他谨守儒家伦理，忠君汉室，宁愿选择像范蠡一样超然处世，远离政治，这些品质和判断力，都是值得我们今天深入研究和借鉴学习的。

第六章

或问"陈胜、吴广①"。

曰："乱。"

曰："不若是则秦不亡。"

曰："亡秦乎？恐秦未亡而先亡矣。"

【注释】

①陈胜、吴广：秦末大泽乡农民起义的领导人。陈胜，字涉，阳城人，雇农出身；吴广，字叔，阳夏人。

【译文】

有学生问："对陈胜、吴广有什么看法？"

我回答道："他们这是暴乱。"

学生说："他们不暴乱秦朝就不会灭亡了吗？"

我回答道："是他们使秦朝灭亡的吗？恐怕秦朝还没有灭亡，他们自己倒先灭亡了。"

第七章

或问："六国并，其已久矣。一病一瘳①，迄始皇三载而咸②，时激、地保、人事③乎？"

曰："具④。"

"请问事。"

曰："孝公以下⑤，强兵力农，以蚕食六国，事也。"

"保。"

曰:"东沟大河,南阻高山,西采雍、梁⑥,北卤泾垠⑦,便则申⑧,否则蟠⑨,保也。"

"激。"

曰:"始皇方斧⑩,将相方刀,六国方木,将相方肉,激也。"

【注释】

①一病一瘳:六国的国力有时候强盛,有时候衰弱。一,或,有时;瘳,读为 chōu,病愈,比喻国力强盛。

②迄始皇三载而咸:到秦始皇称帝三年之后,东至泰山封禅,这时候天下已经统一了。迄,至;咸,统一,兼并。

③时激、地保、人事:时机的侥幸,地势的可靠,人事的努力。与《孟子》中所说的"天时,地利,人和"三要素含义相近。激,侥幸;保,坚固。

④具:通"俱",全都具备。

⑤孝公以下:自秦孝公以下。孝公,指秦孝公,名渠梁,公元前361—前338年在位,重用卫鞅(即商鞅)实行变法,奖励耕战,并迁都咸阳(今陕西咸阳东北),建立县制行政,开阡陌,在加强中央集权的同时,不断增进农业生产。对外与楚和亲,与韩订约,联齐、赵攻魏国都城安邑(今山西夏县西北),拓地至洛水以东,自此国力日强,为秦统一中国奠定了基础。

⑥西采雍、梁:在西边以雍州、梁州为采邑。采,动词,以……为食邑。雍、梁,上古大禹划分天下为九州,雍州在西北,梁洲在西南,这里是说秦国控制了这两块大地盘。

⑦北卤泾垠:在北面一直占领到泾水的发源地。卤,通"虏",掠夺;垠,边界。

⑧便则申:有利时就往外扩张。便,便利;申;同"伸",向外扩张。

⑨否则蟠:不利时就盘踞原地。否,读为 pǐ,不利;蟠,俯伏屈曲,指退守自保。

⑩始皇方斧:秦始皇好像是斧头。方,恰巧,正是。

【译文】

有学生问:"六国与秦并立,时间已经很长了,六国的国力有时候强盛,有时候衰弱。但是到秦始皇的时候,三年时间就把六国都兼并了。这是由于时机的侥幸,地势的可靠,还是由于人事的努力呢?"

我回答道:"全都起了作用。"

学生又说:"秦国人事的努力表现在什么地方呢?"

我回答道:"自秦孝公开始,秦国就努力加强军事力量,积极发展农业生产,逐步侵吞六国的土地。这就是人事的努力呀!"

"地势的可靠又表现在什么地方呢?"

我回答道:"秦国东面有黄河为界,南面有高山阻挡,西部有雍州和梁州丰富的物产,北面一直占领到泾水的发源地,使秦国在有利时就往外扩张,不利时就盘踞原地坚守,这就是地势的可靠呀!"

"时机的侥幸又表现在什么地方呢?"

我回答道:"秦始皇好像斧头,秦国的将领和官吏好像刀剑,都具有坚强的意志和杰出的能力;六国的君主好像木头,六国的将领和官吏好像鱼肉,都是懦弱无能甘受宰割的人。这就是时机的侥幸呀!"

【导读】

本章深入分析秦灭六国的数百年历程,阐述秦国历代国君励精图治,从而逐渐统一天下的三大法宝:天时、地利、人和。扬雄运用的是孟子阐述的攻取天下的三大法宝,这就表明:儒家的政治军事战略不是坐而论道的,而是具有积极的实用价值的。加上秦国重用法家人物改革内政,发展经济,最终取得了胜利。汉代贾谊《过秦论》有部分内容与本章所述相近,可以参考阅读:

秦孝公据崤函之固,拥雍州之地,君臣固守以窥周室,有席卷天下,包举宇内,囊括四海之意,并吞八荒之心。当是时也,商君佐之,内立法度,务耕织,修守战之具,外连衡而斗诸侯。于是秦人拱手而取西河之外。孝公既没,惠文、武、昭襄蒙故业,因遗策,南取汉中,西举巴、蜀，东割膏腴之地，北收要害之郡。……及至始皇，奋六世之余烈，振长策而御宇内，吞二周而亡诸侯，履至尊而制六合，执敲扑而鞭笞天下，威震四海。

扬雄在孟子观点的指引下，采用的论据基本上出自本文。作为一个蜀人，扬雄曾写作《蜀王本纪》，是蜀国历史上流传至今的第一部历史著作，蜀国那么强大，为什么在后来的角逐中失败了，被秦国灭掉了？大家在阅读本章的时候，可以感受到秦国历代君臣强烈的奋斗意识和持续不断的扩张意识，这是安于享乐的六国君臣和蜀国先民不可比拟的。所以，有了儒家大道还不够，必须要积极进取，不断奋斗。这是本章内容给现代人——尤其是想有一番作为的现代人的积极启示。

第八章

或问："秦伯列为侯卫①，卒吞天下，而赧曾无以制乎②？"

曰："天子制公侯伯子男③也，庸节④。节莫差于僭⑤，僭莫重于祭，祭莫重于地，地莫重于天，则襄、文、宣、灵⑥其兆也。昔者，襄公始僭，西畤以祭白帝⑦；文、宣、灵宗，兴鄜、密、上、下⑧，用事四帝⑨，而天王不匡⑩，反致文、武胙⑪。是以四疆之内各以其力来侵，攘肌及骨⑫，而赧独何以制秦乎？"

【注释】

①秦伯列为侯卫：秦国是周王朝的一个属国。秦国原本不是周天子分封的诸侯国，强盛起来以后，被称为西戎霸主，故称之为"秦伯"；侯卫，指自侯服至卫服之地。周天子以都城为中心，以五百里为一区划，由近及远将封国分成不同的等级，称为"服"，共有侯、甸、男、采、卫五服。

②赧曾无以制乎：周赧王竟然没有限制过秦国吗？赧，读为nǎn，指周赧王姬延，是周朝的最后一个王；曾，读为zēng，副词，竟然；制，节制。

③天子制公侯伯子男：周天子会节制公侯伯子男。天子，指周天子；公侯伯子男，指周代诸侯的五种爵位等级。

④庸节：运用礼制来节制他们。庸，用；节，礼制。

⑤僭：读为 jiàn，僭越，超越自己的本分，古代指地位在下的人冒用地位在上的人的名义、礼仪和器物等。

⑥襄、文、宣、灵：指秦国历史上的君主秦襄公、秦文公、秦宣公、秦灵公。

⑦西畤以祭白帝：筑坛祭祀白帝。畤，读为 zhì，立坛以祭天地及五帝的地方；白帝，古代统治者崇奉的五方天神之一。《史记·封禅书》记载说："秦襄公既侯，居西垂，自以为主少皞之神，作西畤，祠白帝，其牲用駵驹、黄牛、羝羊各一云。"说明在秦襄公时代，秦国就开始超越诸侯礼制的上限，使用周天子才能用的祭祀之礼祭天。这一行为表明周天子对诸侯国的控制力削弱，各国开始藐视周天子。

⑧兴鄜、密、上、下：建立了鄜畤、密畤、上畤、下畤。兴，建立；鄜、密、上、下，即鄜畤、密畤、上畤、下畤，祭祀天帝的场所。汉代祭祀天帝有五畤，在汉高祖刘邦建立北畤后，分别使用密畤、鄜畤、下畤、上畤、北畤来祭祀青帝、白帝、赤帝、黄帝、黑帝。

⑨用事四帝：用来祭祀四个天帝。事，奉祀；四帝，指青帝、白帝、赤帝、黄帝。

⑩天王不匡：周天子不予匡正。天王，指与秦国襄、文、宣、灵同时代的各位周天子；匡，纠正。

⑪反致文、武胙：反而把周王朝宗庙里面祭祀周文王、周武王时上供的肉送给秦国。文、武，指周文王和周武王；胙，读为 zuò，祭祀时上供的肉。

⑫攘肌及骨：形容各诸侯国侵夺周天子领土的行为越来越严重。攘，读为 rǎng，侵夺，偷窃；肌骨，比喻指周王室的领土。

【译文】

有学生问我："秦国本是周朝的一个属国，最终却吞并了整个天下，周赧王怎么不采取措施加以制裁呢？"

我回答道："周天子可以运用礼制来节制公、侯、伯、子、男。诸侯对礼制的破坏没有比僭越本分更严重的，僭越本分中最严重的事情就是对祭礼的僭越更严重的，对祭礼的僭越中没有比对祭祀之地的僭越更严重的。如此说来，秦襄公、秦文公、秦宣公、秦灵公四代君主就已经显露出了僭越礼制的征兆。从秦襄公开始僭越只有天子才能祭祀天帝的规定，建立西畤以祭祀白帝；秦文公、秦宣公、秦灵公相继兴建了鄜畤、密畤、上畤、下畤，用来祭祀四方的天帝；但周天子不仅不加制止，反而把宗庙内祭祀周文王、周武王的供肉送给秦国享用。因此，四境之内的各个诸侯国纷纷效法，侵夺周天子的领土，而且越来越严重，好像吃完了肉还要啃骨头一样。时局已经这样了，周赧王又有什么办法能制裁秦国呢？"

第九章

或问："嬴政二十六载，天下擅秦①。秦十五载而楚，楚五载而汉。五十载之际，而天下三擅，天邪？人邪？"

曰："具②。周建子弟③，列名城④，班五爵⑤，流之十二⑥，当时虽欲汉，得乎？六国蚩蚩⑦，为嬴弱姬⑧，卒之屏营⑨。嬴擅其政，故天下擅秦。秦失其猷⑩，罢侯置守⑪，守失其微⑫，天下孤睽⑬。项氏暴强，改宰侯王，故天下擅楚。擅楚之月，有汉创业山南⑭，发迹三秦⑮，迫项山东⑯，故天下擅汉：天也。"

"人？"

曰："兼才尚权⑰，右计左数⑱，动谨于时⑲，人也。天不人不因⑳，人不天不成。"

【注释】

①天下擅秦：指秦灭六国，统一天下。擅，读为 shàn，通"禅"，禅让。
②具：通"俱"，全部具备。
③周建子弟：指周天子分封同姓诸侯国。
④列名城：指各诸侯国分解天下，各据一方。列：通"裂"，分解。
⑤班五爵：将各诸侯分成了公、侯、伯、子、男五个等级。班，排列，规定；

五爵，五个等级的爵位，指公、侯、伯、子、男。

⑥流之十二：发展成了很多的诸侯国。流，变动，发展；十二，概数，泛指当时存在的许多诸侯国。

⑦六国蚩蚩：韩、赵、魏、燕、齐、楚六国愚昧无知。蚩蚩，形容愚昧无知的样子。

⑧为嬴弱姬：协助秦国一起来削弱周天子。嬴，指秦国；姬，指周天子。

⑨卒之屏营：最终被秦国灭掉，惊慌失措。屏营，惊慌不知所措的样子。

⑩秦失其猷：秦国使用了错误的治理方法。猷，谋，道。

⑪罢侯置守：废除分封制，实行中央集权的郡县制。侯，诸侯；守，郡守。

⑫守失其微：郡守失去了对百姓的控制。微，这里指约束。

⑬天下孤睽：天下人纷纷背离秦国。孤睽，背叛离析。

⑭有汉创业山南：汉朝创业于秦岭以南的汉中。有汉，指汉王朝，"有"名词词头，无实义；山南，指秦岭以南，刘邦被封为汉中王，都城在南郑。

⑮发迹三秦：从三秦故地上崛起。发迹，显现功业；三秦，代指秦国故地。秦亡后，项羽将秦国故地分为三部分，分封了雍王章邯、塞王司马欣、翟王董翳三王，故称"三秦"。

⑯迫项山东：从关中出兵攻击崤山以东的项羽。山东，这里指崤（xiáo）山以东。

⑰兼才尚权：招纳并尊崇有勇有谋的人才。兼，积聚；尚，尊崇；权，有勇有谋的人。

⑱右计左数：计数不离左右，指一切活动都经过仔细盘算和计划。

⑲动谨于时：行动审时度势，谨慎小心。

⑳天不人不因：只有好的时机，没有人的努力，不可能实现。因，就，成。

【译文】

有学生问："秦王嬴政即位后二十六年灭掉六国，使分裂的天下变为统一的秦国，秦国统一后十五年又变为楚，楚经过五年又变为汉。五十年之间，天下发生三次变化。这是由于时机呢，还是由于人事呢？"

我回答道:"时机和人事都起了作用。周王室为自己的子弟分封了许多诸侯国,把天下的土地和城郭划开,按公、侯、伯、子、男五等爵位分封给他们,后来演变为很多的诸侯国。当时即使有人企图建立汉朝,又怎么可能呢?六国国君愚昧无知,他们的行动实际上是帮助嬴姓的秦去削弱了姬姓的周,最终不知所措,让嬴秦掌握了天下一统的大权,所以天下变为秦。秦朝采用了错误的治理措施,废除分封制,实行郡县制,但设置的郡守丧失了对百姓的控制力,于是天下分崩离析。在这个过程中,项羽很快强大起来,又改回分封制,立诸将为侯王,所以天下又变为楚。就在天下变为楚的当月,汉朝在秦岭以南的汉中创立了基业,后来又扩大功业,占据了秦国故地,并且出兵崤山以东追击项羽,所以天下变为汉。这都是时机所起的作用呀!"

学生又问:"人事的作用又表现在什么地方呢?"

我回答道:"招纳和尊崇有勇有谋的人,举措都经过仔细计划和盘算,行动小心谨慎,审时度势,这就是人事的作用呀!只有好的时机而没有人的努力,时机不可能实现;只有人的努力而没有好的时机,人的努力也不能成功。"

第十章

或问:"楚败垓下,方死,曰:'天也。'谅乎①?"

曰:"汉屈群策②,群策屈群力。楚憞群策③,而自屈其力。屈人者克④,自屈者负。天曷故焉⑤。"

【注释】

①谅乎:确实是这样吗?

②汉屈群策:刘邦能充分发挥众人的智谋。屈,通"掘",挖掘;策,谋略。

③楚憞群策:项羽则厌恶众人的智谋。憞,读为 duì,怨恨,憎恶。

④屈人者克:刘邦获得了胜利。屈人者,指刘邦,他善于发掘众人的智谋;克,胜利。

⑤天曷故焉:和天命有什么关系呢?曷,何;故,缘故,道理。

【译文】

有学生问:"项羽在垓下被刘邦打败,自杀之前说:'这是天要灭亡我。'确实是这样吗?"

我回答道:"刘邦能充分发挥众人的智谋,又能依靠众人的智谋充分调动众人的力量。项羽则厌恶众人的智谋,并且自己耗尽了自己的力量。所以刘邦获得了胜利,项羽则被打败了。项羽的失败是他自身造成的,这和天命有什么关系?"

【导读】

在本章中,扬雄借助楚汉相争为例,阐述了一个重要的成功学原理:要想成功,必须群策群力。历史上流传着一个"南宫论三杰"的故事,汉高帝五年(前202年),刘邦称帝,定都洛阳,置酒洛阳南宫,与群臣论所以取天下之道,故事如下:

高祖置酒雒阳南宫。高祖曰:"列侯诸将无敢隐朕,皆言其情。吾所以有天下者何?项氏之所以失天下者何?"

高起、王陵对曰:"陛下慢而侮人,项羽仁而爱人。然陛下使人攻城略地,所降下者因以予之,与天下同利也。项羽妒贤嫉能,有功者害之,贤者疑之,战胜而不予人功,得地而不予人利,此所以失天下也。"

高祖曰:"公知其一,未知其二。夫运筹策帷帐之中,决胜于千里之外,吾不如子房。镇国家,抚百姓,给馈饷,不绝粮道,吾不如萧何。连百万之军,战必胜,攻必取,吾不如韩信。此三者,皆人杰也,吾能用之,此吾所以取天下也。项羽有一范增而不能用,此其所以为我擒也。"

故事的结局是"群臣悦服",表示心悦诚服。在楚汉战争中,刘邦无论是个人能力还是团队力量都不如项羽,之所以能取胜,关键在于能用人,能发现人才,发挥人才的长处,在正确的位置上任用正确的人,而不是像项羽那样自己单干。

扬雄借此告诉我们:个人的能力是有限的,不能团结他人,不能将团队力量最大化,就不可能在激烈的竞争中成功。对于有志于干出一番事业、有志于创建团队、有志于从事创新创业工作的当代人来说,这个故事及其道理,值得我们学习。

第十一章

或问:"秦、楚既为天典命①矣,秦缢灞上②,楚分江西③,兴废何速乎?"

曰:"天胙光德而陨明忒④。昔在有熊、高阳、高辛、唐、虞、三代⑤,咸有显懿,故天胙之,为神明主,且著在天庭,是生民之愿也,厥飨国久长⑥。若秦、楚强阅震扑⑦,胎藉三正⑧,播其虐于黎苗⑨,子弟且欲丧之,况于民乎?况于鬼神乎?废未速也!"

【注释】

①为天典命:受天命主宰天下。典,主宰。

②秦缢灞上:指秦的灭亡。缢,读为 yì,吊死或被勒死;灞上,即霸上,地名,在长安东郊。秦王子婴元年(前207年)十月,刘邦率大军兵临咸阳(今陕西咸阳东北),屯兵灞上(今陕西西安市东)时,派人劝子婴投降。子婴眼看大势已去,便和妻儿们用绳子绑缚自己,坐上由白马拉着的车,身着死者葬礼所穿的白色装束,并携带皇帝御用的玉玺、兵符等物,从轵道亲自到刘邦军前投降,秦朝灭亡。子婴在位仅四十六天。

③楚分江西:指项羽的失败。分,指项羽死后尸体被瓜分;江西,指乌江西岸。《项羽本纪》记载:"项王乃曰:'吾闻汉购我头千金,邑万户,吾为若德。'乃自刎而死。王翳取其头,余骑相踩践争项王,相杀者数十人。最其后,郎中骑杨喜,骑司马吕马童,郎中吕胜、杨武各得其一体。五人共会其体,皆是。"

④天胙光德而陨明忒:上天福佑有大德的人,而毁灭有大恶的人。胙:读为 zuò,通"祚",这里指赐福,保佑;陨,毁坏;忒,差,恶。

⑤有熊、高阳、高辛、唐、虞、三代:指黄帝、颛顼、帝喾、唐尧、虞舜和夏、商、周三代。有熊,指黄帝有熊氏;高阳,指帝颛顼高阳氏;高辛,

指帝喾高辛氏；唐、虞，即唐尧、虞舜；三代，指夏、商、周三个朝代。

⑥厥飨国久长：他们统治天下的时间很长。厥，代词，指五帝和三代；飨（xiǎng）国：掌握国家政权。

⑦强阋震扑：在内部激烈地互相争斗打击。阋，读为xì，争斗；震，强烈；扑，击打。

⑧胎藉三正：践踏三代的天命。胎藉，读为tāi jiè，踩蹦，践踏；三正（zhēng）：这里代指夏商周三代。春秋战国时有夏历、殷历和周历，这三者最主要的区别在于岁首的不同，所以又称三正。周历以通常冬至所在的建子之月（即夏历的十一月）为岁首，殷历以建丑之月（即夏历的十二月）为岁首，夏历以建寅之月（即后世常说的阴历正月）为岁首。周历比殷历早一月，比夏历早两个月。由于三正岁首的月建不同，四季也不同。

⑨播其虐于黎苗：残暴地对待百姓。播，散布；虐，残暴；黎苗，代指民众。

【译文】

有学生问："秦和楚既然受天命主宰天下，可是秦王子婴用绳子绑缚着自己在灞上投降刘邦，楚王项羽在乌江西岸自杀后尸体被汉将瓜分，他们的兴亡为什么这样快呀？"

我回答道："上天福佑有大德的人而毁灭有大恶的人。从前黄帝、颛顼、帝喾、唐尧、虞舜和夏商周三代，都有显著的美德，于是上天福佑他们，使他们统治天下，主持祭祀天地神明，并且在天帝的朝廷上注明，这是民众的愿望，所以他们统治天下的时间很长。像秦和楚那样内部激烈地互相争斗打击，践踏夏商周三代的天命，残暴地虐待百姓，自己的子弟尚且企图灭亡它，何况老百姓呢？何况鬼神呢？他们早就该灭亡了，并不算快。"

第十二章

或问："仲尼大圣，则天曷不胙？"

曰:"无土①。"

"然则舜、禹有土乎?"

曰:"舜以尧作土,禹以舜作土②。"

【注释】

①无土:没有自己的领地。

②舜以尧作土,禹以舜作土:按照古史传说,尧把帝位禅让给舜,舜又禅让给禹,他们获得政治领导权之后,就有了对领地的掌控权。

【译文】

有学生问我:"孔子既然是伟大的圣人,那么上天为什么不赐福给他,让他统治天下呢?"

我回答道:"因为孔子没有获得领地。"

学生问:"既然这样,那么虞舜和夏禹有领地吗?"

我回答道:"虞舜是从唐尧那里接受的帝位,就获得了唐尧的领地;夏禹是从虞舜那里接受的帝位,就获得了虞舜的领地。"

【导读】

本章表面上是在说孔子没有获得领地,实际上是在说他作为圣人,还不是实际上的领导者。孔子在历史上被称为"素王",没有当上掌控实权的领袖,是因为他没有领地,就没有发展壮大的基本条件。《孔子世家》记载了孔子本可以在楚国获得领地,但机会被他人说走了:

昭王将以书社地七百里封孔子。

楚令尹子西曰:"王之使使诸侯有如子贡者乎?"

曰:"无有。"

"王之辅相有如颜回者乎?"

曰:"无有。"

"王之将率有如子路者乎?"

曰:"无有。"

"王之官尹有如宰予者乎?"

曰："无有。"

"且楚之祖封于周，号为子男五十里。今孔丘述三五之法，明周召之业，王若用之，则楚安得世世堂堂方数千里乎？夫文王在丰，武王在镐，百里之君卒王天下。今孔丘得据土壤，贤弟子为佐，非楚之福也。"

昭王乃止。

孔子没有获得封地，不是因为本事不行，恰恰相反，是因为自己太能干，学生群体太优秀。所以孔子找不到工作，没有获得楚王的封地，实在是一个反讽。我们当代人出去找工作，或者在单位做事，也会遇到自己的本事比招聘单位领导和员工厉害的情况，有顾虑的领导不会要你，如同楚王对待孔子一样，有远大目标的领导一定重用你，如同刘邦重用汉初三杰一样。所以，我们还是要注意"良禽择木而栖"的古训，也要懂得适度收敛锋芒以给人安全感的道理。

第十三章

或问："圣人表里。"

曰："威仪文辞，表也；德行忠信，里也。"

【译文】

有学生问我："圣人的外表和内在实质怎么样。"

我回答道："具有庄严的仪容，优美的言辞，这是圣人的外表；拥有高尚的道德，忠诚的品质，这是圣人的内在实质。"

第十四章

或问："义帝初矫①，刘䍐南阳②，项救河北③。二方分崩④，一离一合⑤，设秦得人，如何？"

曰："人无为秦也，丧其灵久矣⑥。"

【注释】

①义帝初矫：楚怀王刚即位的时候。义帝，指楚后怀王；矫，读为jiǎo，假托，诈称。楚义帝熊心，楚怀王熊槐之后，秦末诸侯王之一。在楚国灭亡后，熊心隐匿民间为人牧羊。项梁起事后，采纳范增的建议，自称武信君，立熊心为楚后怀王，以从民望。项梁在定陶败死，熊心以宋义为上将军，项羽为次将，率兵救赵。又令刘邦西向略地入关。与诸将约，先入关中者为王。项羽矫杀宋义，在巨鹿之战中大败章邯，熊心被迫以项羽为上将军。刘邦先入关中，项羽使人还报熊心。熊心答复：照原约办。项羽因此怨恨熊心，于是佯尊熊心为义帝，徙于长沙郴县，而暗中令英布等人将其弑杀。

②刘戡南阳：刘邦领兵去攻取南阳。戡，读为kān，克，取。

③项救河北：项羽领兵去河北援救赵歇。

④二方分崩：义军分裂为两个集团。

⑤一离一合：指义军开始貌合神离。

⑥丧其灵久矣：丧失天命已经很久了。灵，这里指天命。

【译文】

有学生问我："当楚怀王刚即位的时候，命令刘邦领兵去攻取南阳，项羽领兵去河北援救赵歇，义军分裂为两个集合，貌合神离。假如这时候秦朝得到有能力的人，局势会怎么样呢"

我回答道："秦朝不可能得到有能力的人，因为人们不会再为秦朝出力，秦朝丧失天命已经很久了。"

第十五章

韩信、黥布皆剑立①，南面称孤②，卒穷时戮③，无乃勿乎④？

或曰："勿则无名，如何？"

曰："名者，谓令名也。忠不终而躬逆⑤，焉攸令⑥？"

【注释】

①韩信、黥布皆剑立：韩信和黥布都拥有重兵。剑立，带剑而立，指拥有重兵。黥布，原名英布，汉族，六县（今安徽六安）人，因受秦律被黥，又称黥布。秦末汉初名将，是我国秦朝末期农民起义领袖之一，后投靠项羽，为西楚名将，后来归附刘邦，被封为九江王，最后因谋反罪被杀。黥，读为qíng，古代在犯人脸上刺字并涂墨的一种刑法，后亦施于士兵以防逃跑。

②南面称孤：面向南方称王。南面，面向南方；称孤，为王，孤、寡等词汇是帝王的谦称。

③卒穷时戮：最终遭受到杀身灭族的极刑。

④无乃曶乎：不是太愚昧了吗？无乃，不是；曶，读为hū，通"昒"，冥，这里指愚昧。

⑤躬逆：指韩信和黥布起兵谋反。躬，自身，亲自。

⑥焉攸令：哪里还有什么好名声呢？焉，哪里；攸，语气助词，无实义。

【译文】

韩信和黥布都拥有重兵，并且面向南方称王，但最终受到极刑被杀身死，不是太愚昧了吗？

有学生问："如果他们是愚昧的人，就不可能有那么大的名声，该怎么看待这种情况呢？"

我回答道："一个人的名声，指的是美好的名声。韩信、黥布不能尽忠到底，反而自己起来造反，哪里还有什么美好的名声呢？"

第十六章

或问"淳于越①"。

曰："伎曲②。"

"请问。"

曰："始皇方虎挩而枭磔③，噬士犹腊肉④也。越与亢眉⑤，终无挠辞⑥，可谓伎矣。仕无妄之国⑦,食无妄之粟⑧,分无妄之挠⑨,自令之间而不违⑩,可谓曲矣。"

【注释】

①淳于越:战国晚期齐国博士,秦始皇时曾任仆射(pú yè)。
②伎曲:读为jì qǔ,用自己的才智曲从无道的暴君。伎,这里指抵拒。
③虎捌而枭磔:像老虎和猫头鹰撕裂动物肢体一样。捌:读为liè,撕裂,折断;枭,猫头鹰;磔,读为zhé,分裂肢体。
④噬士犹腊肉:残害儒士好像咀嚼肉干一样。噬,读为shì,吞,咬;腊,读为xī,干肉。
⑤越与亢眉:指淳于越在秦始皇面前慷慨地发表意见。亢,高举。
⑥终无挠辞:始终没有谄谀的言语。挠,读为ráo,通"饶",多余的。
⑦仕无妄之国:在不可预料的秦国做官。无妄,意想不到的。
⑧食无妄之粟:领取不可预料的俸禄。食粟,指领取俸禄。
⑨分无妄之挠:遭受不可预料的结果。挠,读为ráo,通"饶",多余的。
⑩自令之间而不违:在这样的环境中独善其身而不违背儒家大道。

【译文】

有学生问我对淳于越的看法。

我回答道:"淳于越既耿直倔强,又委曲求全。"

学生又问:"请问这是什么意思呢?"

我回答道:"当时秦始皇正像老虎和猫头鹰撕裂动物肢体一样对待天下人,残害儒士好像咀嚼肉干一样。淳于越在他面前慷慨地发表意见,始终没有谄谀的言语,这可以说是耿直倔强了。但淳于越在不可预料的秦国做官,领取不可预料的俸禄,遭受不可预料的结果,在这样的环境中独善其身而不违背儒家大道,这就可以说是委曲求全了。"

【导读】

本章中淳于越的故事,一般读者不太了解,现简述于下:

淳于越是战国晚期齐国博士,秦始皇初期时曾担任仆射。秦始皇三十四年(公元前213年),置酒于咸阳宫,与群臣议事。他建议秦始皇实行周王朝的分封制，认为"有田常、六卿之臣，无辅拂，何以相救哉"，并当面反对群臣对秦始皇的过度赞颂行为，认为应该学习儒家的礼法。秦始皇把这些议论交给李斯处理，李斯认为这种论点是荒谬的，因此废弃不用，并建议废止诸子、以吏为师。秦始皇批准了他的建议，没收了《诗经》《尚书》和诸子百家的著作，以便使人民愚昧无知，使天下人无法用古代之事来批评当前朝廷。

第十七章

或问："茅焦历井干之死①，使始皇奉虚左之乘②。蔡生欲安项咸阳③，不能移④，又亨之⑤，其者未辩与？"

曰："生舍其木侯而谓人木侯⑥，亨不亦宜乎？焦逆訐⑦而顺守之，虽辩，劘虎牙矣⑧！"

【校勘】

①蔡生欲安项咸阳：《楚汉春秋》《法言》记载为"蔡生"，班固《汉书》记载为"韩生"。据《史记·项羽本纪》记载："居数日，项羽引兵西屠咸阳，杀秦降王子婴，烧秦宫室，火三月不灭，收其货宝妇女而东。人或说项王曰：'关中阻山河四塞，地肥饶，可都以霸。'项王见秦宫室皆以烧残破，又心怀思欲东归，曰：'富贵不归故乡，如衣绣夜行，谁知之者！'说者曰：'人言楚人沐猴而冠耳，果然。'项王闻之，烹说者。"由此可知，劝谏者并无实际姓名。

【注释】

①茅焦历井干之死：茅焦越过纵横交错如井般的尸体去进行劝谏。茅焦，战国末期齐国人，是秦始皇统治时期最著名的一位亢直之士、敢谏之臣；历，经过；井干，一作"井榦（干）"，水井的栏杆，这里指横七竖八的尸体。《说苑正谏》记载说：对于大臣进谏接回太后一事，秦王非常恼怒，下令曰："敢以太后事谏者，戮而杀之，从蒺藜其脊，肉干四支，而积之阙下。"谏臣为之

死者二十七人。

②使始皇奉虚左之乘：使秦始皇回心转意用空着左边位置的车去迎接太后。空着左边位置的车。虚，空着；乘，读为 shèng，四匹马拉的车。

③蔡生欲安项咸阳：蔡生企图让项羽定都咸阳安居关中。蔡生，一个姓蔡的儒生。

④不能移：没能使项羽改变主意。

⑤亨：通"烹"，烹杀。

⑥木侯：通"沐猴"，即猕猴。

⑦逆讦：违抗秦始皇的命令去进谏。讦，读为 jié，揭发，攻击。

⑧劘虎牙矣：像摩擦老虎的牙齿一样危险。劘，读为 mó，摩擦。

【译文】

有学生问："茅焦越过纵横交错如水井栏杆般的尸体去进谏，终于使秦始皇回心转意，用空着左边位置的车把太后接回了咸阳。蔡生企图让项羽定都咸阳安居关中，却没能使项羽改变主意，反而被项羽烹杀，大概是他说话不够巧妙吧？"

我回答道："蔡生忘了自己像猴子一样不懂事，却骂别人像猴子一样不懂事，他被烹杀不是应该的吗？茅焦虽然违抗秦始皇的命令去进谏，但却能用秦始皇愿听的话来感动他，以保护自己。不过，茅焦虽然言辞巧妙，却像摩擦老虎的牙齿一样危险呀！"

【导读】

本章中提到的茅焦，读者不太熟悉，他劝谏秦始皇的事情是这样的：

秦王政十年（前237年），因为嫪毐（lào ǎi）与太后行淫，并计划谋反，秦王怒而杀嫪毐，并将太后迁居于雍。茅焦力谏秦王应迎回太后以尽孝道，因此被秦王封为上卿，他最大的贡献是为秦始皇挣得了一个好的名声。

第十八章

或问:"甘罗之悟吕不韦①,张辟彊之觉平、勃②,皆以十二龄,戊、良③乎?"

曰:"才也戊、良,不必父祖。"

【校勘】

①皆以十二龄。本句有误,根据史书记载:"甘罗之悟吕不韦"时是十二岁,"张辟彊之觉平、勃"时是十五岁。

②戊,应为"茂",指秦国著名宰相甘茂,古书传抄或残损之误。

【注释】

①甘罗之悟吕不韦:甘罗启发吕不韦,使吕不韦同意他去说服张唐相燕。甘罗,战国末期下蔡(今颍上县甘罗乡)人,秦相甘茂之孙,历史上著名的少年政治家。悟,启发;吕不韦,战国末年卫国濮阳(今河南省滑县)人,商人、政治家、思想家,秦国丞相,主持编纂了《吕氏春秋》。因扶植秦国质子异人回国即位为秦庄襄王有功,拜为相国,封文信侯,食邑河南洛阳十万户。当时,吕不韦想扩大自己的封地,要攻打赵国,准备派张唐去燕国当宰相,张唐不同意,甘罗出面劝说成功。

②张辟彊之觉平、勃:张辟彊启发陈平、周勃,使他们认识到汉惠帝死后吕后哭而无泪的原因。张辟彊(强),张良的第二个儿子;觉,使……警觉;平、勃,指汉初大臣陈平和大将周勃,二人都是追随刘邦多年的老部下,作为元老,这时候成了吕太后把持朝政的障碍,张辟彊(时年十五岁)告诉他们快要大祸临头了。

③戊、良:指甘罗的祖父甘茂和张辟彊的父亲张良。

【译文】

有学生问:"甘罗启发吕不韦,使吕不韦同意他去说服张唐相燕;张辟彊启发陈平、周勃,使他们警觉到汉惠帝死后吕太后哭而无泪的原因,当时都只有十二岁,是不是出于甘罗的祖父甘茂、张辟疆的父亲张良的指教呢?"

我回答道:"这是出于他们自己的才能,不必出于父亲或祖父的指教。"

第十九章

或问:"郦食其说陈留①,下敖仓②,说齐,罢历下军③,何辩也?韩信袭齐,以身脂鼎④,何讷⑤也。"

曰:"夫辩也者,自辩也。如辩人,几⑥矣!"

【注释】

①郦食其:读为 lì yì jī,秦朝儒生,后投奔刘邦,成为其谋士,以能言善辩著称;说:游说;陈留:古地名,在今河南开封东南。

②敖仓:亦称敖庾,秦代所建大粮仓,在河南省郑州市西北邙山上,山上有城,秦于其中置谷仓,故名。在楚汉两军相持苦战情势被动的局面下,郦食其建议汉王夺取荥阳,占据敖仓,获得巩固的据点和粮食补给,为日后逆转形势反败为胜奠定了基础。

③说齐,罢历下军:说服齐王田广放弃驻守历下的军队的防务。楚汉相争之时,郦食其出使齐国,劝齐王田广归汉,齐王乃放弃战备,以七十余城降汉。

④以身脂鼎:指郦食其被烹杀。汉王四年戊戌初(公元前 204 年 11 月),汉将韩信嫉妒郦食其之功,发兵袭击齐国,齐王田广认为被骗,乃烹杀郦食其,时年约六十有五。

⑤讷:拙于言辞。

⑥几:这里指很危险。

【译文】

有学生问:"郦食其说服刘邦攻取陈留,占领敖仓,又说服齐王田广放弃驻守历下的军队的防务,话说得多么巧妙呀!可是等到韩信袭击齐国,郦食其被齐王丢到鼎里烹煮的时候,为什么说话又那么笨拙了呢?"

我回答道:"我认为一个人能言善辩,是要用巧妙的言辞为自己辩护;如果拿巧妙的言辞去玩弄别人,那就太危险了。"

第二十章

或问:"蒯通抵韩信①,不能下,又狂之②。"

曰:"方遭信闭③,如其抵!"

曰:"巇④可抵乎?"

曰:"贤者司礼,小人司巇,况拊键⑤乎?"

【注释】

①蒯通抵韩信:指蒯通离间韩信和刘邦的关系。蒯(kuǎi)通,本名蒯彻,范阳(今河北徐水北固镇)人,因为避汉武帝刘彻之讳而改为通。蒯通辩才无双,善于陈说利害,曾为韩信谋士,先后献灭齐之策和三分天下之计。韩信死后被刘邦捉拿,后释放,成为相国曹参的宾客。

②不能下,又狂之:蒯通不能说服韩信,于是装疯去做了巫师了。蒯通曾建议韩信三分天下,自立为王,韩信犹豫不决,不忍心背叛汉王,又自以为功多,汉王不会夺回他统治的齐国,于是婉言谢绝了蒯通的建议。蒯通因游说而不受信用,非常害怕,就假装疯狂而做了巫师。

③闭:这里指拒绝。

④巇:读为 xī,缝隙。

⑤拊键:一作拊楗,击断门户的插闩,指入内偷盗。拊,读为 fǔ,拍,击;键,门闩。

【译文】

有学生问:"蒯通离间韩信和刘邦的关系,没有达到目的,就装起疯来。您怎么看待他呢?"

我回答道:"一下子就遭到韩信的拒绝,这就是他离间的结果!"

学生又问:"如果韩信思想上有间隙,就可以乘隙而入进行离间吗?"

我回答说:"贤人行动要看是否合礼,小人行动才看是否有隙可乘,何况本来无隙可乘,偏要去撞门闩呢?怎么会不失败呀!"

第二十一章

或问:"李斯尽忠①,胡亥极刑②,忠乎?"

曰:"斯以留客,至作相③,用狂人之言,从浮大海④,立赵高之邪说,废沙丘之正⑤,阿意督责⑥,焉用忠?"

"霍⑦?"

曰:"始元之初,拥少帝之微⑧,摧燕、上官之锋⑨,处废兴之分⑩,堂堂乎忠,难矣哉!至显⑪,不终矣。"

【注释】

①李斯尽忠:李斯尽忠于秦国。

②胡亥极刑:秦二世胡亥却对他处以极刑。胡亥,秦始皇第十八子,秦二世。

③斯以留客,至作相:李斯以外来客卿身份留在秦国,一直到当上丞相。

④用狂人之言,从浮大海:用吹捧秦始皇胜过三皇五帝的狂妄言辞取得信任,跟随秦始皇巡游海上。

⑤沙丘之正:秦始皇正确的遗诏。沙丘,春秋战国时期赵国境内的古地名,在现今河北省邢台市广宗境内,为秦始皇第五次东巡驾崩的地方。后来李斯迎合赵高,矫诏处死公子扶苏与蒙恬,拥立公子胡亥为皇帝,就是秦二世,史称"沙丘之谋"。

⑥阿意督责:李斯迎合秦二世胡亥,呈上了《行督责书》。阿,读为ē,迎合,偏袒;督责,指《行督责书》,是秦朝丞相李斯向秦二世胡亥的上书,核心是教导秦二世掌握帝王的统治术,了解驾驭群臣的方法。

⑦霍:指霍光,这句话是问霍光是否尽了忠。霍光,字子孟,河东平阳(今山西临汾)人,西汉权臣、政治家,麒麟阁十一功臣之首,大司马霍去病

异母弟、汉昭帝皇后上官氏的外祖父、汉宣帝皇后霍成君之父。历经汉武帝、汉昭帝、汉宣帝三朝,官至大司马大将军,期间曾主持废立昌邑王刘贺。汉宣帝地节二年(公元前68年)去世,谥号"宣成"。两年后,霍家因谋反被族诛。霍光常被人与伊尹相提并论,称为"伊霍",后世以"行伊霍之事"代指权臣摄政废立皇帝。

⑧拥少帝之微:霍光拥戴年少力弱的汉昭帝执政。汉武帝去世前,霍光被指定为顾命大臣,辅佐汉昭帝,昭帝即位时年仅八岁,政事由霍光决定。

⑨摧燕、上官之锋:挫败了燕王旦、上官桀等人谋反的阴谋。燕,指燕王刘旦,汉武帝刘彻第三子,元狩六年(公元前117年),被册封为燕王,汉武帝死后,刘旦不满汉昭帝即位,意图谋反失败,被宽恕;上官,指上官桀,西汉外戚、大臣,汉昭帝皇后上官氏的祖父。元凤元年(公元前80年)九月,上官桀联合御史大夫桑弘羊、燕王刘旦打算设宴谋杀霍光,事败被杀。

⑩处废兴之分:指霍光处在掌握废立皇帝大权的地位。

⑪至显:至于霍光包庇妻子霍显毒死许皇后这件事。显,霍光之妻霍显,她一直想让小女儿霍成君成为皇后,便买通御医淳于衍,在汉宣帝即位三年之后毒死了已经怀孕的许皇后,由此被汉宣帝记恨。公元前68年,霍光去世后,霍氏一门骄奢放纵,霍显带头密谋发动政变,最终于公元前65年被灭族。

【译文】

有学生问:"李斯尽忠于秦,秦二世胡亥却对他处以极刑,他真的尽忠了吗?"

我回答道:"李斯以外来的客卿身份留在秦国,一直到当上丞相,他用吹捧秦始皇胜过三皇五帝的狂妄言辞取得信任,跟随秦始皇巡游海上,秦始皇死后,他又支持赵高改立胡亥为皇帝的邪说,篡改了秦始皇在沙丘立下的召公子扶苏回咸阳奔丧并继承帝业的正确遗诏。秦二世上台后,他曲顺秦二世的意旨,呈上了《行督责书》,他哪里是在尽忠呢?"

学生又问:"霍光是否尽忠了呢?"

我回答说:"始元初年,霍光拥戴年少力弱的昭帝即位,后来又相继挫败了燕王刘旦和上官桀等谋反的阴谋，处于掌握废立皇帝大权的地位，堂皇正大，忠心耿耿，真不容易做到呀！但后来包庇妻子霍显毒死许皇后的罪过，却没有尽忠到底。"

第二十二章

或问："冯唐面文帝①，得廉颇、李牧不能用也，谅乎②？"

曰："彼将有激也。亲屈帝尊，信亚夫之军③，至颇、牧，曷不用哉？"

"德？"

曰："罪不孥④，宫不女⑤，馆不新⑥，陵不坟⑦。"

【注释】

①冯唐面文帝：冯唐面见汉文帝。冯唐，西汉代郡（今张家口蔚县）人，西汉大臣，以孝行著称于时，历经汉文帝、汉景帝、汉武帝三朝，因出仕较晚，未能建立大功，后人有"冯唐易老，李广难封"的评价。

②谅乎：确实是这样的吗？

③亲屈帝尊，信亚夫之军：汉文帝能放下皇帝的尊严，赞扬周亚夫治军有方。信，通"伸"，这里指赞美；亚夫，指周亚夫，西汉名将，沛郡（今江苏丰县）人，绛侯周勃的次子，一生最大的功劳是平定"七国之乱"，后因功高盖主，被汉景帝杀害。

④罪不孥：一人有罪不牵连家属。孥，本指子女，这里统称家属。

⑤宫不女：皇宫里不容纳过多的宫女。

⑥馆不新：不新建宫殿。

⑦陵不坟：不建高大的陵墓。

【译文】

有学生问："冯唐敢于当面说汉文帝即使得到廉颇、李牧那样的良将也不能予以任用，确实是这样的吗？"

我回答道："这是冯唐在有意刺激汉文帝。汉文帝能放下皇帝的尊严，赞扬周亚夫治军有方，如果遇到像廉颇、李牧这样的良将，怎么会不予以重用呢？"

学生又问："汉文帝的德行如何？"

我回答说："判定一人有罪而不牵连家属，皇宫里不容纳过多的宫女，生前不兴建官殿，死后不修高大的陵墓，这就是汉文帝的德行。"

【导读】

本章记述了汉文帝执政的两个故事，一文一武，有助于读者从小处了解汉文帝的政治智慧。现将二者分述于下：

1. 冯唐激汉文帝

汉文帝时，冯唐为中郎署长，侍奉皇帝。一次，汉文帝乘车遇到冯唐，谈到赵将李齐的才能，并感慨自己没有廉颇、李牧一样的将领去抵御匈奴的侵犯。冯唐直言道："即使您有这样的将领，也不会任用。"汉文帝大怒，并起身回宫。之后文帝召见并指责其当众羞辱自己，冯唐道歉说："我这个鄙陋的人不懂得忌讳回避。"彼时，匈奴大举进犯、并杀死都尉孙卬。汉文帝向冯唐请教当初言语的原因，冯唐回答道："将在外，君命有所不从。如果要支持边防将领，必须赏罚恰当。并主张应当宽恕当时因为瞒报杀敌人数的魏尚，继续支持其守卫边防。"文帝赞同冯唐劝谏，并派遣其去赦免魏尚，使其复职云中郡郡守，冯唐也被任命为车骑都尉，辅佐战事。

2. 汉文帝赞扬周亚夫

文帝之后六年，匈奴大入边。乃以宗正刘礼为将军，军霸上；祝兹侯徐厉为将军，军棘门；以河内守亚夫为将军，军细柳：以备胡。

上自劳军。至霸上及棘门军，直驰入，将以下骑送迎。已而之细柳军，军士吏披甲，锐兵刃，彀弓弩，持满。天子先驱至，不得入。先驱曰："天子且至。"军门都尉曰："将军令曰：'军中闻将军令，不闻天子之诏。'"居无何，上至，又不得入。于是上乃使使持节诏将军："吾欲入劳军。"亚夫乃传言开壁门。壁门士吏谓从属军骑曰："将军约：军中不得驱驰。"于是天子乃按辔徐行。至营，将军亚夫持兵揖曰："介胄之士不拜，请以军礼见。"天子为动，改容式车。使人称谢:"皇帝敬劳将军。"成礼而去。

既出军门,群臣皆惊。文帝曰:"嗟乎!此真将军矣!曩者霸上、棘门军,若儿戏耳,其将固可袭而虏也。至于亚夫,可得而犯邪?"称"善"者久之。

第二十三章

或问"交"。

曰:"仁。"

问"馀、耳①"。

曰:"光初②。"

"窦、灌③"。

曰:"凶终④。"

【注释】

①馀、耳:指陈馀和张耳。陈馀,一作陈余,魏国大梁人,性格高傲,与张耳为刎颈之交。

②光初:开始很好。大泽乡起义之后,陈馀和张耳一起投奔陈胜,后来跟随武臣占据赵地,武臣自立为赵王后,陈馀出任大将军,武臣被部将李良杀死,陈馀与张耳拥立赵歇为赵王。李良引秦军大将章邯攻赵,张耳、赵歇败走巨鹿,被秦将王离包围,陈馀自觉兵少,不敢进兵攻秦,张耳大怒,责怪陈馀不守信义,于是出兵五千去救巨鹿,全军覆没。后来项羽大军至,大胜秦军,解巨鹿之围。张耳再见陈馀时,责怪他背信弃义。陈馀一气之下将帅印交出,从此两人绝交。

③窦、灌:指窦婴和灌夫。窦婴是窦太后的侄子,汉景帝时为大将军,汉武帝初为丞相,他与灌夫结为知己,失势以后别人都疏远他,唯独灌夫没有。

④凶终:结局凶险。元光三年,窦婴至交灌夫因在酒席中对宰相田蚡出言不逊,被田蚡以罪逮捕下狱,并被判处死刑。窦婴倾全力搭救灌夫,并在朝会上就此事与田蚡辩论。但由于王太后的压力,灌夫仍被判为族诛。窦婴

乃以曾受景帝遗诏"事有不便，以便宜论上"为名，请求武帝再度召见。但尚书很快就发现窦婴所受遗诏在宫中并无副本，于是以伪造诏书罪弹劾窦婴。元光四年初，窦婴被处死。

【译文】

有学生问："互相交往的原则是怎样的？"

我回答道："要讲究仁爱。"

学生问："您怎么看待陈馀和张耳的交往呢？"

我回答说："以光彩照人开始，但有始无终。"

"窦婴和灌夫的交往又怎么样呢？"

我回答说："开始虽然好，但以得罪被杀结束。"

第二十四章

或问"信"。

曰："不食其言。"

"请人①。"

曰："晋荀息②、赵程婴、公孙杵臼③，秦大夫凿穆公之侧④。"

问"义"。

曰："事得其宜之谓义⑤。"

【注释】

①请人：请举出一些诚信之人的例子。

②晋荀息：春秋时期晋国大夫荀息。荀息（？—公元前651年），本名原氏黯，字息，是春秋时期晋国有史记录的第一位相国。荀息足智多谋，以危如累卵规劝晋公放弃建造九层高台，献计假途灭虢（guó），打通了晋国向中原发展的通道。晋献公临终前，任命荀息为相国，荀息以股肱（gōng）之力辅佐新君继位，誓死实践自己的诺言，留下了千古英名。

③程婴、公孙杵臼：春秋时期晋国义士，二人是著名故事"赵氏孤儿"

的直接谋划者与实行者,千百年来为世人称颂。相传程婴是古少梁邑(今陕西韩城西少梁附近程庄)人,为晋卿赵盾及其子赵朔的友人,晋景公三年大夫屠岸贾杀赵朔,灭其族,赵朔门客公孙杵臼(chǔ jiù)与之谋,程婴抱着赵氏孤儿赵武,匿养于山中,而故意告发令诸将杀死公孙杵臼及冒充孩儿。后来晋景公听韩厥言,立赵氏后,诛屠岸贾,程婴则自杀以报杵臼。

④秦大夫啮穆公之侧:秦国的大夫子车奄息、子车仲行、子车鍼(zhēn)虎履行诺言,殉葬在秦穆公的墓旁。

⑤义:公正合宜的道理或举动。

【译文】

有学生问:"怎样算是有信用?"

我回答道:"不背弃自己的诺言。"

学生说:"请举一些诚信之人的例子。"

我回答说:"晋国的大夫荀息誓死实践自己的诺言为辅佐骊姬的儿子而死,赵朔的友人程婴和门客公孙杵臼不怕牺牲保护赵朔的儿子赵武,秦国的大夫子车奄息、子车仲行、子车鍼虎履行诺言殉葬在秦穆公的墓旁,这些都是守信用的人。"

学生问:"怎样做才符合公正合宜之理呢?"

我回答说:"把事情做得恰好适当就叫作合宜之理。"

第二十五章

或问:"季布忍焉①,可为也?"

曰:"能者为之,明哲②不为也。"

或曰:"当布之急,虽明哲之如何?"

曰:"明哲不终项仕③。如终项仕,焉攸避④?"

【注释】

①季布忍焉:季布能忍受逃亡时遭受的屈辱。季布,秦、汉年间楚人,

原为项羽部将，多次带兵击败刘邦，项羽败亡之后，被汉朝通缉，藏匿在民间，卖身朱家为奴。后经夏侯婴说情，刘邦饶赦了他，并拜他为郎中。汉惠帝时，官至中郎将。汉文帝时，任河东郡守。季布为人仗义，好打抱不平，以信守诺言著称，所以楚国人中广泛流传着"得黄金百斤，不如得季布一诺"的谚语，一诺千金这个成语也是从这儿来的。

②明哲：明白事理的人。

③不终项仕：不会追随项羽到底。

④焉攸避：怎么能避免屈辱呢？焉，怎么；攸，语气助词，无实义。

【译文】

有学生问："季布很能忍受屈辱，可以这样忍受屈辱吗？"

我回答道："有本领的人才这样做，明白事理的人不会这样做。"

学生反问说："当年季布被刘邦追捕得十分危急，他就算是明白事理，又有什么办法呢？"

我回答说："如果她明白事理，早年就不会一直追随项羽到底。既然追随项羽到底了，又怎么能避免被通缉的屈辱呢？"

第二十六章

或问"贤"。

曰："为人所不能。"

"请人①。"

曰："颜渊、黔娄、四皓、韦玄②。"

问"长者③"。

曰："蔺相如申秦而屈廉颇，栾布之不倍④，朱家之不德⑤，直不疑之不校⑥，韩安国之通使⑦。"

【校勘】

韦玄：当作"韦玄成"，邹鲁大儒韦贤之子。

【注释】

①请人：请举出这些贤人的例子。

②颜渊、黔娄、四皓、韦玄：是颜回、黔娄、商山四皓和韦玄他们这样的人。黔娄，春秋末年齐国人，拒绝重礼不为卿相；四皓，指商山四皓，秦末汉初四位信奉黄老之学的博士，分别是东园公唐秉、夏黄公崔广、绮里季吴实、甪（lù）里先生周术；韦玄，指韦玄成，鲁国邹人，大儒、丞相韦贤之子，品行高洁。

③长者：道德高尚待人忠厚的人。

④栾布之不倍：栾布不背弃彭越对自己的恩惠。栾布，西汉梁国人，著名政治家，因为替梁王彭越收尸、据理力争而被汉高祖看重，汉景帝时吴楚七国之乱，栾布以击齐之功，封鄃侯，出任燕相；倍，通"背"，违背。

⑤朱家之不德：朱家帮助别人却不夸耀自己对他人的恩德。朱家，秦汉之际的游侠，鲁国（今山东曲阜）人，以助人之急而闻名于关东，曾大量藏匿豪士及亡命之人，项羽大将季布被刘邦追捕，他通过夏侯婴向刘邦进言，使季布得以赦免；不德，不夸耀自己的恩德。

⑥直不疑之不校：直不疑不计较别人对自己的误解和诬陷。直不疑，南阳人，西汉文帝、景帝时曾官至御史大夫，精通崇尚老子的黄老无为学说，做官低调收敛人们叫他长者。校，通"较"，计较；曾有人错怪直不疑是小偷，他不仅没有生气，相反还向对方谢罪，并买了东西进行赔偿，真相水落石出后，他的美名也就传扬开了。

⑦韩安国之通使：韩安国暗中去长安为梁孝王解除景帝对他的疑心。韩安国，字长孺，西汉梁县成安（今汝州小屯村北）人，汉初名将，在平息吴、楚七国叛乱及对匈奴作战中声名显赫。

【译文】

有学生问："什么样的人是贤人？"

我回答道："做好常人所不能做的事，这就是贤人。"

学生说："请举出一些贤人的例子。"

我回答说:"颜回、黔娄、商山四皓、韦玄成等人就是贤人的代表。"

学生问:"谁又是道德高尚待人忠厚的长者呢?"

我回答说:"蔺相如敢和秦王斗争却能对廉颇委屈退让,栾布不背弃梁王彭越对自己的恩惠而敢于为他收尸,朱家帮助了别人却从不夸耀自己的恩德,直不疑不计较别人对自己的误解和诬陷,韩安国暗中去长安为梁孝王解除景帝对他的疑心,这些人就是道德高尚待人忠厚的长者。"

第二十七章

或问"臣自得"。

曰:"石太仆之对①,金将军之谨②,张卫将军之慎③,丙大夫之不伐善④。"

"请问臣自失。"

曰:"李贰师之执贰⑤,田祁连之滥帅⑥,韩冯翊之愬萧⑦,赵京兆之犯魏⑧。"

【注释】

①石太仆之对:太仆石庆小心地回答皇帝的问话。石太仆,指石庆,石庆曾担任太仆,是汉代中央政府的九卿之一,掌管皇帝的舆马之事。对,回答。

②金将军之谨:将军金日䃅谨慎地侍奉汉武帝。金将军,指金日䃅(mì dī),西汉著名匈奴族政治家。

③张卫将军之慎:卫将军张安世周到地履行自己的职务。张卫将军,指张安世,生性谨慎,后为麒麟阁十一功臣之一。

④丙大夫之不伐善:大夫丙吉从不夸耀自己在宣帝幼年时对他的照顾。丙大夫,指丙吉,汉宣帝丞相,后为麒麟阁十一功臣之一。伐善,夸耀自己的长处。

⑤李贰师之执贰:贰师将军李广利背叛汉朝,投降匈奴。李贰师,指李广利,汉武帝宠妃李夫人的弟弟,曾为贰师将军;执贰,指李广利投降匈奴。

⑥田祁连之滥帅:祁连将军田广明率兵征伐匈奴,擅自回师,向汉宣帝谎报军情。田祁连,指祁连将军田广明;滥,浮泛而不合实际。

⑦韩冯翊之愬萧：左冯翊韩延寿上书告发萧望之。韩冯翊，指左冯翊韩延寿；冯翊，读为 píng yì，指冯翊郡，治临晋（今大荔），辖境相当今陕西韩城、黄龙以南，白水、蒲城以东和渭河以北地区。愬，读为 sù，通"诉"，诉讼。

⑧赵京兆之犯魏：京兆尹赵广汉冒犯了魏丞相。赵京兆，指京兆尹赵广汉；京兆尹，汉代官名，为三辅［治理京畿（jī）地区的三位官员，即京兆尹、左冯翊、右扶风］之一，主管今西安及其附近地区，在西汉时期相当于现在首都的市长。犯魏，冒犯了魏丞相；魏，指汉宣帝时代的丞相魏相。

【译文】

有学生问："做臣子的因自己的言行而得到好处的有哪些人？"

我回答道："太仆石庆小心地回答皇帝的问话，将军金日䃅谨慎地侍奉武帝，卫将军张安世周到地履行自己的职务，大夫丙吉不夸耀自己在宣帝幼年时对他的照顾，这些人都因自己的言行得到了好处。"

学生又说："因为自己的言行受到惩罚的又有哪些人呢？"

我回答说："贰师将军李广利背叛汉朝投降匈奴反被匈奴杀死，祁连将军田广明率兵征伐匈奴却谎报军情因而被下狱自杀身亡，左冯翊韩延寿上书告发萧望之反被以诬告罪杀害，京兆尹赵广汉因冒犯魏丞相而被腰斩，这些人都因为自己的言行受到了惩罚。"

第二十八章

或问"持满①。"

曰："扼欹②。"

【注释】

①持满：保持盈满。

②扼欹：掌握欹器。欹，读为 qī，这里指倾斜不正的器皿。

【译文】

有学生问:"怎样才能保持满而不覆?"

我回答道:"要像掌控欹器那样,总是保持不满,就不会倾覆了。"

第二十九章

扬王孙倮葬以矫世^①。

曰:"矫世以礼,倮乎?如矫世,则葛沟^②尚矣。"

【注释】

①扬王孙倮葬以矫世:扬王孙用裸葬来矫正世俗厚葬的陋习。扬王孙,姓扬,名贵,字王孙,汉武帝时人,学黄老之术,家业千金,临死前叮嘱子弟,表示希望裸葬,"以反吾真";倮,通"裸",倮葬指不用衣衾棺椁而葬;矫世,矫正世俗厚葬的陋习,当时流行厚葬,甚至攀比成风。

②葛沟:界沟,古代村落或城市周围的护沟。

【译文】

扬王孙希望用裸葬的方式来矫正世俗厚葬的陋习。

我认为:"应当按照礼制的规定来矫正世俗厚葬的陋习,怎么能用裸葬这种方式呢?如果一定要矫正世俗厚葬的陋习,那么人死了就丢到城外的界沟里,不就更应该受到赞扬了吗?"

【导读】

本章谈到了西汉厚葬成风的社会现象,扬雄反对厚葬,但提倡根据礼制的规定矫正。简析如下:

两汉时期,厚葬成风,究其原因,一是灵魂不灭的观念,"以为死人有知,与生人无以异"(王充《论衡·薄葬篇》),即把死人当作活人对待,相信人死之后有另一个世界,鬼神和活人一样需要饮食起居,所以,对死人的供奉要和活人一样讲究,把生活中需要的一切都带到坟墓里去,以便死后继续享用,即所谓"厚资多藏,器用如生人"(《盐铁论·散不足》)。于是乎,"生不极养,死乃崇丧,或至刻金镂玉,檽梓梗榕,良田造茔,黄壤致藏,多埋珍宝,偶人车马,起造大冢,广种松柏,庐舍祠堂,崇侈上僭"(王符《潜夫论·浮奢篇》)的现象大炽于天下;二是在儒家思想中,孝道占据重要地位。诚如《盐铁论·散不足》所说:"今生不能致其爱敬,死以奢侈相高,虽无哀戚之心,而厚葬重币者,则称以为孝,显名立于世,光荣著于俗。"由于汉代重孝,"孝"成了人们出仕入官的重要途径,而厚葬又是获得"孝"这一桂冠的重要手段,"令先人坟墓俭约,非孝也"(《汉书·原涉传》)故"世以厚葬为德,薄终为鄙"(《后汉书·光武帝纪》)。导致当时竞相厚葬,攀比成风,甚至借钱贷款也要将葬礼办得隆重而高规格,这是不对的。

第三十章

或问"《周官》①"?

曰:"立事②。"

"《左氏》③"?

曰:"品藻④。"

"太史迁⑤"?

曰:"实录⑥。"

【注释】

①《周官》:即《周礼》,一部记载我国古代官制的书。

②立事:确立了治理国家的条例。事,指政事。

③《左氏》:即《左传》,相传作者为左丘明。

④品藻:品评鉴别。

⑤太史迁:指司马迁写的《史记》。

⑥实录:按照实际情况做的记录。

【译文】

有学生问:"《周官》这本书写得是什么?"

我回答说:"确立了治理国家的条例。"

"《左传》呢?"

我说:"对历史做了品评鉴别。"

"《史记》呢?"

我说:"对历史作了符合实际的记录。"

渊骞卷第十一

仲尼之后，迄于汉道，德行颜、闵①，股肱萧、曹②，爰及③名将尊卑之条，称述品藻④。撰《渊骞》第十一。

【校勘】

本卷序言据《汉书》本传补入。《法言义疏》云："此段二十八字，后人妄撰窜入。宋祁曰：'李轨注《法言》本无此序，云与《重黎》共序。'扬树达引汪荣宝云：盖《重黎》《渊骞》皆论春秋以后国君将相卿士名臣之事，本为一篇。以文字繁多，故中折为二，于是《渊骞》虽亦为一篇，然非别有作意，故不为之序。《汉书》此文，乃浅人见此篇有目无序，疑为缺失，遂妄撰此二十八字窜入，不按文语俗近如子厚所云，又且意义与《重黎序》复重，了无所取，固非子云旧文，亦并不得以为班固所作也。"因本卷有无序言争论较大，这里先保留《汉书》意见，待学术界将这个问题解决之后，再作补正，特作说明。

【注释】

①德行颜、闵：德行最好的是颜回和闵子骞。

②股肱萧、曹：辅政大臣中最优秀的是萧何和曹参。股肱，读为 gǔ gōng，指大腿和胳膊，引申为辅佐君主的重要大臣。

③爰及：至于。爰，读为 yuán，拉，引，后造"援"字表示此意。

④品藻：鉴定等级。

【译文】

从孔子到汉朝，德行最好的是颜回和闵子骞，辅政大臣中最优秀的是萧何和曹参，至于其他的名将和地位各异的名人，我现在来对他们一一鉴定等级。于是写作了《渊骞》，作为本书的第十一卷。

【题解】

本卷在性质上与《重黎》近似，但内容更为丰富，论述名人更多，主要是对"近世"名人进行分类点评，而且主要点评的是"德行"品质，所以独立为一卷。

开篇以颜回和闵子骞的德行引出本卷的评价标准，自此以下，举出了很多例子来论述这一问题：在君子之德与小人之力的对比中，将秦武王及其三大力士进行了"德"的点评；在孟子之勇与荆轲之勇的对比中，进行了"勇"的点评；顺流而下，对战国四公子、吕不韦等著名政治家进行了"益"与"智"的点评；对名将蒙恬进行了"忠"的点评，对战神白起进行了"仁"的点评；对聂政等三大刺客进行了"义"的点评；再以"美行""言辞"等分类标准集中对一系列隐士、名人进行了对应分类；到汉朝以后，以"近世社稷之臣""近世名卿"对汉代著名开国元勋、名将、大臣进行了集中评价，特别列出东方朔等滑稽人士、李仲元等民间高人，进行详细点评。期间政权层面上以周王室的衰落与秦国的逐渐强大为例，诸子学术以鬼谷子和纵横家苏秦张仪为例，外交层面以苏武张骞为例，纵横捭阖，最后集中于儒家标志：非正不视，非正不听，非正不言，非正不行。完美收束全篇，体现了严密的逻辑性和清晰的层次感。

本卷论证，远比《重黎》严谨，中心论点极为明确，各层分论点十分清晰，以此为依据来判断本卷之序言的真实性，笔者认为，是完全可以成立的。

第一章

或问:"渊、骞之徒恶乎在①?"

曰:"寝②。"

或曰:"渊、骞曷不寝?"

曰:"攀龙鳞,附凤翼,巽以扬之③,勃勃④乎其不可及也。如其寝!如其寝!"

七十子⑤之于仲尼也,日闻所不闻,见所不见,文章亦不足为矣。

【注释】

①渊、骞之徒恶乎在:颜回和闵子骞的弟子还为人所知吗?渊,指颜回;骞,指闵子骞;二人是孔门四科中"德行"科的代表;徒,学生,弟子;恶,通"乌",表示反问。

②寝:默默无闻,没有名气。

③巽以扬之:比喻得到了孔子盛名的帮助。巽,读为 xùn,《易经》八卦之一,代表风。

④勃勃:烟气上升,这里指轻快上升的样子。

⑤七十子:指孔子学生中名气较大的学生有七十个。《仲尼弟子列传》开篇记载说:"孔子曰'受业身通者七十有七人',皆异能之士也。"这里是在举整数。

【译文】

有学生问:"颜回和闵子骞的学生还为人所知吗?"

我回答说:"已经默默无闻了。"

学生又问:"为什么颜回和闵子骞的名气还这么大呢?"

我告诉他:"那是因为他们追随孔子之道,得到孔子盛名之助,乘风而上,勃勃升腾,所以他们的学生都比不上,就只能默默无闻了,只能默默无闻了!"

颜回和闵子骞这样的七十位孔子杰出弟子,他们每天都能听到从来没有听过的言论,看到从来没有看过的现象,但他们写的文章也不如孔子那样好啊。

第二章

君子绝德①，小人绝力②。

或问"绝德"。

曰："舜以孝，禹以功，皋陶以谟，非绝德邪？"

"力"。

"秦悼武、乌获、任鄙扛鼎抃牛③，非绝力邪？"

【注释】

①绝德：卓绝的德行。

②绝力：超人的力气。

③秦悼武、乌获、任鄙扛鼎抃牛：秦悼武王、乌获、任鄙力能扛鼎，勇能斗牛。秦悼武，指秦悼武王，也称秦武王，秦惠文王之子，本名嬴荡，喜好比武角力，孔武好战，力能扛鼎；任鄙，战国时期秦国人，秦武王时著名大力士，官至汉中郡守；扛（gāng）鼎，把鼎举起来；抃（biàn）牛，把两头相斗的牛拉开。

【译文】

君子极力追求卓绝的德行，而小人却极力追求超人的力气。

有学生问："什么是卓绝的德行？"

我回答他："舜因为他的孝顺而闻名，大禹因为他的治水之功而闻名，皋陶因为他的治国谋略而闻名，他们难道不是有卓绝的德行吗？"

学生又问："什么是超人的力气？"

我回答道："秦武王、乌获、任鄙力能扛鼎，勇能斗牛，他们难道不是拥有超人的力气吗？"

第三章

或问"勇"。

曰:"轲也。"

曰:"何轲也?"

曰:"轲也者,谓孟轲①也。若荆轲②,君子盗诸③。"

"请问孟轲之勇。"

曰:"勇于义而果于德,不以贫富、贵贱、死生动其心,于勇也,其庶乎④!"

【注释】

①孟轲,指孟子。

②荆轲:战国末期卫国朝歌(今河南鹤壁)人,也称庆卿、荆卿、庆轲,喜好读书击剑,为人慷慨侠义,燕太子丹待为上宾,受命入秦刺杀秦王,事败被杀。

③君子盗诸:按君子的道德观念来看,荆轲属于盗贼之辈。

④其庶乎:大概差不多了吧?其,大概;庶,近似,差不多。

【译文】

有学生问:"什么人最有勇气?"

我回答说:"最有勇气的是名叫轲的人。"

学生又问:"您指的是哪一个名叫轲的人呢?"

我回答道:"我说的名叫轲的人,是孟轲啊。如果说的是荆轲,按君子的道德观念来看,他属于盗贼之辈啊。"

学生又说:"请您告诉我孟轲的勇气表现在哪些方面呢?"

我告诉他:"孟轲勇敢追求真理,坚持正义,道德高尚,不因为贫穷或富贵、高贵或卑微、生或死而动摇他的决心,对于最有勇气这个标准来讲,他可以说是近乎完美了吧。"

【导读】

扬雄在本章中所说的"勇",指的是仁爱正义的浩大勇气,而不是刺客杀人的个人勇气。

孟子的勇气主要体现在他坚决站在儒家立场、始终维护孔子学说、不向权贵低头的大仁大义上，具体载体是他的著作。孟子的文章说理畅达，气势充沛并长于论辩，逻辑严密，尖锐机智，代表着先秦散文写作的最高峰。孟子主张修养浩大的正气，《孟子·公孙丑上》："我善养吾浩然之气。其为气也，至大至刚，以直养而无害，则塞于天地之间。其为气也，配义与道，无是馁也。"一个君子，要具有道义精神和阳刚之气，这就从主体修养的角度建构起了一个内在充实、正义的君子形象，扬雄把这种状态叫作"䐃中虩外"。此外，孟子非常推崇"大丈夫"所具有的精神气魄，《孟子·滕文公下》说："富贵不能淫，贫贱不能移，威武不能屈，此之谓大丈夫。""大丈夫"于是成为有志气、有节操、有作为的男子汉的代称，对后代人雄强精神世界的建构具有很大的影响。《史记·高祖本纪》记载说："（高祖）观秦皇帝，喟然太息曰：'嗟乎，大丈夫当如此也！'"宋文莹《玉壶清话》卷十："尔辈杀吾未晚，大丈夫视死若归，无名而死，然亦可惜。"时至今日，大丈夫气概仍然深刻影响着中国男性精神的养成，并深入人心，在各个方面发挥着重要作用。

第四章

鲁仲连伤而不制①，蔺相如②制而不伤。

【校勘】

伤而不制：制，本作"剬"，古制字。

【注释】

①鲁仲连伤而不制：鲁仲连言行放纵而能自我约束。鲁仲连，战国末期齐国人，长于阐发奇特宏伟卓异不凡的谋略，却不肯做官任职，愿意保持高风亮节；伤，通"荡"，放纵；制，约束。

②蔺相如：今保定市曲阳县相如村人，战国时期赵国上卿，著名政治家、外交家。他最重要的经历有三件事：完璧归赵、渑池之会与负荆请罪。

【译文】

鲁仲连言行放纵而能自我约束,保持高风亮节;蔺相如颇能自我约束而不敢放纵言行,一心为公。

第五章

或问"邹阳[①]"。

曰:"未信而分疑,慷辞免罿[②],几[③]矣哉!"

【校勘】

慷辞免罿:慷,一作伉。伉,古同"抗",对等。

【注释】

[①]邹阳:齐人,西汉文学家。汉文帝时,为吴王刘濞门客,以文辩著名于世,吴王阴谋叛乱,邹阳上书谏止,吴王不听,因此与枚乘、严忌等离吴去梁,为景帝少弟梁孝王门客。邹阳为人有智略,慷慨不苟合,后被人诬陷入狱,险被处死。他在狱中上书梁孝王,表白自己的心迹。梁孝王见书大悦,立命释放,并尊为上客。

[②]慷辞免罿:慷辞,即抗辞,指邹阳言辞不逊,抗直不挠;罿,读为chōng,捕鸟用的覆车,这里比喻法网。

[③]几:几乎,几至,这里指面临生命危险。

【译文】

有学生问:"邹阳这个人怎么样?"

我回答说:"梁孝王没有完全信任他而对他抱有怀疑之心,就算他在狱中上书表明心迹,抗直不挠,从而得以自免,但是已经很危险了啊。"

第六章

或问:"信陵[①]、平原[②]、孟尝[③]、春申[④]益乎?"

曰："上失其政，奸臣窃国命，何其益乎？"

樗里子之知也⑤，使知国如葬⑥，则吾以疾为蓍龟⑦。

【注释】

①信陵：信陵君魏无忌，魏国公子，著名军事家、政治家。与春申君黄歇、孟尝君田文、平原君赵胜并称为"战国四公子"。

②平原：平原君赵胜，赵国宗室，著名政治家。

③孟尝：孟尝君田文，齐国宗室，著名政治家。

④春申：春申君黄歇，楚国宗室，著名军事家、政治家。

⑤樗里子之知也：秦国的樗里疾很有智慧。樗（chū）里子，即樗里疾，战国时秦国贵族，秦武王时与甘茂为左右丞相，滑稽多智，秦人称为"智囊"，因其坟墓在秦昭王庙西，渭南阴乡樗里，故俗称之樗里子。知，通"智"，智慧。

⑥知国如葬：指樗里子能预测国运，如同预测自己的坟墓一样准确。据《史记》记载："（秦）昭王七年，樗里子卒，葬于渭南章台之东，曰：'后百岁，是当有天子之宫夹我墓。'……至汉兴，长乐宫在其东，未央宫在其西，武库正直其墓。秦人谚曰：'力则任鄙，智则樗里。'"

⑦吾以疾为蓍龟：我认为樗里疾是有益于国家的德高望重的人。蓍（shī）龟，古人以蓍草与龟甲占卜凶吉，这里指德高望重的人。

【译文】

有学生问我："战国四公子信陵君、平原君、孟尝君、春申君是否对国家有益处呢？"

我回答说："当国君丧失对其政权的控制，这些奸臣就趁机窃取国家的权力，他们对国家哪能有益处呢？"

秦国的樗里疾很有智慧，能预测国运，如同预测自己的坟墓一样准确，我认为樗里疾这种德高望重的人才有益于国家。

第七章

"周之顺①、赧②,以成周③而西倾④,秦之惠文⑤、昭襄⑥,以西山而东并,孰愈?"

曰:"周也羊,秦也狼。"

"然则狼愈欤?"

曰:"羊狼一也。"

【注释】

①顺:周顺靓王姬定,一名顺,公元前315年病死,谥号慎靓王,东周君主,在位6年,周显王之子。

②赧:周赧王姬延,东周第25位君主,周慎靓王之子,东周最后一位君主。

③成周:西周的东都洛邑,借指周公辅佐周成王的兴盛时代。

④西倾:从成周西徙王城,这里指周赧王向秦国投降。

⑤惠文:秦惠文王赵驷,秦孝公之子,公元前325年改"公"称"王",成为秦国第一位君王。

⑥昭襄:秦昭襄王赵稷,秦惠文王之子,秦武王之弟,在位56年。

【译文】

有学生问:"从周顺靓王到周赧王,周王朝经历了从成周的兴盛时代到西徙王城向秦国投降的衰落,而从秦惠文王到秦昭襄王,秦国完成了从西山境内向东吞并天下的壮举,这二者相比,谁更厉害?"

我回答说:"周朝像羊一样软弱,秦国像狼一样凶狠。"

学生又问:"既然这样,那么是像狼一样的秦国更厉害了吧?"

我回答道:"不,羊和狼其实是一样的。"

【导读】

对于本章最后"羊狼一也"这一说法,有一种理解是这样的:周王朝因为不行儒家大道而逐渐衰落,而秦国则是因为不用儒家大道而逐渐强盛,强弱之间的转化，都是因为不用儒家大道，在这一点上，二者是一致的。

我们认为这一观点不一定正确。东周以来，礼崩乐坏，周天子逐渐丧失了对各诸侯国的控制，自身实力越来越弱，扬雄认为这是背弃了周公辅佐成王时制定好的礼乐制度的缘故。秦国重用商鞅等外来人才，不断改革，整军经武，国力越来越强，最终灭掉六国，一统天下。由此可知，不遵行儒家大道的周王朝变弱了，不遵行儒家大道的秦国变强了，儒家大道对于治国理政又有什么真正的作用呢？

第八章

或问："蒙恬①忠而被诛，忠奚可为也？"

曰："堑山堙谷②，起临洮，击辽水，力③不足而死有馀④，忠不足相⑤也。"

【校勘】

起临洮，击辽水："击"字用于此处翻译不通，当为"罄"字之误。《尔雅·释诂》："罄，尽也。"表明秦长城起于临洮，终于辽水。《史记》记载为"起临洮，至辽东"，指秦长城起于临洮，终于辽东，可作旁证。

【注释】

①蒙恬：姬姓，蒙氏，名恬，出生于名将世家，与其弟蒙毅同为秦始皇时期名将，后统军三十万北击匈奴，修筑了万里长城和秦直道。他是中国西北最早的开发者，也是古代开发宁夏第一人。秦始皇病死于沙丘之后，中车府令赵高同丞相李斯、公子胡亥暗中谋划政变，胡亥即位后，赐死蒙氏兄弟，蒙恬吞药自杀。

②堑山堙（yīn）谷：一作"堙谷堑山"，这里指蒙恬挖山填谷，修建秦直道。《史记·秦始皇本纪》："三十五年，除道，道九原，抵云阳，直通之。"

③力：指功劳。

④馀：通"余"，其余，多出来的。

⑤忠不足相：指蒙恬对秦国尽管忠心耿耿，但不足以帮助他不死。相，

帮助，辅助。

【译文】

有学生问："蒙恬对秦国非常忠心，但最终却被含冤杀死，那我们还有必要坚守忠心吗？"

我回答说："蒙恬挖山填谷，修建了秦直道，又修筑西起临洮、东到辽水的万里长城，但这些功劳不足以和胡亥等人一定要他死的罪过相抵，因此他的忠心并不能帮助他免于一死。"

【导读】

《史记·秦始皇本纪》记载蒙恬之死说：

> 始皇三十七年冬行出游会稽，……至沙丘崩。中车府令赵高乃与丞相李斯、少子胡亥阴谋，立胡亥为太子。太子已立，遣使者以罪赐公子扶苏、蒙恬死。扶苏已死，蒙恬疑而复请之。……二世又遣使者之阳周，令蒙恬曰："君之过多矣，而卿弟毅有大罪，法及内史。"恬曰："自吾先人及至子孙，积功信于秦三世矣。今臣将兵三十余万，身虽囚系，其势足以倍畔。自知必死而守义者，不敢辱先人之教，以不忘先主也。恬之宗世无二心，而事卒如此，是必孽臣逆乱，内陵之道也。"使者曰："臣受诏行法于将军，不敢以将军言闻于上也。"蒙恬喟然太息曰："我何罪于天，无过而死乎！"良久，徐曰："恬罪固当死矣。起临洮，属之辽东，城堑万余里，此其中不能无绝地脉哉，此乃恬之罪也。"乃吞药自杀。

我们看到：蒙恬对秦国忠心耿耿，军功卓越，政绩显著，统帅雄兵三十余万，如果他要造反，胡亥等人根本就不是对手，但他从未想过要谋反，过于忠诚，使他不知进退，寄希望于和胡亥讲道理，终于身死人手，成为待宰羔羊。临死之前，他想不通为什么自己会被杀掉，在听到"君要臣死，臣不得不死"的意见之后，默然叹息，认为是自己挖山填谷、修筑直道和长城时挖断了龙脉，所以要遭受上天的惩罚。这种宿命论和因果报应的意见，不应该看作是蒙恬的愚昧，而应该是他为了保全家族名声，采用的自黑方式。

第九章

或问:"吕不韦其智矣乎,以人易货。"

曰:"谁谓不韦智者与?以国易宗①。不韦之盗,穿窬之雄②乎?穿窬也者,吾见担石③矣,未见洛阳④也。"

【注释】

①以国易宗:他用封国换来了宗族的灭亡。宗,家族。

②穿窬之雄:穿墙盗贼中的英雄。穿窬,指钻洞和爬墙的盗贼;窬,读为yú,通"逾",从墙上爬过去。

③石:一担一石之粮。石,读为dàn,十斗为一石。一斗四十斤,一担一百斤,一石四百斤。

④洛阳:东周的都城,这里指代政权。

【译文】

有学生问我:"吕不韦他是一个有智慧的人吧,懂得用人来交换钱财。"

我回答说:"谁说吕不韦是一个有智慧人的?他虽然得到了秦国的封赏,却换来了家族的灭亡。吕不韦作为一个盗贼,算是穿墙盗贼中的英雄吧。穿墙偷东西的盗贼中,我只见过窃取一担或一石粮食的,还没见过像吕不韦那样想窃取政权的。"

【导读】

(1)以人易货。吕不韦到邯郸去做生意,见到秦国派往赵国做人质的公子异人,大喜,说:"异人就像一件奇货,可以囤积居奇,以待高价售出。"于是选择了一个歌女赵姬,献给异人,并与异人谋划怎样在赵国生存下去,怎样脱离赵国,进行政治投机。这是本章"以人易货"说法的来源,也是成语"奇货可居"的出处。这一典故表明吕不韦具有极强的政治敏感度,他不是一个普通的商人。后来,异人返回秦国,继位为秦庄襄王,任命吕不韦为丞相,封为文信侯,食邑河南洛阳十万户,家仆万人。庄襄王即位三年之后死去，太子政（赵姬之子，即后来的秦始皇嬴政）继立为王，尊奉吕不韦为相国，称他为"仲父"。

（2）穿窬之雄。吕不韦富甲天下，权倾朝野，并没有当过盗贼，这是扬雄比喻的话。作为秦国两朝宰相，吕不韦地位崇高，是当时秦国的实际掌控者，但他不满于此，不仅羡慕战国四公子豢养宾客所得的美誉，自己私下养士多达三千余人，作为自己的私人势力，还组织门客编写了《吕氏春秋》一书，自认为其中包括了天地万物古往今来的事理，成为天下杂家思想的代表作；更有甚者，吕不韦长期和庄襄王后、嬴政生母赵姬私通，后期找来嫪毐代替自己的位置，嫪毐淫乐无度，甚至生下两个儿子，并有取代嬴政当王的谋划，后来被秦始皇诛杀，这些事情，为吕不韦的行为暴露、被罢免、被流放乃至服毒自杀埋下了祸根。整体上看，吕不韦能力极强，智谋极高，但野心极大，人品极差，他的失败是必然的，所以扬雄说他是贼。

第十章

秦将白起①不仁，奚用为也。长平之战，四十万人死，蚩尤之乱，不过于此矣。原野厌②人之肉，川谷流人之血，将不仁，奚用为！

"翦③？"

曰："始皇方猎六国④，而翦牙欬⑤！"

【注释】

①白起：战国时期秦国杰出的军事家，兵家代表人物。在秦昭王时征战六国，为秦国统一六国做出了巨大的贡献，封为武安君，但最后因为秦王的猜忌，自杀而死。《千字文》将他与廉颇、李牧、王翦并称为战国四大名将，位居首位。

②厌：繁体字作"饜"，饱，满足。

③翦：读为jiǎn，指王翦，战国末期秦国名将，杰出的军事家，与其子王贲（bēn）一并成为秦始皇灭六国的最大功臣，同时深谙功业进退之道，后

世尊为琅琊王氏和太原王氏的共同始祖。

④方猎六国：正在攻打六国。猎，猎取，夺取。

⑤牙欸：读为 yá ǎi，形容猛酷。牙，爪牙。

【译文】

秦国将领白起不仁义，为什么还要被秦国任用呢？秦、赵两国之间的长平之战，白起坑杀了赵国四十万人，即使上古黄帝与蚩尤之间的涿鹿大战也不过如此吧。当时，大地上堆满了将士们的尸体，山川河谷流满了将士们的血液。白起这种不仁义的将领，为什么要被秦国重用？

有人问我："那王翦这个人怎么样呢？"

我回答说："在秦始皇攻打六国，夺取天下之时，王翦是秦始皇最勇猛的一员大将。"

第十一章

或问："要离①非义者与？不以家辞国。"

曰："离也，火妻灭子②，以求反于庆忌③，实蛛蝥之劘④也。焉可谓之义也？"

"政⑤？"

"为严氏犯韩⑥，刺相侠累⑦，曼面为姊⑧，实壮士之靡⑨也，焉可谓之义也？"

"轲？"

"为丹⑩奉於期⑪之首、燕督亢之图，入不测之秦，实刺客之靡也，焉可谓之义也？"

【校勘】

①蛛蝥之劘：劘，一作靡，与下文"壮士之靡""刺客之靡"并列为三。

【注释】

①要离：春秋时期吴国人，本为屠夫，形貌丑陋，精通击剑，有万夫不敌之勇，吴王阖闾二年（前513年）成功刺杀庆忌，为春秋时期著名刺客。

②火妻灭子：杀死妻儿，指毁弃家室。要离为了刺杀庆忌，与吴王商定

苦肉计，要求吴王砍断自己一条胳膊，杀死自己的妻儿，并焚烧、弃尸于闹市，以此获得庆忌的信任。

③庆忌：春秋时期吴王僚的儿子，勇猛无敌，能手搏虎豹。

④蛛蝥之廨：像蜘蛛的作为。蛛蝥，读为zhū móu，蜘蛛的别名；廨，读为mó，通"摩"，切磋，研究；一作靡，作为。

⑤政：指聂政，战国时侠客，以任侠著称，为春秋战国四大刺客之一。

⑥为严氏犯韩：为严仲子去刺杀韩傀。严氏，指严仲子，春秋末期韩国大夫，与韩相侠累（名傀）争权，严仲子失败，潜逃到了濮阳，听说了聂政的侠名，献出巨金为其母庆寿，并与聂政结为好友，求聂政为自己报仇。

⑦刺相侠累：刺杀了丞相韩傀。韩傀，字侠累，战国初期韩国贵族，当时担任韩国的相国。

⑧曼面为姊：聂政因怕连累与自己面貌相似的姐姐婪（àn），遂以剑自毁其面，挖眼、剖腹自杀。曼，通"无"，没有。

⑨靡：作为。

⑩丹：指燕太子丹，战国末期燕国太子，曾在秦国做过人质，在秦国攻打燕国之前，意图以刺杀秦王嬴政的方式阻止秦军。

⑪於期：读为wū jī，指樊於期，原为秦国将军，后因伐赵败于李牧，畏罪逃往燕国，被燕国太子丹收留。太子丹派荆轲谋刺秦王时，荆轲请求以樊於期首级与督亢（今河北省高碑店一带）的地图作为进献秦王的礼物，以利行刺。樊於期获悉，自刎而死。

【译文】

有学生问："要离难道不是正义的人吗？他不会因为家庭的原因而推辞国家大事。"

我回答说："要离之所以毁弃家室，是以此希望能消除庆忌的疑心，从而能够接近他，这不过像是蜘蛛之所为，怎么能说他是正义的呢？"

学生又问："那聂政是一个正义的人吗？"

我回答道："聂政为了报答严仲子的恩情而去刺杀韩国相国侠累，因为怕连累与自己面貌相似的姊姊，于是用剑自毁其面。这只是壮士之所为，怎么能说他是正义的呢?"

学生又问:"先生,那么荆轲算是一个正义的人吗?"

我回答他:"荆轲为了报答燕太子丹,携带樊於期的首级和燕国督亢的地图,进入凶险难测的秦国,这只是刺客的行为,怎么能说他是正义的呢?"

第十二章

或问:"仪①、秦②学乎鬼谷③术,而习乎纵横言,安中国者,各十余年,是夫?"

曰:"诈④人也,圣人恶诸。"

曰:"孔子读而仪、秦行,何如也?"

曰:"甚矣!凤鸣而鸷翰⑤也。"

"然则子贡不为欤?"

曰:"乱而不解,子贡耻⑥诸;说而不富贵,仪、秦耻诸。"

【注释】

①仪:指张仪,魏国贵族后裔,战国时期著名的纵横家、外交家和谋略家,为秦国统一六国立下很多大功,并首创"连横"的外交策略,攻破苏秦发起的"合纵"联盟。

②秦:指苏秦,战国时期著名的纵横家、外交家,提出"合纵"谋略六国以抗秦,最荣耀时,曾身佩六国相印。

③鬼谷:指王诩(xǔ),又名王禅,道号玄微子,因隐于鬼谷,故自号鬼谷子。其人通天彻地,智慧卓绝,人不能及。兵法家、纵横家、谋略家、名家、道教都尊称他为祖师。在文化史上,他是与孔子、孟子、庄子、荀子、墨子、韩非子等先哲齐名的学术大家。据说孙膑、庞涓、苏秦、张仪、商鞅、毛遂等人均受过他的教诲或智慧思想的滋养。

④诈:欺诈,欺骗。

⑤凤鸣而鸷翰:叫着凤凰的声音,披着凶鸟的羽毛。鸷,读为 zhì,指猛禽,如鹰、雕等;翰,长而坚硬的羽毛。

⑥耻：以……为耻，意动用法。

【译文】

有学生问："张仪、苏秦学习鬼谷子的术法，运用合纵、连横的谋略主张，各自使中原地区得到了十几年的安定，是这样吗？"

我回答说："这些都是欺骗人的话，圣人对这样的做法十分厌恶。"

学生又问："那么，读孔子的书而做张仪、苏秦那样的事，可以吗？"

我批评他："这就更糟糕了！好像是叫着凤凰的声音，却披着凶鸟的羽毛。"

学生追问："然而孔子的弟子子贡不也是这样做的吗？"

我回答他："在游说各国的目的上，子贡与张仪、苏秦完全是不同。子贡游说各国，以不能为鲁国解除外来纷乱为耻，但张仪和苏秦游说各国，是以得不到富贵为耻辱。"

第十三章

或曰："仪、秦其才矣乎！迹不蹈已①。"

曰："昔在任人，帝曰难之②，亦才矣。才乎才，非吾徒之才③也。"

【注释】

①迹不蹈已：后来者不能重现他们的事迹。蹈，遵循，实践，履行。

②昔在任人，帝曰难之：上古尧舜认为知人用人是一件很难的事情。《尚书·皋陶谟》："皋陶曰：'都，在知人，在安民。'禹曰：'吁，咸若时，惟帝其难之。知人则哲，能官人。'"后来的文献多引作"知人则哲，惟帝难之。"帝，指尧舜，一说为帝尧；难，拒斥、排斥。

③非吾徒之才：不是我们儒家圣人赞赏的才能。吾，这里指儒家圣人。

【译文】

有学生问我："张仪、苏秦真是很有才能的人啊！后来者不能重现他们的事迹。"

我回答说:"上古尧舜认为知人用人是一件很难的事情,但也会考虑他们的才能。张仪、苏秦他们这种人才确实很有才能,但他们的才能并不是儒家圣人所赞赏的。"

第十四章

美行:园公、绮里季、夏黄公、甪里先生①。言辞:娄敬②、陆贾③。执正④:王陵⑤、申屠嘉⑥。折节⑦:周昌⑧、汲黯⑨。守儒:辕固⑩、申公⑪。菑异⑫:董相⑬、夏侯胜⑭、京房⑮。

【注释】

①园公、绮里季、夏黄公、甪里先生:指秦汉之际著名隐士东园公、绮里季、夏黄公与甪里先生。他们为了躲避战乱,因而归隐商山,年皆八十有余,时称"商山四皓"。

②娄敬:汉初齐国人,后因刘邦赐姓改名刘敬,善于分析事理,忠言进谏,早年建议都城不宜建洛阳而应在关中,汉初认为不可草率出击匈奴,后来建议与匈奴和亲,并迁徙六国后裔和强宗豪族十余万人至关中。封二千户,为建信侯。

③陆贾:汉初楚国人,著名思想家、政治家、外交家,提出"行仁义、法先圣,礼法结合、无为而治",为西汉初期的统治建立了一个基本模式。陆贾早年追随刘邦,因能言善辩常出使诸侯。刘邦和文帝时,两次出使南越,说服赵佗臣服汉朝,对安定汉初局势做出极大的贡献。吕后时,说服陈平、周勃等同力诛吕。著有《新语》等。

④执正:指执政,担任宰相。正,通"政"。

⑤王陵:泗水郡沛县(今江苏沛县)人,汉朝开国元勋,相国曹参去世后,升任右丞相,与陈平一同执政。

⑥申屠嘉:梁国睢阳(今河南省商丘市)人,汉朝开国功臣,汉文帝是

接替张苍担任宰相。一生经历了汉高祖刘邦、汉惠帝刘盈、汉高后吕雉、汉文帝刘恒、汉景帝刘启五朝。

⑦折节：指屈己从人，降低自己的身份或改变平时的志趣行为。

⑧周昌：沛郡人，西汉开国大臣，耿直敢言，刘邦欲废太子，他直言谏止。

⑨汲黯：西汉中期名臣，为人耿直，敢于直谏廷争，汉武帝称其为"社稷之臣"。主张与匈奴和亲。

⑩辕固：又名辕固生，西汉齐郡西安县（今淄博市桓台县）人，早年是清河王刘乘的太傅，汉景帝时为《诗经》博士，开创西汉《诗经》的《齐诗》诗派，在汉代经学史上发挥了非常重要的作用。

⑪申公：申培公，西汉鲁人，西汉初期儒家学者，开创西汉《诗经》的《鲁诗》诗派，对《诗经》的保存和流传有重要贡献。

⑫菑异：灾异之学，指古代神学政治理论，讲天文和人文的密切关系。菑，读为zāi，通"灾"，灾难，灾祸。

⑬董相：指董仲舒，西汉广川（河北景县广川镇大董故庄村）人，思想家、政治家、教育家，唯心主义哲学家和今文经学大师。汉景帝时任博士，讲授《公羊春秋》。汉武帝元光元年（前134），武帝下诏征求治国方略，董仲舒在著名的《举贤良对策》中系统地提出了"天人感应""大一统"学说和"推明孔氏，抑黜百家"的主张为武帝所采纳，使儒学成为中国社会正统思想，影响长达两千多年。其学以儒家宗法思想为中心，杂以阴阳五行说，把神权、君权、父权、夫权贯穿在一起，形成帝制神学体系。

⑭夏侯胜：字长公，宁阳侯国（今山东宁阳）人，善说礼服，宣帝时立为博士，是西汉今文《尚书》"大夏侯学"的开创者。又通灾异之学，以阴阳灾异推论时政之得失。

⑮京房：本姓李，字君明，推律自定为京氏，东郡顿丘（今河南清丰西南）人，西汉学者，师从梁人焦延寿，精通易学，开创《易》之"京式学"。京房说《易》长于灾变，分六十四卦更直日用事，以风雨寒温为候，各有占验。多次上疏论说灾异，引《春秋》《易》为说，得罪权贵，被杀。

【译文】

汉朝有高尚操守的人有"商山四皓"东园公、绮里季、夏黄公与甪里先生,能言善辩之人有齐人娄敬和楚人陆贾,秉公为相之人有开国元勋王陵和申屠嘉,敢于直谏之人有名臣周昌与汲黯,开创儒学之人有齐人辕固生和鲁人申培公,精通灾异学说之人有研究《春秋》的董仲舒、研究《尚书》的夏侯胜和研究《易经》的京房。

第十五章

或问"萧①、曹②"。

曰:"萧也规,曹也随③。"

"滕④、灌⑤、樊⑥、郦⑦?"

曰:"侠介⑧。"

"叔孙通⑨?"

曰:"椠人⑩也。"

"爰盎⑪?"

曰:"忠不足而谈有余。"

"晁错⑫?"

曰:"愚。"

"酷吏⑬?"

曰:"虎⑭哉!虎哉!角而翼者⑮也。"

"货殖⑯?"

曰:"蚊。"

曰:"血国三千⑰,使捋疏⑱、饮水、褐博⑲,没齿无愁也?"

或问"循吏⑳"。

曰:"吏也。"

"游侠㉑?"

曰:"窃国灵也㉒。"

"佞幸㉓?"

曰:"不料而已。"

【注释】

①萧:指萧何,沛丰人,西汉初年著名政治家,开国功臣,辅佐刘邦建立汉朝,担任宰相,被称为"汉初三杰"之一。

②曹:指曹参,沛县人,西汉开国功臣,著名军事家、政治家,萧何去世后,继任为汉朝第二位相国,史称"曹相国"。

③萧也规,曹也随:汉初萧何为丞相,制定律令制度,后曹参继萧何为相,完全根据萧何的成规办事。后人以成语"萧规曹随"比喻按照前人的成规办事。

④滕:滕公,即夏侯婴,沛县人,西汉开国功臣之一,跟随刘邦起兵反秦,屡建战功,赐爵昭平侯。

⑤灌:指灌婴,睢阳(今河南省商丘市)人,汉朝开国功臣之一,著名将领,官至太尉、丞相。

⑥樊:指樊哙,沛县人,西汉开国元勋,是刘邦麾下最勇猛的战将之一,曾任大将军,左丞相。

⑦郦:指郦商,陈留高阳(今河南杞县西南)人,西汉开国元勋,著名将领,曾任右丞相,封号涿侯,后改封曲周侯。

⑧侠介:侠,通"夹",指在左右辅助。

⑨叔孙通:薛县(今山东省枣庄市滕州市官桥镇)人,曾为秦待诏博士,后转投汉军,汉王拜其为博士,号稷嗣君,辅佐刘邦制定汉朝礼仪。

⑩椠人:读书而有见识之人,一说为见事敏疾之人。椠,读为qiàn,记事的木板,后指书的刻本,代指书本。

⑪爰盎:一作袁盎,汉初楚国人,西汉大臣,个性刚直,有才干,以胆识与见解为汉文帝所赏识,推崇儒家礼治思想,强调等级名分、按"礼"行事。

⑫晁错:颍川(今河南禹州)人,西汉初期著名政治家、经学家、文学家。主持政治经济改革,推行重农抑商、移民实边等措施,又主张削藩,在七国之乱中,被袁盎建议腰斩。代表作有《言兵事疏》《论贵粟疏》等。

⑬酷吏:用残酷的方法进行统治的官吏。

⑭虎：比喻残酷凶暴。

⑮角而翼者：给猛兽添上了翅膀，比喻给人助力，使其更强。

⑯货殖：经商盈利，这里指商人。

⑰血国三千：喻指众多的诸侯国。商贾与统治者可以从中取利，犹如蚊虫有无穷的血源可以吸食自肥，故称。

⑱捋疏：获得粗茶淡饭。捋，摘取，获取。疏，粗糙，粗食，另一种理解是同"蔬"，蔬菜。

⑲褐博：古代贫贱者所穿的宽大粗布衣服，借指贫贱者，一作"褐宽博"。褐，毛边；博，宽大的衣服，朱熹认为是"贱者之服"。

⑳循吏：奉公守法的官吏。

㉑游侠：古称豪爽好结交，轻生重义，勇于排难解纷的人。

㉒窃国灵也：窃夺国家生死大权的权力。国灵，国家的法令。

㉓佞幸：指佞倖之臣，即以谄媚来获得君主宠爱、眷顾之人。

【译文】

有学生问："如何评价萧何与曹参？"

我回答说："萧何担任汉朝第一任丞相，制定律令制度，之后曹参继萧何为相，他完全根据萧何的成规办事。"

学生又问："那么，怎么评价夏侯婴、灌婴、樊哙、郦商呢？"

我回答道："他们四人先后辅佐了汉高祖。"

又有人问："叔孙通怎么样呢？"

我回答他："叔孙通遇事聪慧敏捷。"

学生接着问："袁盎怎么样？"

我回答说："对汉景帝不够忠心，过多地说讨巧的言辞。"

学生又问"先生，晁错是一个什么样的人呢？"

我回答说："是一个只知道愚忠的人啊。"

有学生问："酷吏如何评价？"

我回答他："残暴！实在是残酷凶暴啊！（这些酷吏一朝得势，）就好像是给猛兽添上翅膀，让他们更加残暴。"

又有人问："那么商人呢？"

我回答说："商人就好像蚊子（通过搜刮百姓之财而谋求生存）。"

我接着回答他："商人在众多的诸侯国搜刮民脂民膏，让百姓吃粗食淡饭，穿粗布衣服，难道老百姓会一辈子都没有怨言吗？"

有学生问我："如何评价奉公守法的官吏？"

我回答说："他们是治理国家的人才。"

学生又问："游侠又该如何评价呢？"

我回答道："他们是不遵守国家法令，从而掌握他人生死大权的人啊。"

又有人问："那么，佞幸之臣是什么样的人呢？"

我回答他："我不谈论这种以谄媚来获得君主宠爱的人。"

第十六章

或问"近世社稷之臣①"。

曰："若张子房之智②，陈平之无悟③，绛侯勃之果④，霍将军之勇⑤，终之以礼乐，则可谓社稷之臣矣。"

【校勘】

陈平之无悟：根据上下文推断，本章都是进行褒义评价，"悟"当为"啎"之假。《说文》："啎，逆也。""陈平之无悟"，指陈平对吕太后专权一事并不面折廷争，曲从应变，终于保全了汉朝社稷。《史记》记载："孝惠帝崩，吕太后徙平为右丞相。吕太后立诸吕为王，陈平伪听之。及吕太后崩，平为太尉勃合谋，卒诛诸吕，立孝文皇帝，陈平本谋也。""陈平之无悟"，指的就是这段时间陈平的作为。

【注释】

①社稷之臣：以国家安危为己任的大臣。

②张子房之智：张良那样的智慧。张子房，指张良，字子房，本是韩国

公子，韩亡后刺杀秦始皇不中，改姓张，汉初著名政治家，协助刘邦建立汉朝，帮助刘盈保住太子之位，与韩信、萧何并称为"汉初三杰"。

③陈平之无悟：陈平不忤逆吕太后对朝政的掌控。陈平，阳武户牖乡（今河南原阳）人，汉初著名政治家、谋略家，历经汉高祖到汉文帝四朝，"凡六出奇计，辄益邑，凡六益封"，汉高祖时因功先后受封为户牖侯和曲逆侯，孝惠帝六年以陈平为左丞相，汉文帝时两度担任丞相。悟，通"牾"，悖逆，抵触。

④绛侯勃之果：绛侯周勃在诛杀吕太后家族，拥立汉文帝时的果断坚决。绛侯勃：指绛侯周勃，沛郡丰县（今江苏丰县）人，西汉开国名将，汉高祖刘邦时代被拜为太尉，汉文帝时任右丞相，名将周亚夫之父。刘邦死前曾预言"安刘氏天下者，必勃也。"吕后死后，周勃联合陈平夺取吕禄军权，诛杀吕氏诸王，拥立汉文帝即位，两度成为丞相，最终罢职归国。

⑤霍将军之勇：名将霍去病的神勇无敌。霍将军，指霍去病，名将卫青外甥，汉武帝北击匈奴时涌现出来的杰出青年将领，骑兵闪击战专家，作战勇猛果决，屡次建立突破性战功，官至大司马骠骑将军，封冠军侯。

【译文】

有学生问："近代以来，有哪些人可以算作身负国家安危重任的大臣呢？"

我回答说："张良具有出色的智谋，陈平表面不忤逆吕太后对朝政的把控，绛侯周勃在诛杀吕太后家族与拥立汉文帝时果断坚决，霍去病将军神勇无敌，如果他们在立功之后能信奉儒家礼乐之道束，他们就可以算作身负国家安危重任的大臣。"

第十七章

或问："公孙弘①、董仲舒孰迩？"

曰："仲舒欲为而不可得者也，弘容②而已矣。"

【注释】

①公孙弘：齐地菑川（今山东寿光南纪台乡）人，西汉名臣。汉武帝时期，

先后两次被国人推荐，征为博士。十年之中，从待诏金马门擢升为三公之首，封平津侯。先后担任左内史（左冯翊）、御史大夫、丞相之职。公孙弘是西汉建立以来第一位以丞相封侯者，为西汉后来"以丞相褒侯"开创先例。在职期间广招贤士，关注民生，并为儒学的推广做出了不可替代的贡献。

②容：为……容，让……喜悦。公孙弘是研究《公羊传》的经学博士，最高的哲学范畴是"和"，为避免和汉武帝正面对抗，常常屈服于汉武帝的意见。

【译文】

有学生问我："公孙弘和董仲舒谁更接近（社稷之臣的标准呢）？"

我回答说："董仲舒虽然想要实现成为社稷之臣的抱负，但他却无法得志，而公孙弘常常屈服于汉武帝的意见，是为了取悦于君主罢了。"（所以他们都不是社稷之臣。）

第十八章

或问"近世名卿①"。

曰："若张廷尉②之平，隽京兆③之见，尹扶风④之洁，王子贡⑤之介⑥，斯近世名卿矣。"

"将。"

曰："若条侯⑦之守，长平⑧、冠军⑨之征伐，博陆⑩之持重⑪，可谓近世名将矣。"

"请问古。"

曰："鼓之以道德，征之以仁义，舆尸⑫、血刃⑬，皆所不为也。"

【注释】

①名卿：有声望的公卿。

②张廷尉：张释之，西汉著名法学家，以执法公正不阿闻名。

③隽京兆：指隽不疑，官至西汉京兆尹。他虽身居高官，执法严厉却不

残酷，故深得民心。

④尹扶风：指尹翁归，干练廉洁，曾任右扶风太守。

⑤王子贡：指王尊，字子赣，西汉末年著名大臣，为官谨严有度。

⑥介：耿介，正直廉洁。

⑦条侯：指西汉名将周亚夫的封号。周亚夫，西汉时期名将，官至丞相，以善于治军领兵、直言持正著称。

⑧长平：指汉武帝时大司马大将军卫青，因击匈奴有功，封为长平侯。

⑨冠军：指冠军侯霍去病，官至大司马骠骑将军，封冠军侯。

⑩博陆：博陆侯霍光，西汉权臣，政治家，麒麟阁十一功臣之首。

⑪持重：行事谨慎稳重，不浮躁。

⑫舆尸：指以车载尸。

⑬血刃：血染刀刃，指战争、杀戮。

【译文】

有学生问："近代以来有名望的公卿有哪些呢？"

我回答说："如张廷尉的执法公正不阿，京兆尹隽不疑的明见，右扶风太守尹翁归的清廉有节，王尊的正直廉洁，这些都是近代有名望的公卿啊。"

学生又问："那么，近代的名将又有哪些呢？"

我回答道："如条侯周亚夫的威重坚忍，长平侯卫青、冠军侯霍去病的征战卫国，博陆侯霍光的谨慎稳重，这些人都可以称为近代名将。"

有学生问："那么，请问古时候的名将如何呢？"

我回答他："在古代，通过讲道德来鼓动他们，以伸张仁爱正义来行军打仗，如果是杀戮不断，横尸遍野，这些都是不应该做的事啊。"

第十九章

张骞①、苏武②之奉使也，执节没身③，不屈王命，虽古之肤使④，其犹劣诸。

【注释】

①张骞：汉代杰出的外交家、旅行家、探险家，丝绸之路的开拓者，富有冒险和开拓精神，汉武帝时以军功封为博望侯，被誉为"东方的哥伦布"。

②苏武：西汉名臣，出使匈奴留居十九年而持节不屈，是历史上尽忠守节的著名人物。后被汉宣帝赐爵关内侯，列为麒麟阁十一功臣之一，彰显其节操。

③没身：这里指投身。

④肤使：指能圆满完成使命的使者。肤，美。

【译文】

张骞奉命出使西域，苏武奉命出使匈奴，他们坚守节操，投身使命，没有辜负天子的命令，即使古时候能圆满完成使命的使者，也比不上他们。

第二十章

世称东方生①之盛也，言不纯师，行不纯表②，其流风、遗书，蔑如也③。

或曰："隐者也。"

曰："昔之隐者，吾闻其语矣，又闻其行矣。"

或曰："隐道多端④。"

曰："固也！圣言圣行，不逢其时，圣人隐也。贤言贤行，不逢其时，贤者隐也。谈言谈行，而不逢其时，谈者隐也。昔者箕子之漆其身也⑤，狂接舆之被其发也⑥，欲去而恐罹害⑦者也。箕子之《洪范》⑧，接舆之歌凤⑨也哉！"

或问："东方生名过实者，何也？"

曰："应谐⑩，不穷，正谏，秽德⑪。应谐似优⑫，不穷似哲，正谏似直，秽德似隐。"

"请问名。"

曰："诙达⑬。"

"恶比？"

曰："非夷尚容⑭，依隐玩世⑮，其滑稽之雄⑯乎！"

或问："柳下惠⑰非朝隐者与？"

曰："君子谓之不恭。古者高饿显，下禄隐⑱。"

【校勘】

非夷尚容，依隐玩世。

（1）有的版本作"非夷、齐而是柳下惠，戒其子以尚容，首阳为拙，柱下为工，饱食安坐，以仕易农，依隐玩世，诡时不逢"，为东方朔原文。根据上下文，本章现存文字对柳下惠的出现很凸兀，可能有脱落。

（2）"夷"字原本作"益"，据《孟子·公孙丑上》第九章改。原文如下：

孟子曰："伯夷非其君不事，非其友不友，不立于恶人之朝，不与恶人言……柳下惠不羞污君，不卑小官；进不隐贤，必以其道，遗佚而不怨，厄穷而不悯。……"孟子曰："伯夷隘，柳下惠不恭，隘与不恭，君子不由也。"

【注释】

①东方生：指东方朔，西汉著名文学家、辞赋家，著有《答客难》《非有先生论》等名篇。他性格诙谐，言词敏捷，滑稽多智，常在武帝前谈笑取乐，他曾言政治得失，陈农战强国之计，但当时的皇帝始终把他当俳优看待，不予重用。

②言不纯师，行不纯表：言行举止不能使人信服，不能为人师表。师，师范；表，表率。

③其流风、遗书，蔑如也：指东方朔流传下来的风尚和著作，名不副实。蔑如，微细，没有什么了不起。

④隐道多端：隐遁的原因有很多。

⑤箕子之漆其身也：箕子把浑身都抹黑了。箕子，商纣王叔父，见纣王昏庸，批发装疯，纣王把他抓起来了。关于箕子抹黑自身的说法，不见于史书的记载，而见于东方朔《非有先生论》,《文选》李善注引《尸子》云："箕子胥余漆体而为厉，被发佯狂。"

⑥狂接舆之被其发也：接舆装疯，披头散发。接舆，陆真人讳通，字接舆，春秋时代楚国著名隐士，楚昭王时，政令无常，接舆乃披发佯狂而不仕，时人谓之楚狂；被，通"披"。

⑦罹害：遭受祸患。罹，读为 lí，遭遇，遭受。

⑧箕子之《洪范》：箕子向周武王陈述了《洪范九畴》。周武王曾向箕子询问怎样顺应天命来治理国家，箕子便将夏禹传下的《洪范九畴》陈述给武王听，史称箕子明夷。

⑨接舆之歌凤：接舆为孔子唱出了凤凰之歌。歌凤，出自《论语·微子》："楚狂接舆歌而过孔子曰：'凤兮，凤兮，何德之衰？往者不可谏，来者犹可追，已而！已而！今之从政者殆而。'"后以"歌凤"为避世隐居的典故。

⑩应谐：对答诙谐。

⑪秽德：自污德行，在污浊的世间独善其身。秽，使……污秽。

⑫优：俳优，读为 pái yōu，古代以乐舞谐戏为业的艺人。

⑬诙达：诙谐豁达。

⑭非夷尚容：否定伯夷这一类人，崇尚美好的仪容。夷，像伯夷一样。

⑮依隐玩世：身处朝廷却又如隐士一般，指不为世间琐事干扰。依隐，对政事既有所近，又无为如隐。

⑯滑稽之雄：是滑稽人士中最出名的人物之一。滑稽，能言善辩，言辞流利，后指言语、动作或事态令人发笑。司马迁《史记》有《滑稽列传》，专门记录这一类人。

⑰柳下惠：原名展获，鲁国柳下邑（今山东平阴孝直镇展洼村）人，鲁孝公之子公子展的后裔，字子禽（一字季），谥号惠，后人尊称其为柳下惠或和圣柳下惠。曾担任鲁国大夫，后隐遁。柳下惠是遵守中国传统道德的典范，他坐怀不乱的故事广为传颂。孟子尊称其为"和圣"。

⑱古者高饿显，下禄隐：古时候人们赞扬伯夷叔齐这一类因为饿死而扬名的人，看不起柳下惠这一类在官食禄而清高自隐的人。饿显，因为饿死而扬名，引申为隐居不仕，过贫困生活，而名扬于世；禄隐，即朝隐，指在官食禄不勤政事，清高而自隐。

【译文】

被后世盛誉的东方朔，言行举止不能使人信服，无法为他人做出表率，他所流传下来的风尚和著作，其实是名不副实的。

有学生问我"隐士"的含义。

我回答说："以前的隐士，我听说过他们的言辞和品行。"

学生又问："他们隐居的原因有很多吗？"

我回答他："确实是这样的。圣人的所作所为如果不得志，时运不济，那么他们就会隐匿山林。而德才兼备之人如果不被重用，生不逢时，也会隐匿山林。身在朝廷而不迎合时势之人如果时运不济，那他们还是会归隐山林。以前箕子浑身涂漆，接舆披头散发，两个人装作发狂，想要归隐避世却又担心遭受祸患。直到周武王出现，箕子才能向他讲述《洪范九畴》中的治国方法，而接舆也只能等到孔子出现的时候才能向他唱出凤凰之歌，表达政治腐败，想要避世之意。"

有学生问我："为什么说东方朔名不副实呢？"

我回答道："东方朔对答诙谐，无所不通，进谏政事，敢于自污。但是他的对答诙谐就好像是俳优一样，无所不通则像一个贤能明智的人，进谏政事好像是比较正直，能够自污又像一个隐士。"

学生又问"那么，您怎么评价东方朔？"

对此，我回答他："东方朔是一个诙谐豁达的人。"

学生问："怎么才能够和他进行比较呢？"

我回答说："东方朔否定伯夷（叔齐而赞美柳下惠，教导子女）崇尚美好的仪容，身处朝廷却又如隐士一般，不被世间的琐事干扰，可以说他是一个诙谐善辩，口才超群的人啊！"

又有人问："柳下惠难道不是在朝廷中避世的人吗？"

我回答道："君子说他不恭敬。自古以来人们都赞扬伯夷叔齐这一类因为饿死而扬名的人，看不起柳下惠这一类在官食禄而清高自隐的人。"

第二十一章

妄誉①，仁之贼②也；妄毁，义之贼也。贼仁近乡原③，贼义近乡讪④。

【注释】

①妄誉：胡乱的赞美。

②贼：危害，伤害。

③乡原：即"乡愿"，指乡里中言行不一、伪善欺世的人。

④乡讪：在乡里处处毁谤别人、抬高自己的人。讪，读为 shàn，毁谤。

【译文】

胡乱的赞美，是对仁的损害；胡乱的诋毁，是对义的损害。毁弃仁爱相当于伪善欺世之人，而毁弃道义相当于诽谤他人之人。

第二十二章

或问："子，蜀人也，请人。"

曰："有李仲元①者，人也。"

"其为人也，奈何？"

曰："不屈其意，不累其身。"

曰："是夷、惠之徒②与？"

曰："不夷不惠，可否之间也。"

"如是，则奚名之不彰也？"

曰："无仲尼，则西山之饿夫③与东国之绌臣④恶乎闻？"

曰："王阳⑤、贡禹⑥遇仲尼乎？"

曰："明星皓皓，华藻之力也与？"

曰："若是，则奚为不自高？"

曰："皓皓者，己也；引而高之者，天也。子欲自高邪？仲元，世之师也。见其貌者，肃如也；闻其言者，愀如⑦也；观其行者，穆如⑧也。郸闻以德诎人⑨

矣，未闻以德诎于人也。仲元，畏人⑩也。"

【注释】

①李仲元：李弘，字仲元，成都人。

②夷、惠之徒：伯夷与柳下惠一类的人物。

③西山之饿夫：指伯夷、叔齐。商灭以后，二人不食周粟，饿死于首阳山。

④东国之绌臣：指柳下惠，他曾做过法官，坚持"以直道事人"，被多次撤职，事见《论语·微子》。绌，读为 chù，通"黜"，罢免，革除。

⑤王阳：指王吉，字子阳，汉宣帝年间博士谏大夫，为官清廉，敢于直谏。

⑥贡禹：字少翁，琅琊人，汉元帝时任谏大夫、御史大夫，主张选贤能，诛奸臣，罢倡乐，修节俭。后世尊为"贡公"。

⑦愀如：恭谨的样子。愀，读为 qiǎo，神色严肃或不愉快。

⑧穆如：和美的样子。

⑨郸闻以德诎人：只听说过他以德服人。郸，读为 dān，通"但"，仅仅，只；诎，读为 qū，屈服，折服。

⑩畏人：使人尊敬。畏，敬，敬服。

【译文】

有学生问："先生，您是蜀郡成都人。您家乡的贤能之才有谁呢？"

我回答说："有李仲元，他是贤能之才。"

学生接着问："他的为人处世怎么样呢？"

我回答道："（在遇到困境时，）不动摇自己的意志，不辱没自己的身份。"

学生又问："那李仲元是伯夷、柳下惠之类的人吗？"

我回答他："李仲元不学伯夷也不学柳下惠，他在二者之间折中持平。"

学生问我："既然他这么优秀，那他为什么默默无闻呢？"

我回答说："如果没有孔子（的言论），饿死在首阳山的伯夷与叔齐，鲁国的贤人柳下惠又如何能被后世所知呢？"

学生继续问："王吉、贡禹是因为遇到孔子，所以能被后世所知吗？"

我回答他："他们好像天上的明星，光芒能普照大地，是因为我们用言辞进行修饰的原因吗？"

学生又问："如果是这样，那李仲元为何不入仕，成为国家重臣呢？"

我回答道："这就好像星星的光芒在于自身一样，人的节操品行也在于个人，任用他并使其成为重臣的人，是君王，他本人怎么能够重用自己呢？李仲元是一代人学习的榜样啊。看到他风貌的人，就肃然起敬；听到他言论的人，就会谦逊恭谨，而欣赏他品行的人，则会和美待人。我只听说过他以德服人，而没有听说过他屈节辱命。李仲元，是一个让人尊敬的人啊。"

第二十三章

或曰："育①、贲②。"

曰："育、贲也，人畏其力，而侮其德。"

"请条③。"

曰："非正不视，非正不听，非正不言，非正不行。夫能正其视听言行者，昔吾先师之所畏也。如视不视，听不听，言不言，行不行，虽有育、贲，其犹侮诸！"

【注释】

①育：夏育，战国时卫国勇士，传说他能力拔牛尾，举千钧重鼎。陆机《夏育赞》说："夏育之猛，千载所希。"

②贲：孟贲，又名孟说，秦武王手下力士，据说他能生拔牛角，发怒吐气，声响动天，尤为勇猛。与乌获、任鄙并称为秦国三大力士。

③请条：请逐条陈述。条，条陈。

【译文】

有学生问："如何评价夏育和孟贲？"

我回答说："夏育和孟贲都是古代著名的大力士，人们害怕他们的武力，却轻视他们的德行。"

学生又问："请您逐条陈述一下人们对他们的评价。"

我回答他："对不合于礼的事物不能看，对不合于礼的话不能听，不合于礼的话自己不能说，不合于礼的事自己不能做。如果言行举止都合乎于礼，那么就是从前孔子所说的敬重且心服。如果一个人看不合于礼的事物，听不合于礼的话，自己也说不合于礼的话，做不合于礼的事，那么，即使他们有夏育和孟贲那样的勇猛，仍然会被轻视。"

君子卷十二

君子纯终领闻①,蠢迪检押②,旁开圣则③。撰《君子》第十二。

【校勘】

①君子纯终领闻,"领闻"当作"令闻",相当于"令名",美好的名声。

②蠢迪检押,"检押"当作"检柙",指规矩,法度。

【注释】

①纯终领闻:得以善终,享有令名。纯,善。

②蠢迪检押:言行遵守法度。蠢,动;迪,由。

③旁开圣则:旁通圣人之道。开,通;则,法则。

【译文】

君子因为德行很高,所以能得以善终,享有令名,他们的言行遵守法度,符合要求,并能旁通圣人之道,以身作则。所以我写了《君子》,作为本书的第十二卷。

【题解】

上一卷以"德行"作为评判历史人物的标准,以颜回和闵子骞开头,这一卷更进一步,直接论述"君子"的言行举止和思想动态。《论语》说:"人不知而不愠,不亦君子乎?"所谓君子,指的是道德修养很高的人,那么,君子的德行修养具体表现在哪些方面呢？

本卷开篇以君子的"言动"来论述"文德"，即美好的品德，继而转向君子之"刚柔"，以先秦儒家中著名的代表孟子、荀子为正途例子，以淮南子、太史公、司马相如为歧途例子，证明孔子之道的正确性和美好性，再以圣人之言、圣人之好为比较的论点，将正反两面的优劣比较了出来，顺次提出什么是真正的"儒"，儒生就是自爱、自敬的人，在面对生死、神仙、名实、长寿、是否虚妄、忠诚与欺诈、做事是否有始有终等重大问题的时候，君子都能做好。这样，将君子的美德分解为十几个具体的方面，逐一分析论述，让读者从细节中慢慢接受如何成为一个君子的教化。

这是扬雄《法言》一书立论准确，论证清晰、难度不大的一卷，适合大众仔细阅读，感悟精神，吸取精华，修养自身。

第一章

或问："君子言则成文①，动则成德②，何以也？"

曰："以其弸中而彪外③也。般之挥斤④，羿之激矢⑤。君子不言，言必有中也；不行，行必有称也。"

【注释】

①言则成文：说话富有文采。

②动则成德：行为符合道德。

③弸中而彪外：指君子内有才德，外显文采。弸，读为 péng，充满

④般之挥斤：公输班挥动斧头。般，指公输般。

⑤羿之激矢：后羿射箭。羿，指后羿，夏代有穷国国君。

【译文】

有学生问我："君子说话就富有文采，行为就符合道德，这是为什么呢？"

我回答道："因为君子内有才德，所以外显文采，道德高尚。就好比公输般挥动斧子，后羿射箭一样。君子要么不说话，一旦开口必然恰到好处；要

么不做事，一旦做事必然符合道德。"

第二章

或问："君子之柔刚①"。

曰："君子于仁也柔，于义也刚。"

【注释】

①柔刚：态度柔和，态度刚强。

【译文】

学生问我："君子在什么时候态度柔和，在什么时候态度刚强。"

我回答道："君子在实行仁爱的时候态度温柔，在实行道义的时候态度刚强。"

第三章

或问："航不浆①，冲不茾②，有诸？"

曰："有之。"

或曰："大器③固不周于小④乎？"

曰："斯械⑤也，君子不械。"

【注释】

①航不浆：大船不使用船桨推进。航，大船；浆，通"桨"，船桨。

②冲不茾：战车不用行车的乐曲。冲，指冲车，一种战车，古代攻城时的器械；茾，读为 qí，指采茾，古代车行时的乐曲。

③大器：大器物，这里指君子。

④小：小事物，这里指普通人。

⑤械：器械。

【译文】

有学生问我:"大船不使用船桨推进,战车不使用行车乐曲,有这种情况吗?"

我回答道:"有啊。"

学生又问:"那么君子有不如普通人的地方吗?"

我回答说:"这里说的是器械,君子可不是器械。"

第四章

或问:"孟子知言之要,知德之奥"。

曰:"非苟①知之,亦允蹈②之。"

或曰:"子小诸子③,孟子非诸子乎?"

曰:"诸子者,以其知异于孔子者也。孟子异乎?不异。"

【注释】

①非苟:不但。

②允蹈:扎实践行。允,确实;蹈,践行。

③小诸子:轻视诸子。小,轻视,小看。

【译文】

有学生问:"孟子是否懂得孔圣人学说的要义和孔圣人道德的本质"。

我回答道:"(孟子)不但懂得,而且确实践行了。"

学生又问:"您看不起诸子,孟子不属于诸子吗?"

我回答说:"我所说的诸子,是那些学说不同于孔子的人。孟子不同于孔子吗?一点都不。"

第五章

或曰:"孙卿①非②数家之书,侻③也;至于子思④、孟轲⑤,诡哉!"

曰："吾于孙卿，与见同门而异户⑥也，惟圣人为不异。"

【注释】

①孙卿：指荀子，战国末期赵国人，著名思想家、文学家、政治家。西汉时为了避汉宣帝刘询的讳，故称荀子为孙卿。

②非：非难，批评。

③倪：读为tuì，恰好。

④子思：孔子的孙子孔伋（音jí），字子思。

⑤孟轲：指孟子，名轲，是子思的学生。

⑥同门而异户：这里指同属儒家，但在学术观点上大同小异。门，大学派；户，大学派的分支小派别。

【译文】

有学生说："荀子批判几个学派的文章，是恰当的。至于批评子思和孟轲，就显得很诡异了。"

我回答道："我和荀子同属儒家，但在学术观点上大同小异。我只和圣人的观点没有不同。"

第六章

牛玄骍白①，睟而角②，其升诸庙③乎？是以君子全④其德。

【注释】

①牛玄骍白：黑色、赤色和白色的牛。玄，黑色；骍，读为xīng，赤色。

②睟而角：颜色纯粹而且牛角长得符合做祭祀品的标准。睟，读为suì，颜色纯粹；角，这里指牛角长得符合做祭祀品的标准。

③其升诸庙：大概可以进献到宗庙里做祭祀品了。其，大概；升，进献。

④全：使……完善。

【译文】

用于祭祀的牛,要求黑色、赤色和白色三种,颜色纯粹,而且牛角长得符合做祭祀品的标准,这样的牛大概就可以进献到宗庙里去做祭祀品了。因此,君子努力完善他的德行,(以达到符合要求的地步)。

【导读】

本章以宗庙祭祀所用祭品的颜色和规格为例,证明儒家礼制的正统地位,并对君子的德行修养提出规范要求。《史记·礼书》记载:"上事天,下事地,尊先祖而隆君师,是礼之三本也"。古礼首重祭礼,诚属心性极则之理而表现于前人日常生活之中。祭祖先,旨在教民以诚、信、忠、敬,爱人如己,视死如生,寓情至厚也。人心厚方能继孝思,笃人伦,醇风俗,进而隆国运,开太平,令中华文化复兴光大。祭祀令族亲人人得以追往古,继孝思,以至情而固族心之凝聚。人之皆有祖先,水之有源,木之有本,故饮水思源,朝夕礼拜,乃发扬了"慎终追远"与"敬宗孝祖"之传统美德。在诸多食物中,肉食成为献给神灵的主要祭品。古代用于祭祀的肉食动物叫"牺牲",指马、牛、羊、鸡、犬、豕等牲畜,后世称"六畜"。六畜中最常用的是牛羊豕三牲。作为祭品的食物除"牺牲"外,还有粮食五谷,称"粢(zī)盛"。鲜嫩的果品蔬菜在民间祭祀中也是常用的祭品,《诗经》中屡屡提及。佛教传入中国后,"斋祭"中果品更丰。另外,酒也是祭祀神灵的常用祭品。

在本章中,牛作为"三牲"之一,体格大,分量足,是最好的祭品之一,古礼要求所用之牛毛色纯粹,以玄、骍、白三色为佳,牛角弯曲的形状和角度好看,符合祭祀的标准——这些都是有规定的,一方面表明祭祀的庄重性、规范性;另一方面也表明了祭品选择的苛刻性和严肃性。扬雄认为:只有选用符合要求的祭祀品,才能显示从古至今儒家礼制的有效延续。因此,一个人要成为君子,就必须按照礼制的要求,进行规范性的学习和品德修养。

对今天的学者来说,扬雄的话具有正面的启示意义:修养品德,自古而然;同时,符合规范,雅言正行;也有其需要更新对待的一面:古礼已经废弃,当代公民需要遵守的是社会主义公民道德规范,做新时代的君子。

第七章

或问:"君子似玉。"

曰:"纯沦温润①,柔而坚②,玩而廉③,队乎其不可形④也。"

【注释】

①纯沦温润:这里指君子好似美玉一般,温文尔雅。沦,纹理。

②柔而坚:这里指君子外表温和而且意志坚定。

③玩而廉:这里指君子处事圆通而且行为方正。玩,通"刓",断。

④队乎其不可形:思想深邃,不能形容。队,"隊"字的简化字,通"邃",深邃。

【译文】

有学生问:"君子的品格是否如同玉石(一般美好)。"

我回答道:"君子的品格就像美玉一般温文尔雅,外表温和而且意志坚定,处事圆通而且行为方正,思想深邃,难以形容。"

第八章

或曰:"仲尼之术,周而不泰①,大而不小,用之犹牛鼠②也。"

曰:"仲尼之道,犹四渎③也,经营中国④,终入大海。它人之道者,西北之流也,纲纪夷貊⑤,或入于沱⑥,或沦于汉⑦。"

【注释】

①周而不泰:广阔博大却不符合具体世俗情况。周,周密,博大。泰,符合世俗情况。

②用之犹牛鼠:把牛放在只够老鼠活动的地方,这里指孔子的学说获得的施展空间不够。

③四渎:古时对四条入海大河的称呼,首见于《尔雅·释水》:"江、河、淮、济为四渎。"渎,读为 dú,泛指河川。

④经营中国：治理中原。经营，治理；中国，上古时代，我国华夏族建国于黄河流域一带，以为居天下之中，故称中国，而把周围其他地区称为四方。后来用"中国"泛指中原地区。

⑤纲纪夷貊：治理少数民族地区。纲纪，治理；夷貊，泛指少数民族，貊，读为 mò，古代东北方的民族。

⑥沱：沱江，长江上游支流，位于四川省中部，发源于川西北绵竹市九顶山南麓，在泸州市汇入长江。

⑦汉：汉水，又称汉江，长江中游支流，发源于陕西省汉中市宁强县冢山，在湖北省武汉市汇入长江。

【译文】

学生问道："孔子的学说，广阔博大却不符合具体世俗情况，能大肆宣扬却不能具体实行，就好像把一头牛放在只够老鼠活动的地方一样，根本行不通！"

我回答说："孔子的学说，好像江、河、淮、济这四条滋养中原地区的大河一样，最终流向了大海，（产生了很大的影响）。其他人的学说，就好比西北地区的小河，只能治理落后的少数民族地区，有的流入了沱江，有的汇入了汉水，（影响很微小）。"

第九章

淮南说①之用，不如太史公②之用也。太史公，圣人将有取③焉；淮南，鲜取焉尔。必也，儒乎！乍出乍入④，淮南也；文丽用寡⑤，长卿⑥也；多爱不忍，子长⑦也。仲尼多爱，爱义也；子长多爱，爱奇也。

【注释】

①淮南说：指淮南王刘安组织门客编纂的《淮南子》一书所体现的思想观念。淮南，淮南王刘安，西汉思想家、文学家、道家代表人物。

②太史公：这里指《太史公书》，即《史记》，作者司马迁，汉武帝时期

任太史令，被后世尊称为"太史公"。

③有取：有所赞同。

④乍出乍入：这里指《淮南子》一书思想成分复杂，时而符合儒家思想，时而又与儒家思想背离。

⑤文丽用寡：这里指作品辞藻华丽，但实际作用很小。

⑥长卿：西汉著名文学家司马相如，字长卿。

⑦子长：指司马迁，字子长。

【译文】

《淮南子》一书的用处，不如《史记》。《史记》中有儒家圣人赞同的内容，而《淮南子》只有很少可取的内容。著书立说必须要遵循的规则是符合儒家学说！以此为标准来衡量，《淮南子》时而符合儒家学说，时而又与之背离；司马相如的作品辞藻非常华丽，却没什么实用的价值；对各家思想都很喜欢并且不忍心舍弃的，是司马迁的《史记》。孔子喜爱的东西虽然很多，但都是符合儒家仁义的东西；司马迁喜欢的东西很多，主要是一些思想奇异的东西。

【导读】

因为《法言》语录体的性质局限，扬雄的很多观点都是零散的，需要借助其他各卷的内容来互相印证和贯通阅读。在《法言》中，扬雄经常对儒家诸子、其他诸子进行对比性论述，也经常将孔子、孟子与汉代其他诸子、作家进行比较分析，其用意都是要证明儒家优于其他思想流派，儒家著作优于其他作品，无论是思想性还是语言文采，得出的都是这样的结果。从扬雄出身儒家、维护儒家的角度来说，他站在自己的立场上来说话，是无可厚非的，属于学术争鸣的范围；但他也经常不顾事实，强词夺理，不进行深入分析，不进行具体论证，采用戴帽子、打棍子的方式，非此即彼，有儒无他，这就是不对的。

实际上，扬雄当时的处境很不好，无论是政治地位还是生活境况，都很糟糕，他实际上没有多大的话语权，在学术界也不具有多大的影响力。再进一步，他当时积极坚守的古文经学学派势力微弱，根本干不过经文经学学者。所以，他在《法言》中还时常以诅咒的方式，攻击其他学者。在王莽披着伪善的外衣，打着周公古礼旗号暗中展开政治篡权活动的很多年里，扬雄不仅看不出王莽的野心，还在《法言》的很多章节中大肆吹捧王莽，认为周礼的恢复、儒学的希望都在王莽那里。这些是他的局限。

我们今天来读扬雄的作品，既要善意地同情扬雄当时的处境，也要理解他站在自己学术立场上来说话的合理性，更要具有"放出眼光，自己来拿"的辨识能力。扬雄不是什么都对的，他的孤愤是有原因的，为了心中坚守的儒学大道，他在力所能及的范围内，其实做得很不错。

第十章

或曰："甚矣①！传书之不果②也。"

曰："不果则不果矣，又以巫鼓③。"

【注释】

①甚矣：太过分了。

②传书之不果：这里指解释儒家经典的传文不合事实的情况十分严重。传书，解释儒家经典的传文，儒家经传中，原典曰"经"，阐释之作曰"传"；不果，不符合事实。

③又以巫鼓：用巫术鼓吹。巫，巫术，特指当时泛滥的谶纬神学。

【译文】

有学生说："解释儒家经典的传文不符合事实，现在这种情况真是太严重了！"

我补充说："不符合事实也就算了，有些人还使用巫术来进行鼓吹。"

【导读】

本章严厉批评当时经学发展的误区，矛头所指，针对的是今文经学。

在本章中，"经传"是一个特定词汇：经，特指儒家著作中的元典，如孔子编撰的《春秋》原著，称之为《春秋经》；传，指的是后代学者阐释原著的文字，如左丘明为了阐释孔子《春秋》一书所写的文字，称之为《春秋左氏传》。在扬雄看来，当代儒学发展进入了一个严重的误区：学者解读经文所写的"传"，不仅烦琐冗杂（见于其他章节），而且有许多违背事实、胡编乱造的地方，这背后的隐情，直指今文经学学者的所作所为。

秦始皇焚书坑儒与项羽火烧咸阳之后，民间藏书与官方藏书都被焚毁，于是儒家经典与儒学的传播同时消失。汉初，少数耆老开始讲学，而儒家经书也在口耳传授之际以汉代通行的隶书文字写成，与先秦篆书所写古文经典相对，故可称为今文经学。以董仲舒为代表的经文经学学者，有浓厚的神学宇宙论及宗教政治学的色彩，既重视将经典原著的微言大义引申于时政之上，又强调天人感应之神学目的论世界观，在配合了西汉宗教迷信发达的时代风气之下，今文经学家的理论提供了谶纬迷信之术的发展空间，同时在对政治措施的影响方式上，逐渐与谶纬神学汇合，尤其是王莽与刘秀在夺取政权之际皆公开利用，甚至将若干谶语编为官书明白昭告，都是使谶纬之术发达的因素，这样的政治风气显然不是历史的常道。所以，生逢其时的以扬雄、刘歆为代表的古文经学家很看不起经文经学学者们烦冗解经、谶纬迷信的一套。

在《法言》全书的很多章节中，反对今文经学，反对传文烦冗，反对谶纬迷信，反对神学与政治合流的批判性论证不断出现，总而言之，就是对当时盛行的政治统治、迷信思想与经学研究相结合的不满。

第十一章

或问："圣人之言，炳若丹青①，有诸？"

曰："吁！是何言与？丹青初则炳，久则渝②。渝乎哉？"

【注释】

①炳若丹青：像丹青一样光辉灿烂。炳，色彩鲜明；丹青，代指绘画作品。
②渝：改变，这里指颜色变得暗淡。

【译文】

学生问道:"圣人的言论,就像绘画一样光辉灿烂,色彩鲜明,是这样吗?"

我回答说:"唉!你说的这是什么话?画作最初确实色彩鲜明,但时间久了颜色就变得暗淡了。圣人的言论会因为时间而变得暗淡吗?"

第十二章

或曰:"圣人之道若天,天则有常矣,奚①圣人之多变也?"

曰:"圣人固多变。子游、子夏得其书②矣,未得其所以书也;宰我、子贡得其言③矣,未得其所以言也;颜渊、闵子骞得其行④矣,未得其所以行也。圣人之书、言、行,天也。天其⑤少变乎?"

【注释】

①奚:为什么。

②子游、子夏得其书:子游和子夏得到了孔子在文学方面的真传。子游,指言偃;子夏,指卜商;书,这里指孔门四科中的"文学"。

③宰我、子贡得其言:宰我和子贡得到了孔子在言语方面的真传。宰我,指宰予,字子我;子贡,指端木赐;言,这里指孔门四科中的"言语"。

④颜渊、闵子骞得其行:颜渊和闵子骞得到了孔子在德行方面的真传。行,这里指孔门四科中的"德行"。

⑤其:难道,表反问。

【译文】

学生问道:"圣人的思想体系好像天空一样高远,但天空是恒定不变的,为什么圣人的变化如此之多呢?"

我回答道:"圣人确实变化很多。子游和子夏得到了孔子在文学方面的真传,但不明白孔子为什么会整理出这些文学书籍;宰我和子贡得到了孔子在言语方面的真传,但没有理解孔子为什么会发表这样的言论;颜渊和闵子骞得到了孔子在德行方面的真传，但没有了解孔子为什么会倡导这样的德行。孔子的文学、言语、德行，都好像是天空。天空的变化难道会少吗？"

【导读】

扬雄在本章中表达了自己对孔子分类教学及其杰出代表弟子的崇敬之情。

本章论述所依据的具体内容，见于《史记·仲尼弟子列传》：

孔子曰："受业身通者七十有七人。"皆异能之士也。

德行：颜渊，闵子骞，冉伯牛，仲弓。

政事：冉有，季路。

言语：宰我，子贡。

文学：子游，子夏。

师也辟，参也鲁，柴也愚，由也喭，回也屡空。赐不受命而货殖焉，亿则屡中。

对于"孔门四科"学科分类的理解有两种：一是文、行、忠、信；二是德行、政事、言语和文学，通常情况下，以《仲尼弟子列传》所述为准。在本章内容中，扬雄认为：子游和子夏得到了孔子在文学学科方面的真传，宰我和子贡得到了孔子在言语学科方面的真传，颜渊和闵子骞得到了孔子在德行学科方面的真传，他们是各自学科领域内的杰出代表，但都还没有深刻地理解孔子为什么要强调文学、言语和德行的真实用意。扬雄认为：孔子的学术丰富深刻，就像天空一样，既高远深邃，又丰富多变。孔子是扬雄最推崇的儒家圣人。

第十三章

或曰："圣人自恣①与？何言之多端②也？"

曰："子未睹禹之行水③与？一东一北④，行之无碍也。君子之行，独无碍乎？如何直往也！水避碍则通于海，君子避碍则通于理。"

【注释】

①自恣：放纵自己。恣，读为 zì，放纵。

②多端：变化多端。

③行水：这里指大禹治水。

④一东一北：指大禹治水采用的方法，时而向东边疏通，时而向北边疏通。

【译文】

有学生问："圣人很放纵自己吗？为什么他们的言论总是变化多端呢？"

我回答道："你没有看过大禹治水采用的方法吗？时而向东边疏通，时而向北边疏导。难道君子行事就没有阻碍了吗？（君子行事）怎么能直来直去啊！河水避开阻碍才能流进大海，君子避开阻碍才能明白事理。"

第十四章

君子好人之好①，而忘己之好；小人好己之恶②，而忘人之好。

【注释】

①好人之好：喜爱别人的优点。第一个"好"，读为 hào，喜爱；第二个"好"，读为 hǎo，优点。

②好己之恶：喜爱自己的缺点。恶，读为 wù，缺点。

【译文】

君子喜爱别人的优点，而忘记自己的优点；小人喜爱自己的缺点，而遗忘别人的优点。

第十五章

或曰："子于天下则谁与①？"

曰："与夫进者②乎！"

或曰:"贪夫位也,慕夫禄也,何其与?"

曰:"此贪也,非进也。夫进也者,进于道,慕于德,殷③之以仁义。进而进④,退而退⑤,日孳孳⑥而不自知倦者也。"

或曰:"进进则闻命矣,请问退进。"

曰:"昔乎,颜渊以退为进,天下鲜俪⑦焉。"

或曰:"若此,则何少于必退也?"

曰:"必进易俪,必退易俪也。进以礼,退以义,难俪也。"

【注释】

①与:赞许。

②与夫进者:赞许那些积极进取的人。夫,读为fú,指示代词,那,那些。

③殷:丰富,这里指使自身得到丰富和提升。

④进而进:出仕做官,是为了努力在道德修养方面提升自己。第一个"进",指出仕做官;第二个"进",指努力在道德方面提升自己。

⑤退而退:不出仕做官,也要在道德修养方面提升自己。

⑥孳孳:读为zī zī,通"孜孜",努力的样子。

⑦鲜俪:很少有人能和他相比。鲜,读为xiǎn,少;俪,读为lì,并列的,对偶的,这里指相匹配。

【译文】

学生问道:"在这世上您赞许哪种人呢?"

我回答道:"赞许那些积极进取的人。"

学生继续问:"那些人贪图权位,羡慕厚禄,您为什么赞许他们呢?"

我回答说:"你说的这是贪婪,不是进取。那些努力进取的人,努力追求真理,爱慕德行,不断用仁义道德来丰富自身。他们在出仕做官的时候是这样努力,不出仕做官的时候也是这样努力,每天努力提升自己,不知道疲倦。"

学生又问:"出仕做官而努力提升自己的人,我听您说过。请您举个不出仕做官也努力提升自己的例子。"

我回答他:"古时候,颜渊就是一个不求高官厚禄而努力增进仁义道德的人，天下很少有人能与他相比。"

学生又说："既然如此，那为什么坚决不出仕做官的人这么少呢？"

我回答说："一味坚持出仕做官，很容易做到；一味坚持不出仕做官，也很容易做到。出仕与否都坚持以礼义的标准要求自己，就很难做到了。"

第十六章

或曰："人有齐①死生，同贫富，等贵贱，何如？"

曰："作此者，其②有惧乎？信③死生齐，贫富同，贵贱等，则吾以圣人为嚚嚚④。"

【注释】

①齐：把……看作一样，与后文"同""等"近义。

②其：大概。

③信：不怀疑，相信。

④嚚嚚：轻浮傲慢的样子。

【译文】

学生问道："有人认为生死、贫富和贵贱都是一样的，您怎么看呢？"

我回答说："说这种话的人，大概是他们内心在恐惧什么吧？如果相信生死、贫富、贵贱都是一样的，那么我就可以将圣人看成是轻浮傲慢的人。"

第十七章

通天、地、人①曰儒，通天、地而不通人曰伎②。

【注释】

①天、地、人：这里指天文、地理、世态人情。

②伎：这里指懂得医卜历算之类的方术的人。

【译文】

通晓天文地理、人情世故的人被称为儒者,通晓天文地理却不懂人情世故的人被称为伎术之人。

第十八章

人必先作①,然后人名②之;先求,然后人与之。人必其自爱也,而后人爱诸;人必其自敬也,而后人敬诸。自爱,仁之至③也。自敬,礼之至也。未有不自爱敬而人爱敬之者也。

【注释】

①先作:先要有所作为。

②名:这里指好的评价。

③至:最高的。

【译文】

一个人必须先有一番作为,然后别人才会给予他正面的评价;必须有所追求,然后别人才会给予他想要的东西。一个人必须自己爱自己,然后才会受到他人的爱戴;必须自己尊敬自己,然后才得收到他人的尊敬。自己爱自己,就是最高的仁;自己尊敬自己,就是最高的礼。没有不自爱自尊却受到他人爱戴尊敬的人。

第十九章

或问:"龙、龟、鸿鹄①不亦寿乎?"

曰:"寿。"

曰:"人可寿乎?"

曰:"物以其性②,人以其仁。"

【注释】

①鸿鹄：古人对飞行极高远的鸟类的统称。鸿，大雁；鹄，读为 hú，天鹅。

②性：天生的本性。

【译文】

学生问道："龙、龟、天鹅这些动物不是很长寿吗？"

我回答说："它们确实是很长寿。"

学生又问："人也能够长寿吗？"

我回答道："动物长寿靠的是它们天生的本性，人想长寿需要凭借高尚的品德。"

第二十章

或问："人言仙者，有诸乎？"

"吁，吾闻虙羲、神农殁①，黄帝、尧、舜殂落②而死，文王③，毕；孔子，鲁城之北。独子爱④其死乎？非人之所及也。仙亦无益子之汇⑤矣！"

或曰："圣人不师仙⑥，厥⑦术异也。圣人之于天下，耻一物之不知；仙人之于天下，耻一日之不生。"

曰："生乎！生乎！名生而实死也。"

或曰："世无仙，则焉得斯语？"

曰："语乎者，非嚣嚣⑧也与？惟嚣嚣为能使无为有。"

或问"仙之实"。

曰："无以为也，有与无，非问也。问也者，忠孝之问也。忠臣孝子，偟⑨乎不偟。"

【注释】

①虙羲、神农殁：伏羲和神农死了。虙羲，读为 fú xī，即伏羲；神农，指炎帝神农氏，中华民族人文始祖之一；殁，读为 mò，死亡。

②殂落：死亡。殂，读为 cú，死亡。

③文王：指周文王。

④爱：重视。

⑤汇：类聚。

⑥师仙：修习仙术。

⑦厥：读为 jué，其他的。

⑧嚚嚚：这里指轻浮不负责的人。

⑨偟：读为 huáng，闲暇。

【译文】

有学生问道："有些人说世上有（长生不老的）神仙，真的有吗？"

"唉！我听说上古的伏羲、神农去世了，黄帝、尧、舜三帝也崩逝了，周文王死后葬在毕这个地方，孔子死后葬在鲁国都城的北边。（这些圣人都死了），难道唯独你爱惜生命不想死吗？（长生不死），这不是常人能做到的。神仙也不能增加你的寿命，对你没什么益处。"

有学生说："圣人不修习仙术，他们主张的其他思想不一样。圣人对世间万物，有一样事物不清楚都觉得羞耻；神仙生活在世上，因为不能多长生一天而感到羞耻。"

我说道："长生啊，长生啊！名义上说是长生，实际上还是死了。"

有的学生追问说："世界上既然没有长生不老的神仙，那么神仙说的话是从哪儿来的呢？"

我回答他："说这些话的人，不就是那些轻浮不负责任的人吗？只有那些人才能把没有的事说得像真的一样。"

学生又问："所谓神仙，在本质上是怎样的呢？"

我回答说："不要再问了。神仙是否存在，是不应该问的。如果要提问，应该问关于忠诚和孝顺的话题。对于忠臣和孝子来说，（他们忙着侍奉君主和亲人长辈），哪里还有空闲去问神仙的事情呢？"

【导读】

本章表明扬雄反对谈论神仙长生不老的话题，而尊奉儒家忠孝观念的鲜明态度。在扬雄生活的西汉晚期，谶纬神学思想已经非常严重了，上至君王，下到百姓，对修道成仙、长生不死都倾注了非常高的热情，这使得西汉晚期的学术思想界比较混乱。扬雄认为：自古以来的圣人都是要死的，寿命都是有限的，即使是伏羲、神农、黄帝、尧、舜、周文王及孔子这样的最伟大的圣人，他们也逃不掉死去的结局。所以，他坚决反对神仙的存在和长生不死的说法，体现了扬雄尊重历史、尊重生命、反对神仙的唯物主义思想。

在本篇结束的时候，扬雄说：有生必有死，有始必有终，自然之道也。从自然规律的高度，再次强调了这一观点。联系到当时弥漫的神仙思想，扬雄在对学生进行教育过程中的坚决与果断，是非常可贵的。

第二十一章

或问："寿可益①乎？"

曰："德。"

曰："回、牛②之行德矣，曷③寿之不益也？"

曰："德，故尔。如回之残④，牛之贼⑤也，焉得尔？"

曰："残、贼或⑥寿。"

曰："彼妄⑦也，君子不妄。"

【注释】

①寿可益：寿命可以增加。益，增加。

②回、牛：颜回和冉耕。回，颜回；耕，字伯牛，为孔门四科中"德行"科的代表人物之一。

③曷：读为 hé，何，为什么。

④残：这里指败坏道德。

⑤贼：这里指败坏道德。

⑥或：有的人。

⑦妄：妄为。

【译文】

有学生问:"人的寿命可以增加吗?"

我回答说:"修养高尚的道德(可以增加寿命)。"

学生追问:"颜回、冉耕的行为,体现了很高的道德修养,他们为什么没有增加寿命呢?"

我回答:"正是因为他们道德高尚才如此。如果颜回、冉耕败坏道德,又怎么能这样呢?"

学生继续说:"有些败坏道德的人寿命却很长。"

对此,我回答说:"那些胡作非为的人之所以命长,(不过是侥幸),君子是不能胡作非为的。"

第二十二章

有生者必有死,有始者必有终,自然之道①也。

【注释】

①自然之道:自然界本身的规律。

【译文】

世间万物,有出生就一定有死亡,有开始就一定有终结,这是自然界本身的规律。

【导读】

扬雄是四川"蜀学"培养出来的一代学术宗师,鲜明体现了蜀地儒学与道学并行、互动发展的特点。一般认为,"自然之道"是道家的思想观点,儒家不讲。扬雄的思想折中儒道,援引道家思想来论述自己的个人思想,形成了儒道合流的新观点、新方法,这是对西汉晚期儒学研究的新变。后来,儒道合流的魏晋玄学将扬雄尊为"玄学始祖"。由此可知,扬雄虽然是儒家学术忠实的宣扬者,但他新变的思想是可贵的。

联系到前文对生死、神仙的态度,扬雄在本章中既表明对生命规律的客观态度，也将其上升到了对自然万物生灭规律的普适性概括，体现了从自然、社会现象中归纳提炼，上升到一般抽象规律认识的高度。

第二十三章

君子忠人，况^①己乎？小人欺己，况人乎？

【注释】

①况：何况。

【译文】

君子对别人忠诚，更何况对自己呢？小人连自己都要欺骗，更何况别人呢？

孝至卷第十三

孝莫大于宁亲①,宁亲莫大于宁神②,宁神莫大于四表③之欢心。撰《孝至》第十三。

【注释】

①宁亲:使父母亲人安宁。宁,使……安宁。
②宁神:使祖先的神灵安宁。神,这里指祖先之神。
③四表:本指四方极远之处,这里指全天下。

【译文】

孝顺是一个人的美德,最好的孝顺是使父母亲人安宁,使父母亲人安宁的最好表现是让祖先的神灵得到安宁,使祖先的神灵得以安宁的最好表现是让全天下的百姓都得以欢欣愉快。于是我写下了《孝至》,作为本书的第十三卷。

【题解】

古语云:"百善孝为先。"自古以来,中国人传统伦理观念中最重要的一环就是孝顺。那么,何为孝顺呢?扬雄站在一个思想家的高度,对普通人理解的孝顺予以提升、推广,他指出:孝顺父母亲是人本该做的事情,"宁神"又是"宁亲"的高一级表现,而孝顺的最高级表现是天下百姓得以欢欣安乐,这就将狭义的孝顺上升到了治国平天下的最高境界去了。孝顺从一个伦理观念，升华为一个政治概念。

在前一卷的《君子》中，扬雄认为：只有德行美好的君子才是最值得结交的人，才是得以将天下托付给他们的人，所以，在本卷《孝至》中，扬雄从以石建、石奋为代表的个人子女亲人之孝，很快上升到伟大的圣人尧、舜、禹等杰出政治家治国理政、造福百姓的盛举，认为这才是最好的孝顺，关心百姓，以仁爱治国，将天下人视为亲人，为天下人服务，得到大众的一致赞美，并能流芳百世，名垂千载。

在本卷的后三分之一部分，扬雄将笔触深入汉朝著名君臣群体之中，盛赞汉德巍巍，君臣和谐，天下大治，四方来朝。而其中最杰出的代表是扬雄的早年同事、现在的安汉公王莽！王莽在今文经学盛行的时代，复兴古礼，推行周公礼制，重构礼乐，德行美好，可以和周公、伊尹相提并论，举世无双，是最好的汉家忠臣。于是，王莽成为扬雄政治理想的化身，成为圣人之道的继承者，成为儒家礼乐制度的当代践行者！

这些言论为扬雄带来了后世的很多非议和争执，考虑到本书的成书时间在王莽代汉之前，以及扬雄几乎偏执的狂热圣人情节，我们可以用同情的心理来对待位卑未敢忘国忧的扬雄，而不将他看作阿谀奉承的伪君子，这是大家在阅读中要注意的问题。

第一章

孝，至矣乎！一言而该①，圣人不加②焉。

【注释】

①该：通"赅"，完备。
②加：这里指超过，胜过。

【译文】

孝是最高的德行！一个孝字就包括了其他的德行，圣人也没有其他的德行能超过孝了。

第二章

父母，子之天地与？无天何生？无地何形？天地裕①于万物乎？万物裕于天地乎？裕②父母之裕，不裕矣。事③父母自知不足者，其舜乎？

【注释】

①裕：使……丰厚，使……富饶。

②裕：意动用法，把……当作丰厚的。

③事：侍奉，照顾。

【译文】

父母是子女的天和地，没有天怎么能禀气而生？没有地怎么能孕育成形？天地使世间万物富饶，万物又怎能使天地丰厚呢？把父母丰厚的大恩当作丰恩厚惠，（如果认为父母对自己好是理所当然的事，）那就无法对父母尽孝了。尽心尽力侍奉父母却还认为自己做得不够的人，大概只有帝舜了吧。

【导读】

在司马迁所写的《五帝本纪》中，舜是一个最孝顺的人，不仅"年二十以孝闻"，而且得到了帝尧的赏识，把两个女儿嫁给了他，把帝位传给了他，这就证明了本卷第二章的正确性。故事是这样的：

尧说："唉！四岳，我在位已经七十年了，你们谁能顺应天命，接替我的帝位？"四岳回答说："我们的德行鄙陋得很，不敢玷污帝位。"尧说："那就从所有同姓异姓远近大臣及隐居者当中推举吧。"大家都对尧说："有一个单身汉流寓在民间，叫虞舜。"尧说："对，我听说过，他这个人怎么样？"四岳回答说："他是个盲人的儿子。他的父亲愚昧，继母顽固，弟弟傲慢，而舜却能与他们和睦相处，尽孝悌之道，把家治理好，使他们不至于走向邪恶。"尧说："那我就试试他吧。"于是尧把两个女儿嫁给他，从两个女儿身上观察他的德行。舜让她们降下尊贵之心住到妫（guī）河边的家中去，遵守为妇之道。尧认为这样做很好，就让舜试任司徒之职，谨慎地理顺父义、母慈、兄友、弟恭、子孝这五种伦理道德，人民都遵从不违。尧又让他参与百官的事，百官的事因此变得有条不紊。让他在明堂四门接待宾客，四门处处和睦，从远方来的诸侯宾客都恭恭敬敬。尧又派舜进入山野丛林大川草泽，遇上暴风雷雨，舜也没有迷路误事。尧更认为他十分聪明，很有道德，把他叫来说道："三年来，你做事周密，说了的话就能做到。现在你就登临天子位吧。"舜推让说自己的德行还不够，不愿接受帝位。正月初一，舜在文祖庙接受了尧的禅让。

第三章

不可得而久者①，事亲之谓也。孝子爱日②。

【注释】

①不可得而久者：指父母寿命有限，不能长久地侍奉。

②爱日：珍惜时间。

【译文】

不能永远地长久地做的事，就是侍奉父母。因此，孝顺的子女要珍惜时光，趁父母还健在时多多尽孝。

第四章

孝子有祭①乎？有齐②乎？夫能存亡形③，属荒绝者④，惟齐也。故孝子之于齐，见父母之存也，是以祭不宾⑤。人而不祭，豺獭⑥乎！

【注释】

①祭：祭祀。

②齐：同"斋"，斋戒，祭祀前清心洁身。

③存亡形：使已故的父母长辈再现于世。亡，通"无"。

④属荒绝者：连接荒远隔绝的先人。属，读为 zhǔ，连接，接续。

⑤祭不宾：祭祀先人时不把他们当作宾客。古礼，祭祀先人时应该又亲

又敬,不像对待宾客那般敬多亲少。

⑥豺獭:豺祭和獭祭。豺祭,豺捕到兽以后,将其摆放在周围,就像古人祭祀时陈列祭品一样;獭祭,水獭捕到鱼以后也是像祭祀一样将鱼陈列摆放。"九月豺祭兽","正月獭祭鱼",见《礼记·月令》及《大戴礼记·夏小正》。

【译文】

孝子应该祭祀父母吗?应该有斋戒吗?只有斋戒才能够让已故的父母长辈在心中再现,让荒远隔绝的先人与自己的心灵连通。所以,孝子在斋戒中能够见到父母的存在。因此,祭祀充满了亲情和敬爱,不像接待宾客那样客气多于亲切。人如果不祭祀父母,那么连豺和獭都不如!

第五章

或问子①。

曰:"死生尽礼②,可谓能子乎!"

【注释】

①子:这里指如何做儿子。

②死生尽礼:不管父母活着还是死了,都要按照相应的礼对待他们。见于《论语·为政》云:"生,事之以礼;死,葬之以礼,祭之以礼。"

【译文】

有学生问如何才能做个好儿子。

我回答说:"不管父母活着还是死了,都要按照相应的礼对待他们,只有这样才可以说是会做儿子吧!"

第六章

曰:"石奋、石建①,父子之美也。无是父,无是子;无是子,无是父。"或曰:"必也,两乎?"

曰："与尧无子，舜无父②，不如尧父舜子也。"

【注释】

①石奋、石建：指石奋和石建父子。石奋，西汉初期人，恭敬谦虚，在汉文帝时期官至太子太傅，他有四个儿子，都因为恭敬孝顺官至二千石，所以在汉景帝时称石奋为"万石君"。石奋四个儿子中长子石建最为孝顺，在《史记·万石君张叔列传》中记载：石奋死了，石建悲痛万分，伤心过度，一年多以后就死了。

②尧无子，舜无父：帝尧没有孝顺的儿子，帝舜没有善良的父亲。《史记·五帝本纪》中提到：尧的儿子丹朱不孝，不足授之以天下；舜的父亲瞽（gǔ）叟本性顽劣，心术不正。

【译文】

在我看来："石奋和石建父子，是父子关系的道德模范。没有这样的父亲就没有这样的儿子；没有这样的儿子也就没有这样的父亲。"

有学生问："必须是父子双方都道德高尚才对吗？"

我回答说："与其像尧没有孝顺的儿子，舜没有慈善的父亲那样，不如有像尧那样的父亲，舜那样的儿子。"

第七章

"子有含菽缊絮①而致滋美其亲②，将以求孝也。人曰伪，如之何？"

曰："假儒衣书③，服而读之，三月④不归，孰曰非儒也？"

或曰："何以处⑤伪？"

曰："有人则作，无人则辍之谓伪。观人者，审其作辍而已矣。"

【注释】

①含菽缊絮：吃着粗粮，裹着破棉絮。含菽，这里指吃粗粮，菽，读为shū，豆类的总称；缊絮，裹着破棉絮，缊，读为yùn，包裹。

②致滋美其亲：把美味的食物给父母吃，把美丽的衣服给父母穿。滋，

这里指美味的食物；美，这里指美丽的衣服。

③假儒衣书：借来儒生的衣服和书本。假，借，借用。

④三月：这里指长时间。三，表概数。

⑤处：这里指分辨，辨别。

【译文】

有学生问："有的儿子自己吃着粗粮，裹着破棉絮，而把美味的食物给父母吃，把美丽的衣服给父母穿，用这种方式来尽孝。别人却说他是虚伪的人，那该怎么办呢？"

我回答说："借来儒生的衣服和书，穿上儒生的衣服，读着儒生的书，很久都不归还，谁能说他不是儒士呢？"

学生又问："用什么方法来辨别一个人是否虚伪呢？"

我回答他："有人看见就做做样子，没人看见就停止了，这就叫作虚伪。看一个人是否虚伪，只需要审视他做的时间和停的时间就可以了。"

第八章

不为名①之名②，其至矣乎！为名之名，其次也。

【注释】

①名：使……出名。

②名：出名。

【译文】

一个人不是为了使自己出名而去做那些出名的事，那是最好的！为了出名去做那些出名的事，那是次一等的。

第九章

或问"忠言嘉①谋"。

曰："言合稷、契之谓忠②，谋合皋陶之谓嘉。"

或曰："邵③如之何？"

曰："亦勖④之而已，庳⑤则秦、仪、鞅、斯⑥亦忠嘉矣。"

【校勘】

①忠言嘉谋

②谋合皋陶之谓嘉

《尚书》中有专篇《皋陶谟》，这两句中的"谋"，在钱本、世德堂本中写作"谟"，明刻本写作"谋"。

【注释】

①嘉：美，善。

②言合稷、契之谓忠：言论与后稷和子契相合，就可以称为忠心的言论。稷，周族始祖，姬姓，名弃，农耕始祖，尧舜之相，五谷之神；契，商族始祖，子姓，名契，契是帝喾与简狄之子、帝尧异母兄，被帝尧封于商（今河南省商丘市）主管火正，后世尊称其为商祖、火神。

③邵：高。

④勖：读为 xù，勉励。

⑤庳：读为 bì，土地低洼，这里指降低标准。

⑥秦、仪、鞅、斯：指苏秦、张仪、商鞅、李斯。商鞅，战国时期政治家、改革家、思想家，法家代表人物，卫国国君的后裔，本称卫鞅，因在河西之战中立功获封商於（今陕西省商洛市）十五邑，号为商君，故称之为商鞅，他通过变法使秦国成为富裕强大的国家，史称商鞅变法。

【译文】

有学生问："忠心的言论和美善的谋略指的是什么？"

我回答说："言论与后稷和子契相合就可称为忠心之言，谋略与皋陶相合就可以称为美善之谋。"

有学生问："标准太高了，做不到怎么办呢？"

我回答说："那就只能勉励自己去做了，如果降低了标准，那么苏秦、张仪、商鞅、李斯这些人的言论和谋略也可以称作忠心的言论和美善的谋略了。"

第十章

尧、舜之道皇①兮，夏、殷、周之道将②兮，而以延其光兮。

或曰："何谓也？"

曰："尧、舜以其让③，夏以其功④，殷、周以其伐⑤。"

【注释】

①皇：美好。

②将：广大。

③让：禅让。唐尧禅让帝位给虞舜，虞舜禅让帝位给大禹。

④功：指大禹治水的功劳。

⑤伐：讨伐。商灭夏及周灭商靠的都是战争。

【译文】

尧舜和夏、商、周的治国之道辉煌伟大，圣人的光辉伟业得以世代延续。

有学生问："为什么这么说呢？"

我回答说："尧舜因为禅让而美好，夏因为夏禹治水有功而伟大，商和周因为讨伐昏君而光延后代。"

第十一章

或曰："食如蚁①，衣如华，朱轮驷马②，金朱煌煌③，无已泰④乎？"

曰："由其德，舜、禹受天下不为泰。不由其德，五两之纶⑤，半通之铜⑥，亦泰矣。"

【注释】

①蚁：白蚁，这里是指吃的米又细又白。

②朱轮驷马：乘坐朱红漆轮的驷马高车。朱轮，古代王侯显贵所乘的车子，用朱红漆轮；驷马，指四匹马拉的高车，表示地位显赫。

③金朱煌煌：佩带的金印朱绶光彩夺目。金朱，指古代侯王佩系的金印朱绶；煌煌，明亮的样子，也形容光彩鲜明。

④泰：骄纵，奢侈。

⑤五两之纶：指用五股青丝拧成的绳带。两，通"緉"，两股绳带相互交合；纶，青丝绶带。

⑥半通之铜：指长方形的铜印。半通，即"半印"，下级官吏所用。汉朝制度规定：丞相、列侯至令丞等大官都用正方形的大印，小官只能用大印的一半，印呈长方形，后世沿用其制，叫半印。

【译文】

有学生问："吃着精细的白米，穿着华美的衣服，乘坐朱红漆轮的驷马高车，佩带的金印朱绶光彩夺目，这不是太奢侈了吗？"

我回答说："如果享受这些的人具有美德，像虞舜和夏禹一样，即使接受天下也不算是太奢侈。如果没有美德，即使只佩戴着用五股青丝拧成绳子系好的半边铜印，也是奢侈的。"

【导读】

扬雄在本章中阐述了自己反对当时社会铺张奢华的不良风气及修养自身美德的为官之道，其思想来源主要在道家老子那里。老子《道德经》中有许多反对贵族统治阶层奢华的言论，有许多修养美德的方法，有许多圣人治国的经验之谈，现摘录部分最直接的言论于下：

《道德经》第二十九章说："圣人去甚，去奢，去泰。"这是本章"去泰"论的直接来源。

《道德经》第五十三章说："大道甚夷，而人好径。朝甚除，田甚芜，仓甚虚。服文彩，带利剑，厌饮食，财货有余。是谓盗夸。非道也哉。"这是从反面揭露统治阶层不顾民众死活、不管民间疾苦，不断搜刮、不断享乐的罪证。

《道德经》第六十六章说："江海之所以能为百谷王者，以其善下之，故能为百谷王。是以圣人欲上民，必以言下之。欲先民，必以身后之。是以圣人处上而民不重，处前而民不害。是以天下乐推而不厌。以其不争，故天下莫能与之争。"这是在从正面告诉统治阶层一定要关注民生，像本章说的圣人一样修养美德，才能长治久安，才能得到百姓的支持和拥戴。

道家治国的方法、修养美德的方法、做事讲究方法论的特点，在笔者专著《道家智慧十讲》中有所涉及，此不赘述。扬雄作为一个精通儒道两家思想精华的大学者，在这里号召"去泰"，主张养德，赞美尧、舜、大禹，显示了他不与当时竞相追求奢华的社会风气趋同，而能抓住治国为政之本，进行独立的思考。

第十二章

天下通道五①，所以行之一，曰勉②。

【校勘】

① "天下信道五"，世德堂本作"天下之信道五"。《中庸》说："天下之达道五，曰君臣也，父子也，夫妇也，昆弟也，朋友之交也。"世德堂本之"信道"，通"伸道"，即《中庸》之"达道"也。

② "所以行之一"，世德堂本作"所以行之者一"。无论从语气还是文字结构来说，有"者"字更好。

【注释】

①五：一说为仁、义、礼、智、信五常，一说指《中庸》所说的君臣、父子、夫妇、昆弟、朋友之交。

②勉：勉励。儒家认为：为君臣则勉于义，为父子则勉于亲，为夫妇则勉于别，为昆弟则勉于序，为朋友则勉于信也。

【译文】

虽然天下通达的道路有五条，但是能用来行走的道路只有一条，这就是：勉力去做。

第十三章

或曰："力有扛洪鼎①，揭华旗②。知③、德亦有之乎？"

曰："百人矣。德谐顽嚚④，让万国⑤，知情天地⑥，形不测⑦，百人乎？"

【注释】

①扛洪鼎：指力能扛鼎。扛，读为 gāng，双手举；洪鼎，大鼎。

②揭华旗：高举彩旗。揭，高举。

③知：通"智"，智慧。

④德谐顽嚚：帝舜的德行高尚，能够对顽父和嚚母尽孝，从而使家庭关系和睦。谐，使……和谐；顽嚚，读作 wán yín，泛指愚妄而奸诈的人。《尚书·尧典》记载，帝舜家庭成员品质不好，"父顽，母嚚，（弟）象傲。"顽，指内心不以德义为标准；嚚，指口中不说忠言。

⑤让万国：指帝舜把帝位禅让给大禹。让，禅让；万国，泛指统治的各个国家。

⑥情天地：知道天地之情况。

⑦形不测：穷尽不可预测的事物。

【译文】

有学生问："有的人力量很大，能够举起大鼎，高举华旗。一个人具有智慧和德行，也会有这么厉害吗？"

我回答他："一个人能举起大鼎，高举华旗，表明他比得上一百个人的力量。帝舜的德行高尚，能够对顽父和嚚母尽孝，从而使家庭关系和睦，还可以把自己对众多国家的统治权禅让给大禹，他的智慧高超，知道天地的情况，穷尽不可预测的事物，这样的美德和智慧所具有的力量，是一百个人能够相比的吗？"

第十四章

或问君。

曰："明光。"

问臣。

曰："若禔①。"

"敢问何谓也？"

曰："君子在上，则明而光其下；在下，则顺而安其上。"

【注释】

①禔，读为 zhī，安宁，福。

【译文】

有学生问："该怎样为君？"

我回答他："明而光。"

学生又问："该怎样为臣？"

我回答说："顺而安。"

学生追问："请问这是什么意思呢？"

我回答说："在上为君，他的光明就要照亮臣子们；在下为臣，就要顺应而使君子安宁。"

第十五章

或曰："圣人事异①乎？"

曰："圣人德之为事，异亚②之。故常修德者，本也；见异而修德者，末也。本末不修而存者，未之有也。"

【注释】

①事异：关注灾异之事。异，指灾异，汉儒认为自然界发生的地震、山崩、雷击、失火之类的灾异之事，都是上天对君子的警告，君子应该修德免灾。

②异亚：把灾异之事放在次要的位置。亚，次。

【译文】

有学生问："圣人也会去关注灾异之事吗？"

我回答说："圣人把修养美德当作正事，把灾异之事放在次要的位置。所以，经常修养美德的人，认为这才是根本；见到灾异之事以后才去修养美德的人，那是末节。在根本和末节都不修德的人，却想声名长存，这种情况还从来没有过。"

第十六章

天地之得①，斯民也；斯民之得②，一人也；一人之得③，心矣。

【注释】

①天地之得：天地获得养育之本。

②斯民之得：百姓获得生生之资。斯民，指百姓。

③一人之得：一个人得以统御天下。一人，指代君王。

【译文】

天地获得养育之本，可以养育百姓；百姓获得生生之资，可以进献君王；君主得以统御天下，可以赢得民心。

【导读】

儒家认为：民为天地之本，君为民之本，心为君之本。故有本章之所论。

第十七章

吾闻诸传①,老则戒之在得②。年弥高而德弥邵③者,是孔子之徒与④?

【注释】

①吾闻诸传:我从《论语》里读到。诸,之于;传,这里指《论语》,汉代《论语》尚未称经,称传。《孟子题辞》云:"孝文皇帝欲广游学之路,论语、孝经、孟子、尔雅皆置博士。后罢传记博士,独立五经而已。"五经中没有《论语》等四种,故以《论语》等书为传记。

②戒之在得:年老了就要警惕自己不要贪得。戒,警惕,谨防;得,贪求,贪得。语出《论语·季氏》:"及其老也,血气既衰,戒之在得。"

③年弥高而德弥邵:年岁越高,德行越好。弥,越,更加;邵,通"劭",美好。

④是孔子之徒与:这是孔子的弟子吗?《论语·微子》:"是鲁孔丘之徒与?"

【译文】

我从《论语》中读到说,人年老了就要警惕自己不要贪得,年岁越高,德行也要越好,这些话说的是孔子的弟子吧?

第十八章

或问:"德①有始而无终,与有终而无始也,孰宁②?"

曰:"宁先病而后瘳③乎?宁先瘳而后病乎?"

【注释】

①德:动词,指修德。
②孰宁:宁可选择哪一种。
③瘳:读为 chōu,病愈,治愈。

【译文】

有学生问:"在修德这件事上,有的人有始无终,有的人有终无始,我们宁可选择哪一种呢?"

扬雄回答说:"宁可先得病然后治愈呢?还是宁可先治愈然后得病呢?"

第十九章

或问"大"。

曰:"小。"

问"远"。

曰"迩①。"

未达②。

曰:"天下为大,治之在道,不亦小乎?四海为远,治之在心,不亦迩乎?"

【注释】

①迩:读为 ěr,近。

②达:明白,理解。

【译文】

有学生问:"大指的是什么?"

我回答他:"大指的是小。"

学生又问:"远指的是什么?"

我回答他:"远指的是近。"

学生不能理解。

我解释说:"天下是最大的,治理天下在于运用治国之道,治国之道不是很小吗?四海是最远的,治理四海在于获得人心,人心不是距离我们很近吗?"

第二十章

或问"俊哲①、洪秀②"。

曰:"知哲③圣人之谓俊,秀颖德行之谓洪。"

【注释】

①俊哲:有大智慧的人,也写作"俊喆(zhé)"。俊,通"峻",大;哲,有智慧。

②洪秀:有大聪明的人。洪,大;秀:谷物叶穗开花,喻指优秀,杰出。

③知哲:智慧,聪明。知,通"智"。

【译文】

有学生问:"什么样的人是有大智慧的人,什么样的人是有大聪明的人?"

我回答说:"能明了圣人之道,就是有大智慧的人,在行为中表现出美好的德行,就是有大聪明的人。"

第二十一章

君子动则拟①诸事,事则拟诸礼。

【注释】

①拟:揣测,测度。

【译文】

君子做事先揣测所做的事情是否能做,能做的才会去做;做事的过程中则会考虑是否符合礼制,合礼的才会做下去。

第二十二章

或问"群言之长①,群行之宗②"。

曰："群言之长，德言也；群言之宗，德行也。"

【注释】

①群言之长：诸子各家中最美好的著述。群言，诸子百家的著述；长，读为 zhǎng，最美，最善。

②群行之宗：诸子各家中最美好的行为。群行，诸子百家的行为；宗，最好，最美。

【译文】

有学生问："诸子各家中最美好的著述和行为各是什么？"

我回答说："诸子各家中最美好的著述，当然是儒家的著作；诸子各家中最美好的行为，当然是儒家圣人的行为。"

第二十三章

或问"泰和①"。

曰："其在唐、虞、成周乎？观《书》及《诗》温温②乎，其和可知也。"

【注释】

①泰和：安定和睦。泰，安定；和，和睦。

②温温：柔和或谦和的样子。

【译文】

有学生问："什么是安定和睦呢？"

我回答说："大概是在尧舜时代和周公辅佐周成王的时代吧？看《尚书》和《诗经》的谦和的样子，就可以知道当时的安定和睦了。"

第二十四章

周康之时①，颂声作乎下，《关雎》作乎上，习治②也。齐桓之时缊③，而《春秋》美邵陵④，习乱也。故习治则伤始乱也。习乱，则好始洽⑤也。

【校勘】

①习乱则好始洽也。根据上下文推断，本句中的"洽"当作"治"，文献传抄过程中字形相近之误。

【注释】

①周康之时：西周康王时代。

②习治：习惯了天下大治。治，治世，指治理得好的时代，太平盛世。

③齐桓之时缊：齐桓公时期天下大乱。缊，乱，纷乱。

④《春秋》美邵陵：《春秋》赞美齐楚两国的召陵之盟。邵陵，即召陵，位于今河南省郾城东。齐桓公三十年（前656年）春，齐桓公率领齐、鲁、宋、陈、卫、郑、许、曹八国联军进攻楚国，双方相持不下，通过外交谈判，楚国答应遵守诸侯的本分，恢复向周天子纳贡。于是齐桓公和各小诸侯国共同与楚国在召陵订立盟约，互相结盟，各自退兵，史称召陵之盟。

⑤洽：当作"治"，治理。

【译文】

在周康王统治时期，《诗经》中的《颂》诗从下层民间兴起，《关雎》则出自贵族大臣之手，那是人们习惯了天下大治。齐桓公时期则天下大乱，但是《春秋》却赞美齐楚两国的召陵之盟，那是人们习惯了天下大乱。所以，习惯了天下太平，就会为乱的开始而伤悼；习惯了天下大乱，就会为大治的开始而高兴。

第二十五章

汉德其可谓允怀①矣。黄支②之南，大夏③之西，东鞮④、北女⑤，来贡其珍。汉德其可谓允怀矣。世鲜焉。

【校勘】

①东鞮，当作"东鲽"，字形相近之误。《汉书·地理志》记载说："会稽海外有东鲽人，分为二十余国，以岁时来献见云。"东鞮泛指东方少数民族，东鲽是东方海外古国名，后偶然用以代指日本，这里用"东鲽"更合适。

②北女，当作"北奴"，这是古籍文献流传抄写过程中出现的字形偏旁残损情况。"北奴"，指北方的匈奴。《汉书·王莽传》："元始五年，莽奏云'太后秉统数年，恩泽洋溢，和气四塞，绝域殊俗，靡不慕义。越裳氏重译献白雉，黄支自三万里贡生犀，东夷王度大海奉国珍，匈奴单于顺制作，去二名，今西域良愿等复举地为臣妾'云云。"这段文字，正是本章内容之所出，对于北方各国只举了匈奴为例，可以证明本章所写是"北奴"。

【注释】

①允怀：确实能使人归顺。允，的确，确实；怀，使……归顺。

②黄支：古国名，一般以为在今印度马德拉斯西南的甘吉布勒姆。《汉书》记载，黄支国自汉武帝时开始来朝，汉元帝时曾来进献活犀牛。

③大夏：古国名，位于中亚和南亚次大陆西北部，音译是巴克特里亚，也叫希腊—巴克特里亚王国，张骞通西域时与汉朝建交。

④东鞮：即东鲽国，东方海外古国名。鞮，读为dī。

⑤北女：指北方的匈奴。

【译文】

汉朝的盛德远播，能使天下各国归顺啊。远到黄支国的南面，大夏国的西面，从东方的少数民族到北方的匈奴，都纷纷来朝，来贡献他们的奇珍异宝。汉朝的盛德远播，能使天下各国归顺啊。这种事情在世上太少见了。

第二十六章

芒芒①圣德，远人咸慕，上也；武义璜璜②，兵征四方，次也。宗夷猾夏③，蠢迪王人④，屈国丧师，无次也。

【校勘】

①宗夷猾夏。"宗"是俗书的简写,当作"賨",读为 cóng,秦汉时期四川、湖南等地少数民族所缴的一种赋税,也指这些少数民族。扬雄《蜀都赋》:"东有巴賨,绵亘百濮。"巴賨即巴人,百濮泛指西南少数民族。本句"賨夷"指蛮夷,泛指南方少数民族。

【注释】

①芒芒:广大辽阔的样子。

②璜璜:通"洸洸",读为 huǎng huǎng,威武的样子。

③宗夷猾夏:蛮夷侵扰中原地区。宗夷,指蛮夷;猾,扰乱;夏,华夏,指中原地区。

④蠢迪王人:惊扰百姓。蠢迪,指骚扰;王人,君王的臣民。

【译文】

浩大的圣德使远方的人都敬仰而归顺,这是最好的治国良策;凭借强大的武力征战四方,这是次一等的策略;蛮夷侵扰中原地区,骚扰百姓,国家受辱,损失军队,这是最差的结果。

第二十七章

麟之仪仪①,凤之师师②,其至矣乎!螭虎桓桓③,鹰隼戬戬④,未至也。

【注释】

①麟之仪仪:麒麟仪态整肃。仪仪,整齐严肃的样子。

②凤之师师:凤凰庄严恭敬。师师,庄严恭敬的样子。

③螭虎桓桓:龙虎威武凶猛。螭,读为 chī,传说中没有角的龙;桓桓,读为 huán huán,威武凶猛的样子。

④鹰隼戬戬:鹰隼迅飞突击。隼,读为 sǔn,一种食肉的猛禽;戬戬,读为 zhǎn zhǎn,指鸟类迅飞突击的样子。

【译文】

麒麟仪态整肃，凤凰庄严恭敬，这些祥瑞动物的出现，是一个国家治理得好的最好象征！像龙和虎一样威武凶猛，像鹰隼一样迅飞突击，表明国家治理还没有达到最好的状态。

第二十八章

或曰："讻讻北夷①，被我纯缋②，带我金犀③，珍膳宁糊④，不亦享⑤乎？"

曰："昔在高、文、武⑥，实为兵主⑦。今稽首来臣⑧，称为北蕃⑨，是为宗庙之神，社稷之灵也，可不享？"

【校勘】

①珍膳宁糊，《太平御览》作"珍膳曼糊"，指美食。"曼"，美也；糊，通"糊"。

②"不亦享乎""可不享"两句中，"享"当为"厚"，厚待之意。

【注释】

①讻讻北夷：指北方的匈奴族。讻讻，读为 xiōng，喧哗扰乱的样子。

②被我纯缋：穿着我们赠送的华美衣物。被，通"披"；纯缋，指镶边彩绘的精美服饰；纯，丝，缋，读为 huì，绘画。

③带我金犀：佩戴着我们赠送的金印和宝剑。金，金印；犀，剑饰，这里指宝剑。

④珍膳宁糊：吃着我们赠送的珍美食物。糊，读为 hú，通"糊"，这里指食物。

⑤享：当作"厚"，厚待。

⑥高、文、武：指汉高祖刘邦，汉文帝刘恒，汉武帝刘彻。

⑦兵主：军事统帅，这里指匈奴曾是汉朝多年的战争对手。

⑧稽首来臣：指匈奴投降，来向汉朝称臣。稽首，指古代跪拜礼。

⑨称为北蕃：指匈奴称自己愿意作为汉朝北方的屏障。蕃，通"藩"，

屏障。

【译文】

有学生问:"早年喧扰不已的匈奴,现在穿着我们赠送的华美衣物,佩戴着我们赠送的金印和宝剑,吃着我们赠送的美味佳肴,这不是太厚待他们了吗?"

我回答说:"在高祖、文帝、武帝的时候,他们都是汉朝的战争对手。现在他们来向汉朝君主跪拜称臣,愿意担任汉朝北方的屏障,这就成为汉王朝宗庙和社稷的神灵了,能不厚待他们吗?"

【导读】

历史上的匈奴族是一个能征善战、侵略性很强的北方游牧民族。早在战国的时候,就曾多年威胁燕赵,赵国以名将李牧为统帅,一举战胜匈奴。秦始皇统一六国后,命令大将蒙恬统兵三十余万北击匈奴,修筑秦直道,修建万里长城,抵御匈奴等少数民族的南侵。到汉初高祖时,发兵近四十万,被匈奴冒顿单于围困于白登山,经陈平用计贿赂单于妻子,才得以脱身。其后匈奴强盛,屡次进犯汉朝,并控制西域,而汉朝示弱,以和亲、纳贡、互市等措施稳住匈奴,直到汉武帝前中期,才开始任用名将,反击匈奴,经过几十年的拉锯作战,将匈奴彻底击败,使之部落分裂,部分部落俯首称臣。和平来之不易,卫青、霍去病等名将将星闪烁,见于《重黎》《渊骞》等卷所述。

扬雄所说的匈奴"今稽首来臣,称为北藩"者,实有其事:公元前53年,南匈奴首领呼韩邪单于率众投降西汉。汉元帝竟宁元年,即公元前33年,呼韩邪单于第三次朝汉,自请为婿,汉元帝将王昭君嫁与其为妻,此后60余年,西汉与匈奴保持了和平。这一事件散见于不同的文献之中:

(1)《汉书·匈奴传》记载光禄大夫谷永等议云:"今单于诎体称臣,列为北藩。"

(2)《汉书·匈奴传》记载竟宁元年郎中令侯应对云:"今圣德广被,天覆匈奴,匈奴得蒙全活之恩,稽首来臣。"

(3)《汉书·宣帝纪》记载说:"甘露二年,诏曰:'今匈奴单于称北藩臣,朝正月。朕之不逮德，不能弘覆，其以客礼待之。"

（4）扬雄《谏哀帝书》说："逮至元康、神爵之间，大化神明，鸿恩博洽，而匈奴内乱，五单于争立，日逐呼韩邪携国归死，扶伏称臣。自此之后，欲朝者不距，不欲者不强。今单于归义，怀款诚之心，欲离其庭，陈见于前，此乃上世之遗策，神灵之所想望，国家虽费，不得已者也。"

在扬雄看来，仁政需要和平，匈奴是落后的少数民族，现在被汉族击败、感化，作为北边屏障，已经是汉朝江山的一部分，所以应该厚待他们，保持民族和平团结。

第二十九章

龙堆①以西，大漠以北，鸟夷、兽夷②，郡劳王师③，汉家不为也。

【注释】

①龙堆：白龙堆的简称，古西域沙丘名，在新疆天山南路。
②鸟夷、兽夷：古代生活在我国东北部地区以捕猎鸟兽为生的民族。
③郡劳王师：使汉王朝的军队窘迫劳顿。郡，通"窘"，使……窘迫。

【译文】

白龙堆以西，大沙漠以北，居住的是以捕猎鸟兽为生的民族，为了这些人而使汉王朝的军队窘迫劳顿，汉家是不应该去做的。

第三十章

朱崖之绝①，捐之②之力也。否则，介鳞易我衣裳③。

【注释】

①朱崖之绝：废弃朱崖郡。朱崖，指珠崖郡，汉武帝时设置的郡名，在今海南省海口市；绝，弃绝，放弃。
②捐之：指贾捐之，西汉著名政治家、文学家，贾谊曾孙。汉元帝初即

位，上疏言得失，招待诏金马门，数召见，言多采纳。代表作有《弃珠崖议》（孙中山等人称其为中国最早反对帝国主义的著作）等，因珠崖百姓多次叛乱，汉元帝听从贾捐之的建议将其废弃。

③介鳞易我衣裳：珠崖郡的叛乱会使汉朝将士牺牲。介鳞，指长壳的软体动物和长鳞片的鱼类，即贝壳类和鱼类生物，这里指珠崖郡当地居民；衣裳，指穿衣裳的中原人。

【译文】

汉元帝时废弃了汉武帝设置的朱崖郡，这是贾捐之进谏劝说的功劳。如果不是这样，当地居民就会换取我们更多将士的生命。

【导读】

在上面连续几章之中，我们看到了扬雄对不同地域、不同少数民族的不同称呼。在历史上，中原王朝对少数民族的称呼主要是"四夷"一说，现简单叙述于下：

"四夷"说最早起始于周代。古汉族自称华夏，便把华夏周围四方的民族，分别称为东夷、南蛮、西戎、北狄，以区别华夏："中国戎夷，五方之民，皆有性也，不可推移。东方曰夷，被发文身，有不火食者矣。南方曰蛮，雕题交趾，有不火食者矣。西方曰戎，被发衣皮，有不粒食者矣。北方曰狄，衣羽毛穴居，有不粒食者矣。"这些称呼几乎都带有贬义，是当时特定历史文化的产物。

（1）夷。殷周之际，东方有淮、徐、奄等夷，不时以武力而抗衡中原，其具体位置相当于今之江苏、山东一带。周武王封太公于齐，而周公伯禽于鲁，随着时间的推移，东夷为周、齐、鲁等消融，是四夷中最早平息的少数民族。

（2）狄。西周之时，北方有犬戎、骊戎、猃狁等，不时骚扰边境，而秦汉之时又有匈奴屡为边患，隋唐之际又有鲜卑、突厥等犯边，延至宋代，又有西夏、女真等多次犯境，后又有蒙古终成大患，至明末通古斯崛起，自称后金，也是北方之大患。可以认为，北狄是中国两千多年以来最为严重的边患。北狄盘踞之地为今之蒙古、宁夏、辽宁、吉林、黑龙江等省区。

（3）蛮。秦收岭南，居于此处的越族绝大多数归附，秦始皇置南海、桂林、象郡等以辖之。但南方之蛮偶尔也会出事，如宋代之侬智高、明代之侯大苟、清代之洪秀全等。其居住地在今之广西及越南等地。

（4）戎。古代对西部民族的统称，为祸不是太烈，至隋唐时有回鹘、吐蕃等犯边，其居住地为今之西藏、青海、宁夏等省区。

社会主义新中国推行民族平等政策，各民族平等共存，目前正在同心协力地推进中国特色社会主义建设事业的顺利进行，为实现中华民族的伟大复兴而奋斗。

第三十一章

君人者，务在殷民阜财①，明道信义②，致帝者之用，成天地之化，使粒食之民粲也，晏也③。享于鬼神④，不亦飨⑤乎？

【注释】

①殷民阜财：使百姓富足，使财富增多。殷，富裕，富足；阜，盛，大。
②明道信义：使道义彰显，使正义伸张。信，通"伸"。
③使粒食之民粲也，晏也：使百姓的礼仪粲然光明，生活安定。粒食之民，吃粮食的百姓，指全国的百姓；粲，明，这里指粲然光明。晏，安静，安定，这里指生活安宁。
④享于鬼神：献祭于鬼神。享，献，奉献祭品。
⑤飨：读为 xiǎng，通"享"，享有，享受。

【译文】

作为一个国君，最主要的事情在于使百姓生活富足，使国家财富增多，使道义彰显，使正义伸张，奉献天帝，成就天地化育万物之功，使全国百姓的礼仪粲然光明，生活安定。献祭于鬼神，鬼神不也享受献祭物品了吗？

第三十二章

天道劳功①。

或问"劳功"。

曰:"日一日②劳,考载③曰功。"

或曰:"君逸臣劳,何天之劳?"

曰:"于事则逸,于道则劳。"

【注释】

①劳功:勤劳,成功。

②日一日:这里指日复一日,昼夜不息。第一个日,指周天三百六十五度四分度之一,日行一昼一夜,不及天一度,故曰天一日一夜过周一度也。

③考载:即成岁,以闰月定四时成岁。考,成;载,岁,年。

【译文】

天道勤劳且能成功。

有学生问:"怎么理解勤劳且能成功呢?"

我回答他:"天道运行,昼夜不息,日复一日,就是勤劳,一年成岁,就是成功。"

有学生问:"国君安逸,臣子勤劳,上天怎么会勤劳呢?"

我回答说:"在处理具体事情上显得闲逸,但是在道法规律的探索上就很勤劳了。"

第三十三章

周公以来,未有汉公之懿①也,勤劳则过于阿衡②。

【注释】

①汉公:指安汉公王莽,这是当时王莽独有的爵位;懿:指美德。

②阿衡:指伊尹,商朝著名政治家,辅佐成汤建商灭夏。

【译文】

自周公以来,从来没有人拥有比安汉公王莽更好的美德了,他为汉室江山勤苦操劳的程度,甚至超过了商朝的伊尹。

【导读】

本章称赞安汉公王莽具有最好的美德,是周公第二,匡扶汉室,具有最大的功劳,可比伊尹。这种话为扬雄后来在历史上的命运起伏带来了很大的麻烦。有人认为扬雄"以此为媚莽之言",有人以为这些话是"言逊之谓也",还有人认为是"箴规之深切者也",众说纷纭,不一而足。

如果站在王莽取代汉朝自立为帝这一改朝换代的结果上来讲,王莽属于篡夺汉朝江山,罪莫大焉,扬雄如此盛赞王莽,他的谄媚令人恶心,白纸黑字落在这里,传了两千多年,可以说是跳进黄河也洗不清。但如果知道《法言》成书的时间,可能就不会这样认为。《法言注疏》认为:"《法言》之成,盖当平帝之世,莽专汉政,曰比伊、周,欲兴礼乐,致太平,上以惑太后,下以欺臣民。附己者进,异己者诛,何武、鲍宣以名高及祸,故杨子不得不逊辞以避害也。亦犹薛方云:'尧、舜在上,下有巢、由也。'当是之时,莽犹未篡,人臣之盛者,无若伊、周,故杨子劝以伊、周之美,欲其终于北面者也。"也就是说,《法言》写成的时候,王莽还是掌权的贤臣,复兴《周礼》,尊重儒学,大力弘扬古文经学,重用早年的同事刘歆等人,一切都是扬雄心目中想要的样子,是儒家政教、孔子大道恢复、推行的样子,王莽伪装得很好,扬雄不仅不会批判他,反而要用发自内心的最好的语言来赞美他。至于《注疏》所谓"劝以伊、周之美,欲其终于北面者也"的话,属于为扬雄开脱找的理由,牵强附会,十分生硬。

扬雄就是在赞美王莽!他和王莽、刘歆是早年的同事,他对孔子儒学、周朝礼制恢复的希望,对汉家政治、今文经学不满的批评,都寄托在王莽这里,不存在故意谄媚的问题,也不存在隐含规劝王莽的问题。从这个角度出发,我们就好理解以下的两种赞誉了:

1. 可比周公之懿

据《王莽传》记载："（汉平帝）元始元年（公元1年），群臣盛称莽功德，致周成白雉之瑞，千载同符。圣王之法，臣有大功，则生有美号，故周公及身在而记号于周，莽有定国安汉家之大功，宜赐号曰安汉公，益户，畴爵邑，上应古制，下准行事，以顺天心。太后乃下诏以莽为太傅，干四辅之事，号曰安汉公，以故萧相国甲第为安汉公第，定着于令，传之无穷。莽受太傅、安汉公号，让还益封畴爵邑事。"由此可知，当时还是汉平帝执政的时候，王莽被上至皇帝、太后，下至百官的从上到下的各级人员尊敬，这不是扬雄一个人想赞美他，而是全国人民都在称颂他的美德可以和周公相比。

2. 勤劳过于阿衡

据《王莽传》记载："元始四年，有司请采伊尹、周公称号，加公为宰衡，位上公。"班固《汉书·平帝纪》记载："夏，皇后见于高庙，加安汉公号曰'宰衡'。"颜师古注引应劭曰："周公为太宰，伊尹为阿衡，采伊周之尊以加莽。"由此可知：王莽晋位宰相，名比伊尹，这是按照组织程序正常任命的结果，是太后、皇帝都同意了的，并没有反对的声音。

当时的百官上书，强烈要求太后封赏王莽，曰："莽功德致周成白雉之瑞，千载同符。圣王之法，臣有大功则生有美号，故周公及身在而托号于周。莽有定国安汉家之大功，宜赐号曰安汉公，益户，畴爵邑，上应古制，下准行事，以顺天心。"

太后采纳了建议，乃下诏曰："大司马新都侯莽三世为三公，典周公之职，建万世策，功德为忠臣宗，化流海内，远人慕义，越裳氏重译献白雉。其以召陵、新息二县户二万八千益封莽，复其后嗣，畴其爵邑，封功如萧相国。以莽为太傅，干四辅之事，号曰安汉公。"

所以，王莽的美德和政绩卓著，可以和历史上最著名的宰相周公与伊尹相比，完全是当时程序正常、任命合法、实事求是的结果，不存在扬雄阿谀奉承的用心。更何况，扬雄当时地位低下，他的话对王莽根本就没有实际作用，要阿谀奉承，也轮不到他带头。

因为拿掉了汉朝的国家政权，历史上对王莽的评价很不好。实际上，王莽是一个德行卓越、很有才华、敢于大胆改革的人，如同后来的政治家曹操和改革家王安石一样，他被道德批判，被误解了很久。王莽幼年坎坷，父（王曼）兄（王永）先后去世，由其叔父们抚养成人。青年时期，就能做到谦恭俭让，礼贤下士，尊敬长辈，被誉为楷模。在几经波折之后，终于青云直上，加官为大司马，仕途畅达起来。西汉末期，社会矛盾激化，由于王莽在朝野素有威名，被视为挽救汉王朝的不二人选，各种荣誉、职位竞相被给予，权势也就越来越大。公元8年腊月，王莽代汉建新，改元"始建国"，并改当年腊月初一为始建国元年正月初一，改长安为常安，作为新朝都城。建国后，王莽试图缓和社会矛盾，推行了一系列的改革措施，史称"王莽改制"。但是，改革并没有挽救危机，反而激化了社会矛盾，各地起义不断。公元23年10月6日，起义军攻入常安（即长安），王莽在乱军中被杀，享年69岁，新朝灭亡。

如果王莽不改元，他就是历史上最了不起的大臣、忠臣、名臣，就是周公和伊尹级别的人物。他的不幸在于生不逢时，伊尹和周公生在商周之初，百废待兴，如同一张白纸，可以画最美最好的图画，而当时的西汉王朝经过两百多年的发展，已经进入腐朽没落的衰败期，不可挽救，政权的灭亡是自身发展的必然，没有王莽进行和平过渡，一旦进入通过战争改朝换代的状态，只会更惨。其次，王莽的改革措施主要是复古，恢复周公孔子礼乐政教和儒家哲学，但这一套早就过时了，根本没有周公时代的政教环境，而作为古文经学大师的王莽，重用的还是和他一派的刘歆等人，在错误的时间、错误的形势下使用看起来正确的措施，必然失败。由此可知：纯粹的儒家政治在历史上根本就行不通！从汉武帝到王莽，统治者实际上用的都是汉宣帝说的"王霸杂道"，从无纯粹之王道。王莽也是一个意气书生，只能空谈治国，而这恰好是扬雄最欣赏的一点，他将王莽视为自己政治理想的化身，想不赞美他都不行。

王莽的改革还有许多在现在看来很先进的地方，证明他是有想法、有创见的，但是同样因为不适应当时社会的实际情况，也失败了。一方面复古失败，一方面革新失败，这就使得王莽政权必然失败。所以，任何的改革，一定要站在国情实际这个立足点上，任何的复兴，也只能以当下的实际情况为首要出发点，解决现实问题，才有路可走，才可能成功。一味按照理想化的理论大道去实施，脱离实际环境，任何改革都只能是空想化的乌托邦政治，不可能成功。

第三十四章

汉兴二百一十载而中天①，其庶②矣乎！辟廱以本之③，校学以教之④，礼乐以容之，舆服以表之⑤。复其井、刑⑥，勉人役，唐⑦矣夫。

【校勘】

勉人役，"勉"当为"免"，免除之意。

【注释】

①中天：如日中天，指事物正发展到十分兴盛的阶段。

②庶：富庶，富足。

③辟廱以本之：修建辟雍来强化礼仪这一治国之本。辟廱，读为 pì yōng，即辟雍，天子行礼的地方。

④校学以教之：设立校和学来教化百姓。古代的学校称为庠、序、学、校、塾，郡、国曰学，县、道、邑、侯国曰校。

⑤舆服以表之：定制车马和服饰的标准来表示尊卑。舆服，车马和服饰。

⑥复其井、刑：恢复井田制和肉刑。井，周代的井田制。

⑦唐：这里指美好盛大。

【译文】

汉朝自建国以来，经过二百一十年的发展，正当兴盛的时候，国家十分富足！国家修建辟雍来强化礼仪，设立校和学来教化百姓，推行礼乐来修饰太平，定制车马和服饰来表示尊卑，恢复井田制和肉刑，免除人的劳役，真是既美好又盛大呀！

【导读】

本章紧承上一章对王莽美德功劳可比周公伊尹的礼赞，从治国措施的各个方面继续赞美王莽，一大一小，一抽象一具体，一美名一实践，意在塑造王莽完美的人格形象和执政能力。

具体而言：本章"辟廱以本之，校学以教之，礼乐以容之，舆服以表之，复其井、刑，勉人役"等措施，都是王莽一手干出来的，具体而言：元始三年进行教育体制改革和车服制度改革，元始四年进行辟雍建设和礼乐制度的推广改革。

（1）校学以教之。《平帝纪》："元始三年，立官稷及学官。郡、国曰学，县、道、邑、侯国曰校。校、学置经师一人。乡曰庠，聚曰序，序、庠置《孝经》师一人。"这是汉平帝元始三年的事，可以看出，王莽主张进行的这一教育体制改革，从上到下，贯通全国各级政权，是教育普及化的历史先声。

（2）辟廱以本之。《平帝纪》："元始四年，安汉公奏立明堂、辟廱。"《王莽传》："莽奏起明堂、辟雍、灵台。群臣奏言：'昔周公奉继体之嗣，据上公之尊，然犹七年制度乃定。夫明堂、辟雍，堕废千载莫能兴。今安汉公起于第家，辅翼陛下，四年于兹，功德烂然。'"扬雄《剧秦美新》云："明堂、雍台，壮观也。"这是汉平帝元始四年的事，可以推断，这是在各级教育改革取得成功之后，对君王权力的归总式强化。

（3）舆服以表之。《平帝纪》："元始三年，安汉公奏车服制度。"扬雄《剧秦美新》具体说是："式軨轩旗旗以示之，扬和鸾肆夏以节之，施黼黻衮冕以昭之。"这是汉平帝元始三年的事，可以看出，车服制度的改革主要针对中上级官员体制，是第二年礼乐教化改革的先声和试点。

（4）礼乐以容之。《王莽传》："元始四年，莽奏立乐经。五年正月，祫祭明堂。于是莽上书曰：'臣以外属，越次备位，未能奉称。伏念圣德纯茂，承天当古，制礼以治民，作乐以移风，四海奔走，百蛮并臻。愿使臣莽得尽力毕制礼作乐事，事成以传天下，与海内平之。'"广雅释诂："容，饰也。"这是汉平帝元始四年的事，可以推断，在此之前，汉朝礼乐制度已经逐渐废弃，现在兴复礼乐，是一项制度化、规范化、普及化效果很好的措施。

（5）复井、刑，勉人役。恢复井田制，意在进行农业生产资源调查和新的土地政策，既有复古周代的一面，也有革新西汉土地政策的一面，发展农业是立国之本，这是没有错的；回复肉刑，实际意义在于强化依法治国，并非只是向"夏后三千"那样，制定很多的肢体刑法来威吓社会大众，儒家礼乐制度以等级伦理约束为主，惩罚为辅，有所惩罚，有法可依，是必要的，也是必需的；免除百姓的劳役这一条尤其深得民心，表明王莽是关心、体恤百姓艰苦的实干家，体现的是儒家政治的仁政优势。

由上述分析可知，王莽早在汉平帝时代就开始了自己的"改制"预演。说他阴谋篡权的人会讲他是一个心机深沉、步步为营的巨奸，从实事求是的角度来评价他的人会说王莽是一个很有作为、能够进行体制创新、真抓实干的改革家。

扬雄所说的"汉兴二百一十载而中天"，与社会现实并不相符，这一点他很明确，他之所以要这么说，实际上就是看到了王莽改革种种举措的行之有效，他为汉朝出现了这么一个全面恢复儒家政教的大人物而高兴，认为汉室江山是真的要迎来高大上的兴盛局面了。

参考文献

一、《法言》研究专著

[1]（汉）扬雄.法言［M］.台北：台湾中华书局，1983.

[2]（汉）扬雄.法言［M］.秦艳华，译注.济南：山东友谊出版社，2001.

[3]（汉）扬雄.扬子法言（四库全书本）［M］.北京：中国书店，2018.

[4]（汉）扬雄.扬子法言［M］.（晋）李轨，注.清光绪二年刻本.

[5]（汉）扬雄.扬子法言［M］.（宋）司马光，注.翻印明万历刻本.

[6]（汉）扬雄.扬子法言［M］.唐志孝，标点.上海：扫叶山房，2015.

[7]（汉）扬雄，王充.法言 论衡文白对照全文全译［M］.伊犁：伊犁人民出版社，2002.

[8]（汉）扬雄.扬子法言［M］.台北：华正书局，1974.

[9]（汉）扬雄.法言 太玄经（聚珍仿宋版）［M］.台湾：中华书局，1966.

[10]（汉）扬雄.宋版扬子法言（上下）［M］.成都：巴蜀书社，1988.

[11]（汉）扬雄.法言［M］.韩敬，译注.北京：中华书局，2012.

[12]韩敬，译注.法言全译［M］.成都：巴蜀书社，1999.

［13］韩敬，译注.法言全译［M］.成都：巴蜀书社，2003.

［14］纪国泰.《扬子法言》今读［M］.成都：巴蜀书社，2010.

［15］纪国泰.《扬子法言》今读［M］.成都：巴蜀书社，2018.

［16］汪荣宝.《法言义疏》（全2册）［M］.陈仲夫，点校北京：中华书局，1987.

［17］王心湛，校勘.扬子法言集解［M］.北京：广益书局，1936.

［18］王以宪，张广宝.法言注释［M］.北京：华夏出版社，2002.

［19］王云五.法言 中论（附礼记）［M］.北京：商务出版社，1959.

［20］杨家骆.扬子法言［M］.刘雅农，总校.台北：世界书局，1955.

二、经史子部文献

（一）经部

［1］（汉）孔安国传，（唐）孔颖达等正义.尚书正义［M］.上海：上海古籍出版社，1992.

［2］（汉）赵岐注，（宋）孙奭疏.孟子注疏［M］.上海：上海古籍出版社，1992.

［3］（汉）郑玄笺，（唐）孔颖达等正义.毛诗正义［M］.上海：上海古籍出版社，1992.

［4］（汉）郑玄注，（唐）贾公彦疏.周礼注疏［M］.上海：上海古籍出版社，1992.

［5］（汉）郑玄注，（唐）孔颖达等正义.礼记正义［M］.上海：上海古籍出版社，1992.

［6］（魏）何晏等注，（宋）邢疏.论语注疏［M］.上海：上海古籍出版社，1992.

［7］（魏）王弼等注，（唐）孔颖达等正义.周易正义［M］.上海：上海古籍出版社，1992.

［8］（晋）杜预注，（唐）孔颖达等正义.春秋左传正义［M］.上海：上海古籍出版社，1992.

［9］（宋）朱熹.四书集注［M］.北京：中华书局，2003.

（二）史部

［1］（汉）司马迁.史记（影印版）［M］.北京：中华书局，1997.

［2］（汉）班固.汉书（影印版）［M］.北京：中华书局，1997.

［3］（晋）陈寿.三国志（影印版）［M］.北京：中华书局，1997.

［4］（南朝·宋）范晔.后汉书（影印版）［M］.北京：中华书局，1997.

（三）子部

［1］（汉）扬雄撰，（宋）司马光集注，刘韶军点校.《太玄集注》［M］.北京：中华书局，1998.

［2］（梁）萧统.文选［M］.（唐）李善，注.北京：中华书局，1989.

［3］（清）严可均.全上古三代秦汉三国六朝文［M］.北京：商务印书馆，1999.

［4］（清）吴毓江.墨子校注（上下）［M］.孙启治，点校.北京：中华书局，2006.

［5］（清）王先谦.荀子集解［M］.沈啸寰，王星贤，点校.北京：中华书局，1988.

［6］（清）王先慎.韩非子集解［M］.钟哲，点校.北京：中华书局，1998.

［7］（清）苏舆.春秋繁露义证［M］.钟哲，点校.北京：中华书局，1992.

［8］（清）陈立.白虎通疏证（全2册［M］.吴则虞，点校.北京：中华书局，1994.

［9］陈鼓应.老子今注今译［M］.上海：商务印书馆，2003.

［10］陈鼓应.庄子今注今译［M］.北京：中华书局，1983.

［11］程树德.论语集释（全4册）［M］.程俊英，蒋见元，点校.北京：中华书局，2013.

［12］黄晖.论衡校释（附刘盼遂集解）（全4册）［M］.北京：中华书局，2017.

［13］黎翔凤.管子校注（全3册）［M］.北京：中华书局，2009.

［14］刘文典.淮南鸿烈集解［M］.冯逸，乔華，点校.北京：中华书局，1989.

［15］王琯.公孙龙子悬解［M］.北京：中华书局，2014.

［16］吴则虞.晏子春秋集释（全2册）［M］.北京：中华书局，1962.

［17］向宗鲁.说苑校证［M］.北京：中华书局，1987.

［18］杨伯峻.论语译注［M］.北京：中华书局，1958.

［19］杨伯峻.孟子译注［M］.北京：中华书局，1960.

［20］杨宽，沈延国.吕氏春秋集释［M］.北京：中华书局，2016.

（四）其他专著

［1］（汉）扬雄.扬雄集校注［M］.张震泽，校注.上海：上海古籍出版社，1993.

［2］李泽厚，刘纲纪.中国美学史（第一卷）［M］.北京：中国社会科学出版社，1984.

［3］钱穆.中国思想史［M］.台北：台湾学生书局，1988.

［4］汤用彤.魏晋玄学论稿［M］.上海：上海古籍出版社，2001.

［5］许结.汉代文学思想史［M］.南京：南京大学出版社，1990.

［6］杨明照.增订文心雕龙校注［M］.北京：中华书局，2000.

［7］殷孟伦.汉魏六朝百三家集题辞注［M］.北京：中华书局，2007.

［8］袁华忠，方家常.论衡全译［M］.贵阳：贵州人民出版社，1993.

［9］张岱年.中国哲学大纲［M］.南京：江苏教育出版社，2005.

三、研究论文

（一）期刊论文

［1］白寿彝.跋扬雄《法言》卷十、卷十一［J］.北京师范大学学报（社会科学），1963（6）.

［2］韩敬.杨雄及其《法言》［J］.社会科学研究，1982（8）.

［3］黄开国.扬雄《法言》的人论及意义［J］.江西社会科学，1989（4）.

［4］李殿元.论《法言》"像《论语》"不是"仿《论语》"［J］.蜀学，2018（11）.

［5］李英华.杨雄《法言》中的易学思想［J］.周易研究，1996（11）.

［6］李英华."第二部《论语》"——《法言》述评［J］.孔子研究，1997（6）.

［7］马辉芬.《法言》著录及版本考略［J］.图书馆理论与实践，2006（8）.

［8］宋冬梅.杨雄对孟子思想的继承与发展——以《法言》为中心［J］.衡水学院学报，2017（12）.

［9］谭继和.读懂扬雄与《扬子法言》的现代阐释［J］.西华大学学报（哲学社会科学版），2012（6）.

［10］王菡.《扬子法言》历代校注本传录［J］.文献，1994（7）.

［11］卫仲璠.《扬子法言》论屈原章析义［J］.安徽师范大学学报（哲学社会科学版），1985（5）.

［12］杨福泉.论《法言》的尊圣崇经与儒学批判［J］.上海大学学报（社会科学版），2003（5）.

［13］杨海文.扬雄《法言》的文化守成主义［J］.学术研究，1997（9）.

［14］杨金有，宋祥.学者，所以求为君子也——扬雄《法言》中的治学思想［J］.古籍整理研究学刊，2018（7）.

［15］于成宝.论扬雄《法言》对先秦儒学的回归［J］.长春理工大学学报（社会科学版），2007年（11）.

［16］于志娜.扬雄《法言》人君修养论对单位核心圈层的启示［J］.领导科学，2018（7）.

[17] 张兵. 扬雄《法言》中的道家思想[J]. 济南大学学报(社会科学版), 2001(11).

[18] 张兵. 儒主道辅 本道兼儒——论扬雄《法言》的思想特征[J]. 理论学刊, 2004(5).

[19] 曾加荣. "玄默自守"的"深湛之思"——论扬雄《太玄》与《法言》的价值[J]. 蜀学, 2010(12).

(二)学位论文

[1] 党时勇. 论《法言》的圣人之道[D]. 湘潭大学, 2016.

[2] 李锐. 扬雄《法言》研究[D]. 山东师范大学, 2014.

[3] 路广.《法言》词类研究[D]. 华东师范大学, 2006.

[4] 王瑞卿.《春秋繁露》与《法言》的比较研究——兼论西汉中后期学术思想的发展走向[D]. 山东师范大学, 2012.

[5] 魏然.《法言》伦理思想研究[D]. 中南大学, 2009.

[6] 吴川雪. 扬雄儒学思想研究——以《法言》为中心[D]. 山东师范大学, 2018.

[7] 翟蕾. 扬雄《法言》的历史观及其影响[D]. 陕西师范大学, 2012.

[8] 张庆伟. 扬雄《法言》研究[D]. 山东大学硕士, 2008.

后　记

　　2017年以来，四川省响应国家政策号召，先后推出了两批二十位历史文化名人，并在全省范围内建立研究中心，展开热烈的研究活动。顺应这一发展趋势，许多历史文化名人研究课题立项推进，产出成果。本书就是这一社会需求和学术发展的产物，并先后获得四川省哲学社会科学重点研究基地儒学研究中心、四川省社会科学重点研究基地扬雄研究中心、四川省社会科学重点研究基地地方文化资源保护与开发研究中心、西华大学文学与新闻传播学院资助。值此出版之际，向四川省扬雄研究学会、扬雄研究中心、儒学研究中心、地方文化资源保护与开发研究中心、西华大学文新学院致以深深的感谢之情！

　　扬雄是一个博学深思的大作家，一个深渊式的大学者，所以《法言》内容丰富，历时数千年，纵横几万里，涉猎数十家，论人几百位，引书几十部，在历史、文化、经学、政治、军事、经济、天文、伦理、教育等众多领域纵意出入，对诸子学说无所不包。其维护儒家的纯粹精神，既有可贵之处，也有不当之论，还有当时特殊时代背景的原因，所以《法言》研究难度极大，历代著述争议之论甚多，持平之说甚少。因其阅读难度甚大，故有进行今注今译的必要；为普及推广，适应大众阅读之需，有进行导读的必要。在研究过程中，纪国泰教授、潘殊闲教授、郭齐教授、王红霞教授等名家及杜春雷师兄、王勇师兄、张婷婷老师给予了很多关怀和指导，西华大学文新学院研究生蔡悦、马婧、何苗、宋思静、马富兰、姚兰、蔡玥、杨雨佳、张梦雨、张语诗、胡珍平和本科生贺泓瑞同学参与了本书初始阶段的部分研究工作，虽然交稿质量参差不齐，但他们在整体上接受了文献整理训练，对学业的发展是件好事。在此向上述先生和学友致以敬意！

限于个人学识与水平，我邀请四川大学历史文化学院历史文献学专业2016级赵瑶杰博士加入研究之中，合作完成研究，各自写作内容如下：

赵瑶杰撰写本书《学行》卷至《问神》卷，完成7万字；

王万洪完成其余内容。

《法言》研究难度极大，本书的疏漏或错误之处一定不少！由于"读书得间"之故，部分观点也与前人有不同之处。企望学林前辈、研究同仁与广大读者朋友提出批评指导意见，这将促使我们的进步和成长，感谢大家！

王万洪

2020年1月15日